Presse- und Öffentlichkeitsarbeit in der Kommune

Das Praktiker-Handbuch

Joachim Peter / Ewald Müller

Presse- und Öffentlichkeitsarbeit in der Kommune

Das Praktiker-Handbuch

2., vollständig überarbeitete und erweiterte Auflage 1998

JEHLE
VERLAGSGRUPPE
JEHLE REHM

Die Deutsche Bibliothek – CIP-Einheitsaufnahme

Peter, Joachim:
Presse- und Öffentlichkeitsarbeit in der Kommune : das Praktikerhandbuch / Joachim Peter /
Ewald Müller. – 2., vollst. überarb. und erw. Aufl. – München : Jehle, 1998
  ISBN 3-7825-0379-1

Bei der Herstellung des Buches haben wir uns zukunftsbewußt für
umweltverträgliche und wiederverwertbare Materialien entschieden.
Der Inhalt ist auf elementar chlorfreiem Papier gedruckt.

ISBN 3-7825-0379-1
Verlagsgruppe Jehle Rehm GmbH
Einsteinstraße 172, 81675 München
und
Friedrichstraße 130a, 10117 Berlin
Satz: Jung Satzcentrum, Lahnau
Druck: R. Oldenbourg Graphische Betriebe GmbH
Abt. Kommunalschriftendruck

Vorwort zur zweiten, vollständig überarbeiteten und erweiterten Auflage

Das Werk „Presse- und Öffentlichkeitsarbeit in der Kommune" von Joachim Peter, 1992 in erster Auflage erschienen, fand innerhalb kurzer Zeit viele Interessenten und war ein Erfolg. Als Handbuch für die tägliche Praxis ist es mehr denn je ein wichtiges Arbeitsinstrument, das allerdings zwischenzeitlich vergriffen war. So ist es sehr zu begrüßen, daß der Kommunalschriften-Verlag Jehle eine aktualisierte Neuauflage, die den Entwicklungen der vergangenen sechs Jahre sowohl im Medienbereich als auch in den Rathäusern Rechnung trägt, vorlegt. Dafür konnte ein kompetenter Mitautor gewonnen werden. Nur zwei Beispiele seien hierzu herausgegriffen: „Die Kommunen im Internet" und „Stadtmarketing". Auch mußten die wichtigsten, bisher fehlenden, rechtlichen Fragen – vor allem auf den Gebieten des Verfassungs-, Presse-, Urheber- und Wettbewerbsrechts, soweit sie im Zusammenhang mit der kommunalen Presse- und Öffentlichkeitsarbeit stehen – wenigstens in den Grundzügen abgehandelt werden. Dazu waren in dem Anhang die entsprechenden weiterführenden Materialien einzufügen. Bereichert wurde dieser Teil des Werkes zudem mit Literaturhinweisen, die sich auf praxisorientierte und aktuelle Veröffentlichungen konzentrieren. Darüber hinaus enthält der Anhang jetzt die wichtigsten Dokumente des in Sachen „Kommunale Presse- und Öffentlichkeitsarbeit" führenden Deutschen Städtetages. Hier sind besonders die Anfang dieses Jahres novellierten „Leitsätze zur städtischen Presse- und Öffentlichkeitsarbeit" zu nennen.

Die Bürgerinformation gerade der kommunalen Selbstverwaltung hat nach dem zweiten Weltkrieg in der alten Bundesrepublik einen in aller Welt bewunderten Aufschwung genommen. An dieser Entwicklung war und ist der Deutsche Städtetag durch die Arbeit seines Presseausschusses sowie seiner jährlichen Konferenzen und Seminare städtischer Pressereferenten durch zahlreiche Fachpublikationen und nicht zuletzt durch seine eigene Presse- und Öffentlichkeitsarbeit maßgeblich beteiligt. Auch hat der Deutsche Städtetag nach der deutschen Vereinigung für seine Mitgliedstädte in den neuen Ländern sehr schnell entsprechende Grundlagenseminare aufgelegt, die bahnbrechend waren.

An all diesen Aktivitäten, die Rathäuser in Deutschland durchschaubar, „gläsern" zu machen, hat in 30jähriger Mitarbeit der Autor des vorliegenden „Praktiker-Handbuchs" hervorragenden Anteil. So lange war nämlich Joachim Peter Pressechef der Stadt Frankfurt am Main gewesen. Er hat die Erkenntnisse und Erfahrungen eines einheitlichen Berufslebens, wie es selten vorkommt, und das ganz darauf ausgerichtet war, Mittler zwischen Kommunalverwaltung und den Bürgerinnen und Bürgern – nicht zuletzt über die Medien – zu sein, mit diesem Band weitergegeben.

Als Mitautor hat der langjährige Pressesprecher des Deutschen Städtetages Dr. Ewald Müller in die hier vorgelegte zweite, vollständig überarbeitete und erweiterte Auflage dieses Grundlagenwerks sein umfassendes Know-how eingebracht.

Schließlich muß hervorgehoben werden, daß dieses Kompendium der kommunalen Presse- und Öffentlichkeitsarbeit nicht nur für die Presseämter der großen Städte konzipiert ist. Als Adressaten standen ebenso die Pressestellen mittlerer und kleinerer Städte und der Landkreise stets im Blick, ja auch der Gemeindebürgermeister, der als „Einzelkämpfer" den Umgang mit den Medien und seine Presse- und Öffentlichkeitsarbeit insgesamt effizienter gestalten möchte.

Kommunale Presse- und Öffentlichkeitsarbeit war natürlich vor Jahren, als ständig neue Wohltaten an die Bürgerinnen und Bürger verteilt werden konnten, ungleich leichter als heute, da es darum geht, für allfällige Einschränkungen um Verständnis zu werben. Diese neue Situation in den Kommunen erfordert geradezu zwingend zwei Reaktionen in der Presse- und Öffentlichkeitsarbeit: zum ersten eine neue, radikale Ehrlichkeit ohne Rücksicht auf Verluste – zum Beispiel bei Wahlen –, zum zweiten eine weitere Intensivierung der Informationsarbeit. Denn in einer Zeit, in der an der Vertrauenswürdigkeit und Leistungsfähigkeit auch der Kommunalpolitik immer mehr gezweifelt wird, tut aufklärende Bürgerinformation mehr denn je Not.

Aalen, im Juni 1998

Ulrich Pfeifle
Oberbürgermeister der Stadt Aalen
Vorsitzender des Presseausschusses
des Deutschen Städtetages

Inhaltsverzeichnis

Seite

Vorwort zur zweiten, vollständig überarbeiteten und erweiterten Auflage V

**I. Kommunale Presse- und Öffentlichkeitsarbeit als Pflichtaufgabe –
    Verfassungsrechtliche Grundlegung**

Grundsätzliches 3

Bürgerinformation zur Fundierung der Bürgerentscheidung bei der
Kommunalwahl 4

Bürgerinformation zur Fundierung der öffentlichen Meinung als Korrektiv
der mittelbaren Gewaltausübung 6

Kommunale Presse- und Öffentlichkeitsarbeit ohne politische Werbung 7

Die Ergebnisse 8

**II. Kommunale Pressearbeit
     oder
     Wie sage ich es der Presse**

Pressearbeit im Rathaus kein fünftes Rad am Wagen 11

Information der Presse durch die Stadt 14

Pressekontakte gehören in eine Hand 19

Die technische Ausstattung einer Pressestelle 23

Pressebetreuung und Einrichtungen für die Presse 26

Vom Pressedienst bis zur Pressekonferenz 31

Wie mache ich eine Pressemitteilung? 37

Gestaltung von Pressediensten 42

Die Durchführung einer Pressekonferenz 46

Das Interview 49

Informationen für den Lokalfunk 52

Die Presseauswertung 54

Ein Blick auf Presse und Journalisten 57

Medieneinschätzung und Presseliste 60

	Seite
Mit Journalisten kommunizieren	61
Kommune und Presse im Konflikt	64
Zwischen Schweigen und Gegendarstellung	71
Zehn Hinweise für eine offene Pressearbeit	73

III. Direktkommunikation mit den Bürgerinnen und Bürgern

Offenheit und Bürgerservice sind gefragt	79
Der Botschafter ist die Message	82
Die Rolle von Personalisierung	85
Kommunale Demokratie lebendig vermitteln	87
Die besten Werber sind motivierte Mitarbeiterinnen und Mitarbeiter	91
Wir machen eine Mitarbeiterzeitung	94
Der offene Weg in die Verwaltung	97
Die besonderen Partner der Bürgerinnen und Bürger	100
Die Bürgerberatungsstelle	103
Das Bürgertelefon	106
Aufgabenbereiche einer Bürgerberatung	108
Kritik wird gefragt	110
Miteinander reden und einander zuhören: die Bürgerversammlung	112
Die Vorbereitung einer Bürgerversammlung	115
Der Ablauf einer Bürgerversammlung	117
Gemeinsam etwas unternehmen	120
Willkommen, liebe neue Bürgerin, lieber neuer Bürger	123
Mach mit beim Stadtwettbewerb	125
Blick hinter die Kulissen der Stadt	128
Die Tage der offenen Tür	131
Gruppeninteressen im Widerspruch	134
Öffentlichkeitsarbeit im Planungskonflikt	136
Öffentlichkeitsarbeit im Umweltschutz	139
Öffentlichkeitsarbeit im Umweltschutz voller Widersprüche	142

Seite

IV. Mittel der kommunalen Präsentation

Nur gemeinsam sind wir stark 145

Zentrale Organisation von Öffentlichkeitsarbeit 148

Das einheitliche Erscheinungsbild 151
Das Grundlayout als wichtige Hilfe 154

Wie finde ich den richtigen Adressaten? 157

Weniger ist oft mehr 160

Öffentlichkeitsarbeit selbst gemacht 162
Kommunale Publikationen 164
Bürgerinfo kann auch Spaß machen 167
Kleine Werbegeschenke erhalten die Freundschaft 169

Nehmen wir uns eine Agentur 173
Die Agenturauswahl 178

Einheit von Thema, Werbemittel, Gestaltung und Weg 180

V. Die Kommune im Internet

Rahmenbedingungen 185

Adressaten 186

Inhalte 187

Organisation 189

Technik 190

Recht 191

Kosten 192

Praxishinweise 193

VI. Stadtmarketing

Was versteht man unter Stadtmarketing? 197

Eine Stadt braucht eine Gesamtkonzeption 198

Was gehört zu einer Gesamtkonzeption? 198

Seite

Wie entwickelt man eine Stadtkonzeption? 200

Motivierung der Verwaltung im Sinne eines Marketing nach innen 206

Grenzen und Nutzen einer Stadtkonzeption 208

VII. Rechtliche Aspekte der kommunalen
  Presse- und Öffentlichkeitsarbeit im einzelnen

Presserecht 211

Gibt es für den kommunalen Pressereferenten einen Grundrechtsschutz
nach Art. 5 GG? 217

Wettbewerbsrecht 220

Urheberrecht 224

Verwaltungsrecht 227

Kommunale Presse- und Öffentlichkeitsarbeit und Verwaltungsreform 227

VIII. Anhang

Leitsätze zur städtischen Presse- und Öffentlichkeitsarbeit des
Deutschen Städtetages 231

Dienstanweisungen für die kommunale Presse- und Öffentlichkeitsarbeit –
Drei Beispiele 234
Aalen 234
Ingolstadt 237
Bochum 243

Kommunale Öffentlichkeitsarbeit und Wahlkampf 246
Urteil des Oberverwaltungsgerichts Münster vom 19.8.1988 (Auszug) 246

Hörfunk- und Fernsehaufnahmen in Ratssitzungen 256
Stellungnahme des Presseausschusses des Deutschen Städtetages vom 25.4.1986 256
Urteil des Bundesverwaltungsgerichts vom 3.8.1990 (Auszug) 257

Kommunale Öffentlichkeitsarbeit im Umweltschutz 263
Entschließung des Präsidiums des Deutschen Städtetages vom 29.10.1986 263

Städte-Ranking 264
Beschluß des Hauptausschusses des Deutschen Städtetages vom 14.2.1996 264
Stellungnahme des Presseausschusses des Deutschen Städtetages vom 17.11.1995 264

Seite

Verwaltungsreform 265
Der Bereich Presse- und Öffentlichkeitsarbeit in einem sogenannten Produktplan –
Beispiel Mannheim 265

Verwaltungsleitbild der Stadt Friedrichshafen 268

IX. Literaturhinweise für die tägliche Arbeit 273

I

Kommunale Presse- und Öffentlichkeits-
arbeit als Pflichtaufgabe –
Verfassungsrechtliche Grundlegung

Grundsätzliches

Die kommunale Presse- und Öffentlichkeitsarbeit muß sich auch in der alltäglichen Arbeit ihrer demokratischen Funktion nach dem Grundgesetz bewußt sein.

Bei der verfassungsrechtlichen Betrachtung kommunaler Presse- und Öffentlichkeitsarbeit ist streng zwischen zwei Fragen zu unterscheiden: Zu überlegen ist, ob die Tätigkeit der kommunalen Presseämter und Pressestellen von der Verfassung zwingend geboten oder ob sie für die demokratische Grundordnung unseres Staates, so wie sie vom Grundgesetz (GG) vorgeschrieben wird, lediglich hilfreich ist.

Nach Art. 20 Abs. 1 GG ist die Bundesrepublik Deutschland ein demokratischer Staat. Für die Beantwortung der Frage, was verfassungsrechtlich unter „Demokratie" zu verstehen ist, muß die konkrete Ausgestaltung dieses Begriffs im Grundgesetz herangezogen werden. Die Konkretisierung ergibt sich aus Art. 20 Abs. 2 GG. Danach ist Wesensmerkmal der demokratischen Staatsform, daß das Volk als primärer Träger der Staatsgewalt diese Staatsgewalt insbesondere durch Wahlen und Abstimmungen ausübt. Das Grundgesetz hat sich also eindeutig für die Form der repräsentativen Demokratie entschieden, was auch für die kommunale Selbstverwaltung zur Folge hat, daß in ihrem Aufbau die gewählte Vertretung der Bürgerschaft (Rat, Gemeinderat, Stadtverordnetenversammlung, Kreisrat) in den Mittelpunkt tritt.

Auch die Kommunalwahlen müssen, um demokratisch zu sein, nach Art. 28 Abs. 1 Satz 2 GG allgemein, unmittelbar, frei, gleich und geheim sein. Diese Gleichstellung und der tatsächliche Einfluß der politischen Parteien sind die Ursachen dafür, daß in der Verfassungswirklichkeit die Kommunalwahlen „politische" Wahlen geworden sind.

Den staatspolitischen Entscheidungen in der staatlichen Verwaltung in Bund und Ländern entsprechen kommunalpolitische in der kommunalen Verwaltung. Zur Kommunalpolitik einer Stadt gehören z. B. die Stadtentwicklungsplanung, die Siedlungs- und Verkehrspolitik, die Personal- und Finanzpolitik, die kommunale Wirtschafts- und Sozialpolitik oder die Kulturpolitik. Hier werden laufend Entscheidungen getroffen und Verwaltungsakte vollzogen.

Die Forderung, daß ein Verwaltungsakt auf Grund des Rechtsstaatsprinzips rechtmäßig sein muß, genügt aber nur bei solchen Verwaltungsakten, die der Vollziehung von Rechtsnormen dienen. Gedacht ist dabei z. B. an die Ausstellung von Gewerbesteuer-, Grundsteuer- oder Hundesteuerbescheiden.

Sobald es sich aber um die Frage handelt, in welcher Höhe die genannten Steuern in einer Gemeinde generell erhoben werden sollen, bedarf die Entscheidung auch einer kommunalpolitischen Entschließung. Dem trägt das geltende Recht dadurch Rechnung, daß in den genannten Beispielsfällen Satzungsbeschlüsse erforderlich sind. Derartige Entscheidungen im kommunalen Bereich sind also nicht nur unter Rechtmäßigkeitsgesichtspunkten, sondern auch und vor allem unter kommunalpolitischen Aspekten zu treffen.

Mit der demokratischen Struktur der Kommunalverfassung ist, wie bereits angedeutet wurde, eng verknüpft die Stellung der Parteien in der Gemeinde. Wie in Bund und Ländern so erfüllen die Parteien auch in den Gemeinden eine verfassungsrechtlich anerkannte Aufgabe – hier bei der kommunalpolitischen Willensbildung.

Die Notwendigkeit von Parteien auch im kommunalen Bereich ergibt sich nicht zuletzt daraus, daß der Bürger auf sich allein gestellt nur in Ausnahmefällen die Möglichkeit haben wird, als einzelner seine Wünsche und Ideen in der Gemeinde durchzusetzen. Er bedarf auch hier irgendwelcher Gruppen, die es verstehen, sich gegenüber anderen Gruppen und gegenüber dem Behördenapparat Geltung zu verschaffen. Und da bieten sich in erster Linie die politischen Parteien, dann aber auch die freien Wählergemeinschaften, die sogenannten „Rathausparteien", an, die z. B. in Baden-Württemberg immer noch von nicht unerheblicher Bedeutung sind.

Auf der kommunalen Ebene ereignet sich nun Ähnliches wie auf der staatlichen: Wie dort jede Partei ihren „Parteiwillen" durchzusetzen trachtet, bis ein von der Mehrheit gebildeter „staatlicher Gesamtwille" entsteht, so gewinnt ein örtlicher Gesamtwille Gestalt durch die Verhandlungen und Beschlüsse der örtlichen Parteien und Gruppierungen, die dann vom Gemeindebürger bei der Wahl entweder gutgeheißen oder verworfen werden können.

Bürgerinformation zur Fundierung der Bürgerentscheidung bei der Kommunalwahl

Die selbstverständlich zulässige und auch praktizierte Mitwirkung der politischen Parteien und freien Wählergemeinschaften an der kommunalpolitischen Meinungs- und Willensbildung darf aber nicht zu dem Schluß führen, daß damit alle Voraussetzungen für eine demokratische Wahl vorlägen. Die Informationsquellen, auf denen die Meinungs- und Willensbildung und damit die Wahlentscheidungen beruhen, sind mannigfach:

Die Informationsaktivitäten der Parteien – einschließlich der „Rathausparteien" –, die insbesondere zu Wahlzeiten bestrebt sind, die Wahlbürger für sich einzunehmen, sind evident. Dabei ist aber zu berücksichtigen, daß der Informationswert von Parteiwerbung und Parteipropaganda auch auf kommunaler Ebene nicht allzu hoch zu veranschlagen ist.

Die Bedeutung der Lokalteile der Tageszeitungen für die Bürgerunterrichtung versteht sich von selbst. Trotz des sich immer weiter entwickelnden Lokalfunks bleiben wir aber pars pro toto bei den Lokalteilen der Tageszeitungen: Sie können den Bürgern authentische Informationen über das kommunale Verwaltungsgeschehen nur dann vermitteln, wenn sich die Exekutive selbst, zu der die kommunale Selbstverwaltung und zwar mit all ihren Organen zählt, hinsichtlich der Bürgerunterrichtung aktiv verhält. Zur Duldung der Informationssuchenden ist sie ja bereits nach Art. 5 Abs. 1 GG verpflichtet.

Der Einwand selbstbewußter Publizisten, ein guter Journalist bedürfe nicht der Hilfestellung der Verwaltung, ja, sie würde durch ihre eigene Informationstätigkeit seinen journalistischen Spürsinn einschläfern oder ihn gar auf falsche Fährten locken, kann heute – jedenfalls für den kommunalen Bereich – grundsätzlich nicht mehr gelten. Die Lokalredaktionen wären bei der immer komplizierter werdenden kommunalen Materie hoffnungslos überfordert, wollten sie sich ausschließlich auf ihre eigene Recherchierkraft verlassen. Die Gemeindebürger wären schließlich auf die subjektiven Möglichkeiten „ihrer" Lokalreporter angewiesen. Eine objektive und umfassende Unterrichtung könnten sie sich so nicht mehr erhoffen.

Eine boomende oder rezessive Wirtschaft, eine rasante Stadtentwicklung, zunehmender Verkehr, hohe Bevölkerungsfluktuation bedürfen der Argumentation, der Erklärung, der Umsetzung. Planungsprobleme, Energiefragen, Umweltschutz erfordern umfassende Informationen. Die „kommunale Welt" ist komplizierter geworden. Es gilt, den Bürgern immer schwierigere und umfangreichere Sachverhalte zu vermitteln. Jahr für Jahr wird das Haushaltsbuch einer Kommune dicker. Die zugewiesenen und selbstgewählten Aufgaben nehmen zu, und die Leistungen werden differenzierter. Ohne entsprechende „Übersetzungsarbeit" begreift außer der Verwaltung selbst schließlich kaum noch jemand, was da eigentlich im Rathaus geschieht.

Wenn also – allein oder im Zusammenwirken – weder politische Parteien oder freie Wählergruppen noch die Lokalteile der Tageszeitungen eine möglichst objektive und umfassende Information der Gemeindebürger gewährleisten, so können für entsprechende Informationsleistungen de facto nur die Gemeinden selbst in Frage kommen.

Der Informationsvorsprung und damit der Machtvorsprung, den wegen ihrer umfangreichen und schwierig zu bewältigenden Aufgaben insbesondere die kommunale Selbstverwaltung gegenüber ihren Bürgern hat, kann nur von ihr selbst eben durch Abgabe von objektiven und umfassenden Informationen, über die niemand sonst verfügt, ausgeglichen werden. Nur die kommunale Selbstverwaltung selbst kann – vor allem auf Dauer gesehen – den Bürgern zu jener Machtposition verhelfen, die ihnen das demokratische Prinzip des Grundgesetzes einräumt. Geschieht das, so können die Bürger auch bei den Kommunalwahlen jeweils wieder – und zwar bewußt – Macht verteilen; sie wären dann nicht mehr gezwungen, mehr oder weniger überredet oder gar blindlings irgendwelchen Kandidaten den Vorzug zu geben.

Gerade die beharrliche, authentische Presse- und Öffentlichkeitsarbeit der im Verhältnis zu Bund und Ländern dem Bürger näheren kommunalen Selbstverwaltung hat die besten Chancen, gleichsam in einem pädagogischen Prozeß dem demokratischen Idealbild des informierten und nicht zuletzt deshalb mündigen Bürgers deutlichere Konturen zu geben. Mit anderen Worten: Die Gemeindebürger müssen insbesondere auch über die vielfältigen Vorgänge und Hintergründe des kommunalen Alltags informiert werden, um sich ein ausgewogenes Urteil über die zu entscheidenden Fragen bilden und dann entsprechend wählen zu können.

Bürgerinformation zur Fundierung der öffentlichen Meinung als Korrektiv der mittelbaren Gewaltausübung

Aber nicht nur zur Fundierung der Bürgerentscheidung bei der Kommunalwahl ist eine objektive und umfassende kommunale Presse- und Öffentlichkeitsarbeit verfassungsrechtlich geboten. Die Bürger üben nach Art. 20 Abs. 2 Satz 2 2. Halbsatz GG, die Staatsgewalt mittelbar u. a. auch durch „besondere Organe der vollziehenden Gewalt" aus, zu der die kommunale Selbstverwaltung in ihrer Gesamtheit gehört. Dieser Mediatisierung der bürgerlichen Gewaltausübung steht ein wichtiges Korrektiv in Form der öffentlichen Meinung gegenüber, die von dem Grundrecht der Meinungsfreiheit nach Art. 5 GG ermöglicht wird und in der Demokratie von entscheidender Bedeutung ist. Diese öffentliche Meinung kann in ihrer jeweiligen lokalen Ausprägung auch außerhalb der Kommunalwahlen – als der wichtigsten Äußerungsform der repräsentativen Gemeindedemokratie – Einfluß gegenüber der amtlichen Meinung der kommunalen Selbstverwaltung gewinnen, und zwar um so mehr, als sie auf den wesentlichen Tatsachen beruht. Je schwächer die öffentliche Meinung fundiert ist, desto hilfloser ist sie der amtlichen Gegenargumentation ausgeliefert und hat dann entsprechend weniger Chancen, bei der Entscheidungsfindung der kommunalen Selbstverwaltung beachtet zu werden, d. h. die ihr von Verfassungs wegen zugedachte demokratische Funktion zu übernehmen. Auch im Bereich der mittelbaren Gewaltausübung durch die Gemeindebürger muß also die kommunale Selbstverwaltung selbst – eben durch ihre Presse- und Öffentlichkeitsarbeit – dafür sorgen, daß das Korrektiv dieser Mittelbarkeit, die öffentliche Meinung, die für seine Wirksamkeit notwendige Qualität erhält. Auch insofern verlangt das demokratische Prinzip, daß der dem Informationsvorsprung entsprechende Machtvorsprung der kommunalen Selbstverwaltung durch Informationsabgabe – letztlich wieder an die Gemeindebürger als wichtigste Beteiligte an der Bildung der öffentlichen Meinung im lokalen Bereich – ausgeglichen wird.

Kommunale Presse- und Öffentlichkeitsarbeit ohne politische Werbung

Wie eine Kommunalverwaltung in ihren mannigfachen Aufgabenbereichen zu agieren hat, entscheiden die Bürger, wie oben gesagt, bei der Kommunalwahl. Diese Entscheidung muß auf freier Meinungsbildung basieren. Die Parteien, nach Art. 21 GG Verfassungsorgane, sind, wie ebenfalls oben gesagt, auch zur kommunalpolitischen Willensbildung berufen.

Sie dürfen bei ihrer Werbung jedoch nicht in den Deckmantel kommunaler Autorität schlüpfen. Das liefe nämlich darauf hinaus, daß sich die Parteimeinung als „Meinung der Gemeinde" einen „propagandistischen Mehrwert" zulegen und damit die kommunalpolitische Meinungsbildung der Bürger verfassungswidrig beeinträchtigen würde. Eine Kompetenz des kommunalen Presseamtes, Presse- und Öffentlichkeitsarbeit ausdrücklich für die Mehrheitsfraktion des Repräsentativorgans zu betreiben, würde einen verfassungswidrigen Prämienzuschlag eben für diese die kommunalen Geschicke der Gemeinde bestimmende „partikuläre Kraft" bedeuten. Dem entspricht auch eine Entschließung des Hauptausschusses des Deutschen Städtetages vom 18. Januar 1980, die sich mit den Folgerungen aus dem Urteil des Bundesverfassungsgerichts vom 2. März 1977 für die kommunale Presse- und Öffentlichkeitsarbeit befaßt: „(Es ist) selbstverständlich, daß die Kommunen nicht in einseitig parteiergreifender Weise zugunsten oder zu Lasten politischer Gruppierungen oder einzelner Bewerber um ein Mandat tätig werden dürfen. Insbesondere darf für die Öffentlichkeitsarbeit hergestelltes Informationsmaterial weder von politischen Parteien noch von Wahlbewerbern oder Wahlhelfern während eines Wahlkampfes zum Zwecke der Werbung verwendet werden." (Zum Problem „Kommunale Öffentlichkeitsarbeit im Wahlkampf" siehe auch das Urteil des Oberverwaltungsgerichts Nordrhein-Westfalen in Münster vom 19. 8. 1988 – Entscheidungsgründe gekürzt – im Anhang, S. 245 ff.)

Das Gebot parteipolitischer Enthaltsamkeit der kommunalen Presse- und Öffentlichkeitsarbeit kann aber nicht nur für Wahlkampfzeiten gelten. Denn auch zwischen den Wahlen wirkt der Bürger als Beeinflusser der öffentlichen Meinung im kommunalen Bereich, wie oben dargestellt, auf die Organe der kommunalen Selbstverwaltung ein. Die bürgerliche Meinungsbildung darf also zu keiner Zeit durch parteipolitisch gefärbte Presse- und Öffentlichkeitsarbeit der Kommune beeinträchtigt werden.

In der Praxis bedeutet das inbesondere, daß sich die Fraktionen der Repräsentativorgane der Städte, Gemeinden und Kreise für ihre Presse- und Öffentlichkeitsarbeit stets eigener Pressesprecher und Öffentlichkeitsarbeiter bedienen müssen.

Was Werbeaktivitäten im Bereich der sogenannten „Gemeindepflege" angeht, so sind werbende Elemente, soweit sie sich als „zwangsläufiger Annex" zur Tatsacheninformation erweisen, verfassungsrechtlich nicht zu beanstanden. Propagandistische Formen – etwa die ständige Wiederholung von Auffassungen kommunaler Organe, Tatsacheninformationsflut nur zu bestimmten Themen, die willkürliche Auswahl von Tatsacheninformationen bei einem bestimmten Projekt oder die willkürliche Auswahl von Themen für die Bürgerunterrichtung überhaupt – sind jedoch auch hinsichtlich gemeindepflegerischer Inhalte kommunaler Presse- und Öffentlichkeitsarbeit verfassungsrechtlich bedenklich.

Die Ergebnisse

Das Demokratiegebot nach Art. 20 GG verpflichtet die kommunale Selbstverwaltung zu objektiver und umfassender Presse- und Öffentlichkeitsarbeit – sofern nicht überwiegend schutzwürdige Interessen entgegenstehen (z. B. bei Personalangelegenheiten) –, damit auf diese Weise von einer überparteilichen Instanz sowohl die Bürgerentscheidung bei der Kommunalwahl als auch die Bildung einer öffentlichen Meinung als wirksames Korrektiv der mittelbaren Gewaltausübung durch die Gemeindebürger fundiert wird. Dies heißt im einzelnen: die Presse- und Öffentlichkeitsarbeit der kommunalen Selbstverwaltung darf die Entscheidung des Wählers nicht in eine bestimmte Richtung lenken, sondern muß sie fundieren, d. h. sie muß dem Wähler Anschauungsmaterial darüber liefern, wie in der Gemeinde verwaltet wurde und wie man in Zukunft zu verwalten gedenkt.

Dieser Verpflichtung kommt die kommunale Selbstverwaltung zweckmäßigerweise durch die besondere Einrichtung „Presse- und Informationsamt" oder „Pressestelle" nach.

Allerdings sind die Städte, Gemeinden und Kreise verfassungsrechtlich nicht verpflichtet, die Presse bevorzugt oder gar ausschließlich mit Nachrichten zu versorgen. Es steht in ihrem Ermessen, auf welche Weise sie ihrer Verpflichtung, die Bürger zu informieren, nachkommen wollen. Zu denken ist hier etwa an kommunale Eigenpublikationen und Eigenveranstaltungen. Eine willkürliche Benachteiligung, etwa in Form eines deutlichen „Schneidens" der Presse seitens eines kommunalen Presseamtes, wäre allerdings nach Art. 5 GG verfassungsrechtlich unzulässig (siehe dazu auch die dementsprechenden Auskunftsansprüche nach den Landespressegesetzen, S. 212 f.).

Weiter ist insbesondere darauf hinzuweisen, daß die kommunale Presse- und Öffentlichkeitsarbeit den rechtsstaatlichen Grundsatz der Wahrheitstreue als Form des Grundsatzes von Treu und Glauben und den Grundsatz der Gleichbehandlung (Art. 3 in Verbindung mit Art. 1 Abs. 3 GG) zu beachten hat. Letzterer ist vor allem für den Verkehr der Kommune mit der Presse von praktischer Bedeutung. Danach hat das Presseamt alle Presseorgane am Ort in gleichem Umfang und zu gleicher Zeit zu informieren und darf auch bei deren Recherchierarbeit keine Unterschiede machen. Das gleiche gilt u. a. für Einladungen etwa zu Pressekonferenzen oder „Journalisten-Stammtischen", für die Festsetzung von Sperrfristen sowie für der Presse zugedachte Anzeigen- und Bekanntmachungsaufträge.

Allerdings verstoßen Ungleichbehandlungen, die sich aus der Natur der Sache ergeben, etwa wenn die Initiative für eine Sonderauskunft oder ein Interview von einem einzelnen Publikationsorgan ausgeht, natürlich nicht gegen den Grundsatz der Gleichbehandlung.

II

Kommunale Pressearbeit
oder
Wie sage ich es der Presse

Pressearbeit im Rathaus
kein fünftes Rad am Wagen

Die Presse prägend für
die Beurteilung
kommunaler Politik

Die aktuelle Behandlung kommunaler Ereignisse und Probleme durch die Presse in Nachricht, Reportage und Kommentar ist wesentlich mit prägend für den Informationsstand und die Einstellung der Menschen und somit für die Beurteilung kommunaler Politik, kommunaler Erfolge oder Mißerfolge. Das Bild, das sich nicht nur Bürger sondern auch Fremde von einer Stadt oder einer Stadtverwaltung machen, wird jetzt und wohl auch in Zukunft weitgehend durch die Medien mit bestimmt sein. Das Image von Personen und Institutionen ist nach wie vor neben der persönlichen Erfahrung und der Information über spezielle Publikationen durch die veröffentlichte Meinung und Information geprägt.

Kaum eine Kommune ist in der Lage, periodisch und umfassend sowie in der für den Empfänger attraktiven Mischung von Lokalem und Überregionalem, Human Interest und Sachinformation zu berichten. Und keine Kommune kann dies mit dem Anschein der Unabhängigkeit und damit der Objektivität in gleichem Maße tun wie die Presse, publiziert sie doch „in eigener Sache" und nicht im Auftrag der dargestellten Personen und Institutionen.

So mancher Kommunalpolitiker oder Verwaltungsfachmann mag die Presseöffentlichkeit mit ihrer durchaus auch einmal überzogenen Kritik oder den nicht immer ausreichend abgeklärten und mangelhaft recherchierten Veröffentlichungen als eher störend und lästig empfinden, richtet sich doch immer wieder einmal eine Forderung an ihn oder ein Kommentar gegen ihn und ist zudem der Zeitpunkt einer Veröffentlichung nicht stets der Sache, die man durchsetzen will, förderlich. Nur: zumeist erfindet nicht die Presse die Probleme. Die Probleme sind da, bevor sie öffentlich behandelt werden. Und nicht nur der Journalist macht Fehler in seinen Einschätzungen und Bewertungen. Auch die Verwaltung und der Politiker sind davon nicht frei.

„Frühwarnsystem"
für Kommunalpolitiker
und Verwaltung

Die Presse ist zudem nicht nur Instrument zur Unterrichtung der Bürgerinnen und Bürger und Mittel ihrer Meinungsbildung, sie erfüllt eine gleiche Funktion auch für die aktiven Kommunalpolitiker und Verwaltungschefs, ja sogar für jeden in irgendeiner Weise mit kommunaler Verantwortung betrauten städtischen Mitarbeiter. Denn die Presse artikuliert und kommentiert ja nicht nur und oft noch nicht einmal an erster Stelle die „offizielle" Kommunalpolitik hin zu den Leserinnen und Lesern, den Zuhörern und Zuschauern. Sie verdeutlicht genauso auch die Meinungen, Forderungen, Grundhaltungen, Engagements und Wertungen der Bürger sowie der verschiedensten politischen und gesellschaftlichen Gruppen zu Stadtthemen. Schließlich transportiert sie auch die Interessen und Auffassungen der ortsansässigen Wirtschaft, Kultureinrichtungen, Wissenschaftsinstitutionen und Interessenvertretungen.

Ganz unabhängig von der Bedeutung der Presse für eine demokratische Gesellschaft als „Kontrollorgan" und wichtiger Teil der freien öffentlichen Meinung kann sie in diesem Sinne auch ein „Frühwarnsystem" für alle in einer Stadt Verantwortung tragenden Menschen sein. Sie wirkt problemerhellend. Und so kann eine gute Auswertung und Beachtung der Presseveröffentlichungen mit dazu beitragen, aus Irrwegen noch rechtzeitig herauszufinden oder in die eigene Argumentation und Entscheidung auch andere Ansichten mit einzubeziehen und die entsprechenden Folgen zu berücksichtigen. Viel schlimmer ist es doch, wenn wegen mangelnder Kenntnis der Meinungen und Auffassungen, der Befürchtungen und Ängste, der Erwartungen und Hoffnungen von Bürgern oder Institutionen eine Modifikation des eigenen Handelns gar nicht möglich ist. An Stelle einer überzeugenden „Argumentation" und einer fruchtbaren Auseinandersetzung bleibt dann nur die direkte Konfrontation.

Die Voraussetzungen für ein positives Miteinander von Kommunalverwaltung und Presse

Ein positives Miteinander von Kommunalverwaltung und Presse setzt in der Verwaltung den Willen zu sachgerechter Information und in der Presse die Bereitschaft zu einer dem Thema angemessenen Berichterstattung voraus. Eine solche Beziehung von Verwaltung und Presse entsteht nicht von heute auf morgen. Sie kann sich nur im ständigen Kontakt, über die oft schwierige Vermittlung der unterschiedlichen Standpunkte, durch die Einsicht in die Verschiedenartigkeit der Aufgabe und in der Überwindung der immer wiederkehrenden Mißverständnisse entwickeln.

Grundlage ist das Wissen darum, daß Verwaltung und Presse bei Erfüllung ihrer Funktion zumindest teilweise aufeinander angewiesen sind. Feindschaft zwischen beiden führt zu Informationsverlust der Presse wegen der mangelnden Auskunftsfreudigkeit der Verwaltung und zu Sympathieverlust der Verwaltung bei der Bürgerschaft wegen „Geheimniskrämerei".

Persönliche Kontakte zu Journalisten als Grundlage für eine Vertrauensbasis

Der persönliche Kontakt zu Journalisten ist für den Kommunalpolitiker und den leitenden Verwaltungsvertreter wichtige Voraussetzung einer solchen Vertrauensbasis. Hintergrundinformationen oder die Erläuterung von „unangenehmen" Wahrheiten können jenen Pressevertretern, zu denen ein direkter und oft privat untermauerter Kontakt besteht, sicherer und mit geringeren Vorbehalten gegeben werden.

Kommunale Pressepolitik ist nicht nur die nüchterne Weitergabe von Nachrichten, sie ist auch die Summe menschlicher Beziehungen zwischen Politiker und Presse. Nicht von ungefähr haben manche Kommunalpolitiker oder manche Verwaltungen eine „gute Presse", während andere bei gleicher Leistung keine oder eine schlechte Presse haben. Da der einzelne Journalist ein erhebliches Maß an Einfluß auf die Veröffentlichung allein schon dadurch hat, daß er berichtet oder redigiert und nur in besonders schwierigen Fällen sich die Redaktionskonferenz oder Chefredaktion mit dem Artikel befaßt, haben solche individuellen Beziehungen zu Pressevertretern erhebliches Gewicht.

Die Bedeutung des Lokalen
in der Presse
ist erheblich gewachsen

Die Bedeutung der Presse für die Vermittlung von kommunaler Arbeit hat trotz der manigfachen Eigenaktivitäten der Städte und Kreise nicht abgenommen sondern ist ganz im Gegenteil gewachsen. Die tradierten Lokalzeitungen wurden durch Anzeigenblätter und Stadtteilzeitungen ergänzt und in jüngerer Zeit die Lokalpresse um stark lokal- und regionalbezogene Anbieter im Hörfunk- und Fernsehbereich erweitert. In vielen Lokal- und Regionalblättern wurde die Zahl der Lokalseiten erhöht, ja manchmal beginnt inzwischen „das Lokale" bereits auf der ersten Seite, die früher nur der „großen Politik" vorbehalten war.

Je totaler die Kommunikationsmöglichkeiten geworden sind und je schneller und umfassender wir an Ereignissen irgendwo auf der Welt über die „Medien" direkt teilnehmen können, um so stärker ist die Bedeutung des Lokalen und Regionalen geworden. In einer sich dynamisch entwickelnden Welt und bei wachsender Mobilität der Menschen erhält die engere Umgebung als Orientierungspunkt eine wichtige Bedeutung. So kann die kleine Stadt oder auch der Stadtteil zur Heimat werden, der man sich stärker zuwendet, weil die Bindungen an Nation oder Staat als übergeordneter Institution zurückgehen.

Kommunale Pressepolitik
ist heute auch ein Mittel
zur Bürgerbeteiligung

Alles in allem kann kommunale Pressepolitik heute nicht mehr nur begrenzte Informationsgebung sein. Sie muß offen erfolgen und darf auch Probleme und Schwierigkeiten nicht verschweigen.

Kommunale Pressepolitik steigt selbst in die Diskussion ein, bietet frühzeitig mögliche Entscheidungen an und beteiligt den Bürger daran. Kommunale Pressepolitik ist heute keine isolierte Angelegenheit von Politikern oder Pressereferenten. Sie ist angewiesen auf die Mitwirkung aller verantwortlichen Mitarbeiter der Verwaltung, die aus Sachkenntnis und Urteilsfähigkeit heraus die Öffentlichkeit informieren sollen.

Kommunale Pressearbeit darf heute kein Fremdkörper in der Verwaltung sein.

Information
der Presse
durch die Stadt

Die Besonderheit
der kommunalen
Presseinformation

Wie sieht die kommunale Information der Presse im einzelnen aus? Was unterscheidet sie von anderen? Denn viele tummeln sich auf dem Nachrichtenmarkt: Verbände und Vereine, Firmen und Institute, Kultureinrichtungen und Bildungsstätten, Parteien und Gewerkschaften produzieren unentwegt Informationen, versorgen die Presse mit Nachrichten, geben eigene Pressedienste heraus. Nicht zu vergessen die Presseagenturen, die in Wort und Bild das Neueste Tag und Nacht in die Redaktionen senden. Und schließlich recherchieren ja die Medien selbst gerade im lokalen Teil große Mengen von Informationen, greifen aktuelle Ereignisse auf und entwickeln Themen. Von all diesen „Nachrichten" wird gefordert, daß sie, soweit nur möglich, „wahr" sind, also ein Ereignis und eine Sache nicht bewußt verfälschen.

Der „amtliche Charakter"
städtischer Presseinformationen

Ganz besonders groß ist dieser Anspruch aber gegenüber der Presseinformation einer Behörde, also insbesondere auch einer Stadt. Der sozusagen amtliche Charakter schraubt hier die Anforderungen weit nach oben. Wenn eine Stadt sich äußert, so hat dies etwas Verpflichtendes und Endgültiges. Bürgeraktionen mögen in wenigen Monaten wechselnde und sich widersprechende Vorschläge zur gleichen Sache als Nachricht an die Presse geben, ein privater Informant mag sich darauf zurückziehen, daß er ja alles nur vom Hörensagen kenne: von der Behörde verlangt man ein Höchstmaß an Genauigkeit. Deshalb steht am Beginn jeder kommunalen Nachricht für die Presse die Forderung nach größtmöglicher Zuverlässigkeit.

Die Pressenachricht einer Kommunalverwaltung wird immer als eine auch amtliche Mitteilung aufgefaßt. Auf ihr bauen sich weitere Handlungen von Bürgern oder Institutionen auf. Die Abfassung und Überprüfung einer Nachricht in der Kommunalverwaltung muß außerordentlich genau erfolgen. Besonders gilt dies für die schriftlich verbreitete Nachricht. Aber auch bei ihr kann man das große Zwischenfeld zwischen der „amtlichen" Unterrichtung der Presse und der laufenden Information nutzen. Artikel- und Featuredienst, die an anderer Stelle abgehandelt werden, sind eine solche Möglichkeit, auch noch nicht Beschlossenes, noch nicht Endgültiges an die Presse weiterzugeben als Anregung, Diskussionsbereicherung, Themenvorschlag. In der äußeren Form, aber auch im Inhalt muß dieser amtliche Charakter deutlich werden.

**Die kommunale
Pressemeldung
muß sich
gegen Konkurrenz behaupten**

Der auch amtliche Charakter von kommunalen Pressemitteilungen darf freilich nicht dazu führen, daß die Meldungen aus der Pressestelle langweilig, uninteressant, schwer verständlich – kurzum für die Veröffentlichung kaum zu gebrauchen sind. Pressemitteilungen müssen sich, wie ja bereits kurz erläutert, gegen Konkurrenz behaupten. Und um in die Zeitung oder die Nachrichten oder Reportagesendung mit aufgenommen zu werden, müssen sie dem kritischen Auge des Redakteurs und oft auch des Ressortleiters oder sogar des Chefredakteurs standhalten. Diese „Gate-Keeper-Journalisten", die die Tür zur Publizierung öffnen oder zuhalten, wählen nach dem möglichen Leser-, Zuhörer- oder Zuschauerinteresse aus. Oder nach dem, was dafür gehalten wird. Die Selektion ist hierbei natürlich für eine Illustrierte oder Boulevardzeitung anders als für das Lokalblatt oder die große Tageszeitung. Und auch bei Fernsehen und Hörfunk wird je nach dem Typ der Sendung unterschiedlich ausgewählt. Einige solcher Auswahlkriterien, die bei der Presseinformation zu beachten sind, sollen hier erläutert werden.

**Auswahlkriterien
für Pressemitteilungen**

– Aktualität

Ganz vorn steht die Aktualität, denn schließlich will jeder Leser sofort und umgehend Bescheid wissen. Wobei es neben der Tagesaktualität eines Ereignisses etwa auch die allgemeine Aktualität eines Themas gibt, die nicht an ein Heute oder Morgen gebunden ist.

– Allgemeine öffentliche Bedeutung

Des weiteren ist die allgemeine öffentliche Bedeutung wichtig, denn bloße Nebensächlichkeiten interessieren nicht. Oder sind nur dann interessant, wenn sie Pfiff haben, witzig sind oder kurios. Die möglichen oder tatsächlichen, gewichtigen oder schweren Folgen eines Ereignisses erhöhen zudem den Veröffentlichungswert. Ein sonst ganz alltäglicher Unfall kann Publizitätswirkung haben, wenn der Wagen eine gefährliche Fracht hatte, und dies selbst dann, wenn überhaupt nichts weiter passiert.

– Ereignisnähe

Gerade in der Lokalpresse wird natürlich auch nach der Nähe eines Ereignisses gewertet, denn was um die Ecke passiert, ist für die Leser interessanter, und was weiter weg geschieht, erhält seine Qualität durch den Bezug auf ähnliche Geschehnisse oder Entwicklungen im lokalen Umfeld.

– Prominenz

Und schließlich ist die Verbindung einer Information mit einer „prominenten" Person von Bedeutung. Wenn der Bürgermeister etwas sagt, ist es von vornherein bereits wichtiger, weil oben personalisiert. Denn eine Aussage oder Zusage der Stadtspitze hat eben mehr Gewicht.

– Subjektive Kriterien

Es kommen noch emotionale und subjektive Auswahlkriterien vor allem in der sogenannten „Regenbogenpresse" hinzu, wie Liebe und Haß, Dramatik und Kuriosität eines Ereignisses etwa.

– Kürze und Lesbarkeit

Bestimmt wird die Auswahl in der Redaktion auch noch von der Lesbarkeit und Kürze der Presseinformation unter dem Aspekt der entsprechend geringeren oder längeren Bearbeitungszeit, von der Menge des jeweils gerade vorliegenden gesamten Nachrichtenangebotes, mit dem die kommunale Meldung konkurriert, und auch mit von der besonderen Tendenz des jeweiligen Mediums oder auch des Journalisten.

Alle diese verschiedenen Beurteilungskriterien der Redaktion mit in die eigene Pressearbeit einzubeziehen, ist wichtig.

Breite Kenntnis von Vorhaben und Entscheidungen ist nötig

Wichtig ist aber auch, sich einen ständigen Überblick über alle möglichen Informationen aus der Stadtverwaltung zu verschaffen und deren Bedeutung selbst zu gewichten. Zur kommunalen Pressearbeit ist eine breite Kenntnis der Absichten, Beschlüsse, Vorhaben und Entscheidungen kommunaler Gremien und der Verwaltung nötig, denn Informationen erhalten ihre eigentliche Bedeutung oft erst im Vergleich oder durch Koppelung mit anderem Wissen. Dementsprechend soll der Pressereferent oder der Mitarbeiter des Presseamtes Zugang zu allen wichtigen Besprechungen haben. Besser ist es, eher zuviel Informationen an die Pressestelle zu geben als zuwenig. Und die frühe Vorinformation ermöglicht das richtige Timing der Presseunterrichtung. Denn nicht zu jeder Zeit hat eine Information für die Öffentlichkeit den gleichen Wert. Es kann z. B. nicht Sache eines Fachamtes sein, den Zeitpunkt für die geplante Pressebesichtigung festzulegen oder für die Veröffentlichung einer planerischen Absicht. Die Abstimmung mit anderen Teilen der Verwaltung und die Einbindung der Pressestelle sind hier vonnöten.

Die Rolle des „Informationstiming"

Informationstiming bedeutet, die Presse zum am besten geeigneten Zeitpunkt zu unterrichten. So mag eine Presseveranstaltung frühzeitig festgelegt werden, die Einladung dazu soll aber nicht schon Wochen vorher erfolgen. Sie kann näher an den vorgesehenen Termin herangelegt werden und damit sozusagen „aktueller" erfolgen. Ein Grundsatzthema in die Presseöffentlichkeit zu bringen, kann in der nachrichtenschwachen Sommerzeit oder in Verbindung mit einem damit in Zusammenhang stehenden aktuellen Anlaß besser getimt sein. Die Information über eine wichtige Entscheidung, über das

Ergebnis einer Sitzung, einen besonderen Zuschuß für Vereine, kurzum alles, worauf die Öffentlichkeit gespannt wartet, muß jedoch umgehend an die Presse gegeben werden. Umgehend heißt hier: sofort nachdem die Entscheidung gefallen, die Sitzung beendet, der Zuschuß beschlossen wurde.

Absichtliche oder nicht erklärbare Verzögerungen bei der Information der Presse mindern nicht nur die Veröffentlichungschancen, weil alles, was einige Tage alt ist, keinen Newswert mehr hat und im günstigsten Fall als „Seitenfüller" angenommen wird. Bei spät herausgegebenen, aber besonders wichtigen Informationen wird die Presse womöglich auch das Zurückhalten der Nachricht kritisieren. Durch eine solche verzögerte Presseunterrichtung wird das Klima zwischen Kommune und Presse nicht gerade gefördert.

Die „vertrauliche"
Hintergrundinformation
an die Presse

Presseinformationen können mit gewissen Einschränkungen gegeben werden, etwa mit einer Sperrfrist versehen oder nur als Hintergrundinformation. Letztere erfolgt unter besonderem Hinweis in der Regel nur auf Pressekonferenzen oder bei einem Gespräch mit Journalisten und kaum in schriftlicher Form. Die Hintergrundinformation ist nicht zur Veröffentlichung bestimmt. Sie soll lediglich eine der Presse zur Veröffentlichung übermittelte Information näher erläutern und verständlicher machen. Sie soll verhindern, daß eine Nachricht durch die Journalisten falsch gedeutet und bewertet wird, und so mißverständliche Presseberichte vermeiden. Im Pressegespräch oder in der Pressekonferenz kündigt der Pressesprecher oder Vertreter der Stadt an, daß er nun noch ergänzend etwas „off the record" mitzuteilen habe, und bittet darum, diese Vertraulichkeit zu respektieren.

Die Hintergrundinformation ist stark vom gegenseitigen Vertrauen zwischen Presse und Kommunalverwaltung abhängig. Die Veröffentlichung der Hintergrundinformation könnte der Stadt und auch manchmal dem Informanten schaden. In der Regel hält sich die Presse – im eigenen Interesse, um auch künftig Zugang zum tieferen Verständnis der Informationszusammenhänge zu haben – an die Bitte um Vertraulichkeit einer derartigen ergänzenden Hintergrundinformation. Grundsatz sollte bei vertraulichen, nicht zur Veröffentlichung bestimmten Informationen sein, sie nur dort zu geben, wo es einsichtig erscheint. Einen Journalisten mit einer Hintergrundinformation zu belasten, die eigentlich eine Information nur für sich ist und zudem einen sehr hohen Öffentlichkeitswert hat, heißt, ihn in Versuchung zu führen und ein Vertrauenskapital zu stark zu belasten.

Die Presseinformation
mit Sperrfrist

Eine andere Informationsbeschränkung ist die sogenannte Sperrfrist, die die früheste Veröffentlichung einer Nachricht, einer Rede usw. auf einen bestimmten in der Zukunft liegenden Zeitpunkt fixiert. Durch die Sperrfrist soll die Presse insgesamt verpflichtet werden, trotz Vorliegens der – zumeist schriftlichen – Information nicht vor dem angegebenen Termin zu berichten.

Die Sperrfrist ist auf keinen Fall ein informationspolitisches Mittel, wenn sie auch manchmal dazu mißbraucht wird. Eine Sperrfrist sollte also nicht lediglich deshalb eingeführt werden, weil man die Nachricht erst zu der bestimmten Zeit in der Presse haben will. In einem solchen Fall ist es richtiger, die Nachricht erst dann herauszugeben, wenn sie auch veröffentlichungsreif ist.

Das Wesen einer Sperrfrist liegt in der Möglichkeit für den Journalisten, umfangreiches Material durchzuarbeiten, bevor es insgesamt der Öffentlichkeit übergeben wird. So etwa können längere Reden der Presse mit der Sperrfrist „Zeitpunkt des Redebeginns" übergeben werden, wobei Uhrzeit und Datum der möglichen Veröffentlichung angegeben werden sollten. Es ist lediglich sicherzustellen, daß die Journalisten, die die Rede mit Sperrfristvermerk erhielten, erreichbar sind um, falls die Rede ausfallen muß, ihnen das rechtzeitig mitzuteilen. Sperrfrist kann bei Weitergabe des Etats an die Presse, bevor er die politischen Gremien beschäftigt, verabredet werden, damit die entsprechenden Fachjournalisten sich ausreichend vorbereiten und nach der Einbringung direkt sachkundig berichten können. Sperrfrist kann auch bei bestimmten Ehrungen angebracht sein, zu denen man die Presse lädt, damit der Geehrte nicht schon vorher über die Art der Ehrung informiert ist. Die Presse wird eine so vernünftig gehandhabte Sperrfrist, die ja vor allem in ihrem Interesse liegt, beachten.

Pressekontakte gehören in eine Hand

Unterschiede zwischen kleiner und großer Stadt

Ob Kleinstadt oder Metropole: die Betreuung der Presse sollte stets in einer Hand zusammengefaßt werden. Dabei wird es freilich Unterschiede geben. In der kleinen und oft auch in der mittleren Stadt läßt sich die Information der Presse noch recht einfach zentralisieren. Oft steht ja sowieso nur ein Pressereferent zur Verfügung, wenn nicht die Unterrichtung der Presse lediglich Teilaufgabe eines Mitarbeiters ist, der sich auch noch um anderes zu kümmern hat.

Anders sieht es in der Großverwaltung mit ihrem umfangreichen Apparat und der Fülle unterschiedlichster Aufgaben aus. Hier wird eine gewisse Delegierung der Auskunft nicht nur unvermeidbar, sondern womöglich auch geboten sein. Denn fachliche Erläuterungen zu umfangreichen Planungsvorhaben oder detaillierte Darstellungen eines differenzierten Sozialprogrammes mögen den Pressereferenten oder Presseamtsleiter einer Großstadt überfordern. Aber auch hier soll die Presseinformation über das Presseamt vermittelt werden oder zumindest dieses darüber unterrichtet sein. Allein schon, weil womöglich auch andere Zeitungen oder Sender informiert werden sollten oder die Auskunft mit anderen Teilen der Verwaltung abzustimmen ist.

Der Pressereferent als „Diener" seines Herrn

Ein gleiches gilt in jeder Stadt für die Einbeziehung der kommunalen Spitze. Pressekontakte sind von gleich eminenter Bedeutung für den Oberbürgermeister der größeren Stadt wie für den Bürgermeister der kleineren. Auch Dezernenten und Ratsmitglieder müssen ja immer wieder die von ihnen veranlaßten Entscheidungen und Entwicklungen in der Öffentlichkeit vertreten. So lautet ein weiterer Grundsatz kommunaler Pressearbeit: Soweit irgend möglich sind die kommunalpolitisch Verantwortlichen die „Darsteller" gegenüber der Presse. Nicht der Pressereferent oder ein sonstiger Referent oder Amtsleiter tritt mit allen wichtigen Auskünften und Antworten gegenüber der Presse auf, sondern die Frau oder der Mann an der Spitze. Zumindest wenn die Sache sich lohnt und eine gewisse Bedeutung hat. Denn schließlich tragen sie die Verantwortung, stellen sich zur Wahl und sind auf Personalisierung im guten Sinne angewiesen.

So gesehen ist jeder Pressereferent auch der Diener seines Herren oder seiner Herrin und ein Ratgeber, der aus seiner Kenntnis der Medien, mit seiner womöglich beruflich geprägten Erfahrung und durch seine „journalistische" Formulierungsfähigkeit die Entscheidung der Stadtverwaltung in geeigneter Weise transportiert und die Presseverlautbarungen der kommunalen Spitzenleute formuliert. Allein schon aus diesem Grunde ist eine zentrale Pressestelle notwendig und sinnvoll, denn die beste Information kommt nicht rüber, wenn sie in ungeeigneter Weise präsentiert wird.

Die Pressestelle
stets der Stadtspitze
zuordnen

Dementsprechend auch sollte eine Pressestelle, ein Presse- und Informationsamt oder der mit Pressebetreuung beauftragte einzelne Mitarbeiter stets der Verwaltungsspitze, also dem Stadtdirektor oder Bürgermeister, unterstellt und zugeordnet sein. Nur so ist schließlich die Einbeziehung des obersten Repräsentanten einer Stadt genauso sicherzustellen wie die Delegierung von notwendigen Antworten an und Recherchen für die Presse auf andere Verwaltungsbereiche. Auch eine Presseauswertung hat letztlich nur dann Sinn, wenn sie zentral erfolgt und so alle anderen Teile der Verwaltung erreicht.

Wer darf
der Presse
Auskunft geben?

Es gilt also grundsätzlich: Nicht jeder Mitarbeiter einer Verwaltung kann zu jedem Thema eine Auskunft geben. Die Desinformation der Presse wäre groß und der Schaden für die Stadt womöglich beträchtlich. Dies gilt grundsätzlich auch für die Kommunalpolitiker, wenn Auskunft über Entscheidungen von Rat, Magistrat oder anderen Gremien durch die Presse erbeten wird. Auch hier ist es richtig, wenn „die Spitze" eine Erklärung abgibt, gleich von wem sie vorbereitet wurde oder wer dazu die notwendige Vorarbeit leistete. Übermittler dieser „Spitzenverlautbarung" kann und sollte durchaus die Pressestelle oder der Pressereferent sein.

Unberührt davon bleibt die allgemeine sozusagen alltägliche Information. Hier sollten die Pressestelle oder nach vorheriger Information und Absprache der Amts-, Betriebs- oder Verwaltungsleiter zu Auskünften an die Presse ermächtigt sein. Wobei der für den jeweiligen Bereich verantwortliche kommunalpolitische Repräsentant, wie etwa Bürgermeister oder Stadtdirektor, Stadtrat oder Dezernent, auch hier natürlich den Vorrang hat und regelt, welche Pressekontakte er sich selbst vorbehält oder in welcher Weise er als Person in die Presseinformationen mit einbezogen wird.

Ganz einfache Sachauskünfte schließlich kann jeder Verwaltungsangehörige geben. Wenn ein Feuerwehrmann gefragt wird, wie lang die große Drehleiter seines Einsatzfahrzeuges ist, braucht er gewiß nicht auf die kommunale Spitze zu verweisen, und der Rathauspförtner soll der Presse natürlich eine Auskunft über die Besucherzahl im alten historischen Rathaussaal nicht verweigern, wenn er sie auch jedem fragenden Bürger gegeben hätte.

Im übrigen hat die Presse oft selbst ein Interesse an Antworten von „denen da oben". Denn die Bedeutung einer Information steigt auch mit dem Rang des Informanten. Hier sollte der kommunale Spitzenpolitiker darauf achten, nun nicht zu jedem und allem zitiert zu werden. Denn auf diese Art kann das mit dem Amt verbundene Ansehen irgendwann Schaden nehmen. Bedeutsame und wichtige Entscheidungen mit der Spitzenperson zu verbinden und Routine über die Pressestelle abzuwickeln, ist eine Voraussetzung für den Erfolg kommunaler Pressearbeit.

**Eine Pressestelle
soll positiv
nach innen und
nach außen wirken**

Aus den letztlich ja sehr unterschiedlichen Strukturen, Denkweisen und Aufgaben von Presse und Kommunalverwaltung resultieren allzu oft Mißverständnisse und Aversionen. Gerade deshalb ist in jeder Stadt die zentrale „Clearing- und Umsetzungsstelle" für die Kontakte zur Presse unbedingt notwendig.

Sie kann in die Verwaltung hinein wirken. Ihre Aufgabe ist eben nicht nur die technische Umsetzung von presserelevanten Äußerungen, Beschlüssen, Themen nach draußen sondern auch das Wirken in die Verwaltung hinein mit dem Ziel, Konflikte mit der Presse zu vermeiden oder auszugleichen, Kenntnisse über den Informationsbedarf der Presse zu vermitteln, die Aufmerksamkeit auf pressegeeignete Themen zu lenken und insgesamt das Verständnis für die Notwendigkeit von Presse- und Öffentlichkeitsarbeit der Stadt zu wecken und zu vertiefen.

– Pressearbeit als Transformator nach draußen

Genau wie „draußen" in der Wirtschaft schreitet die Spezialisierung auch in der öffentlichen Verwaltung fort. Und da fällt es der Fachfrau und dem Fachmann dann oft besonders schwer, die presserelevante Bedeutung ihrer Arbeit und ihres Wirkens zu erkennen. Und noch schwieriger ist es für sie oder ihn, einen komplizierten Sachverhalt in eine für Bürger und Presse einigermaßen verständliche Sprache umzusetzen. Ein Pressereferent oder eine Pressestelle kann hier der notwendige Berater, Übersetzer und Transformator sein.

– Zentraler Ansprechpartner

Die laufenden Presseinformationen, aber auch die Zusammenstellung von besonderem Pressematerial oder die Vorbereitung einer Pressekonferenz können heute nicht mehr nur von der jeweils zuständigen Verwaltungseinheit geleistet werden. Dazu ist zwar die Sachkunde und Mitarbeit der zuständigen Stellen erforderlich. Für die mediengerechte Umsetzung allerdings bedarf es der zentralen Stelle, die die Ansprechpartner in der Presse und deren Bedürfnisse kennt.

– Pressefachlicher Berater

Der Informationswunsch der Presse wird nicht nur dort geäußert, wo man ihm gerne nachkommt: bei den stolzen Leistungen eines Amtes oder des Bürgermeisters etwa. Mindestens genau so oft – wenn nicht sogar viel häufiger – will die Presse Auskünfte zu Problemen und Schwierigkeiten der Stadt. Gerade hier ist ein pressefachlicher Rat aus dem eigenen Hause besonders wichtig, gilt es doch die mögliche Umsetzung der Information von vornherein abzuschätzen.

– Positiver Motivator

Nicht selten wird eine Verwaltung von der Presseberichterstattung über ihre Arbeit enttäuscht. Gleich, ob daran Mißverständnisse schuld sind, eine mangelnde Qualifikation des fragenden Journalisten oder die ungenügende Themenerläuterung durch den Vertreter der Verwaltung, die Kürzung des Textes durch die Redaktion mit entstellenden Folgen oder auch die übermäßig kritische Beleuchtung der mitgeteilten Tatsachen: Frustration in der Verwaltung ist die Folge. Hier hat der Pressereferent oder die Pressestelle die Aufgabe, trotz solcher negativer Einzelerfahrungen weiterhin in Richtung auf Zusammenarbeit zu motivieren und Verständnis für die oft schwierige Arbeit, aber zugleich auch wichtige öffentliche Aufgabe der Presse zu wecken.

– Partnervermittlung

Der Kontakt mit der Presseöffentlichkeit wird häufig durch ungenaue Regelungen der Auskunfterteilung behindert und erschwert und führt dann schließlich zu „einer schlechten Presse". Überkommene hierarchische Strukturen spielen hier ebenfalls eine hemmende Rolle. Hier hat eine Pressestelle für Klarheit zu sorgen und entsprechend der Bedeutung der gewünschten Information und ihrer fachlichen Zuordnung den geeigneten Partner zu vermitteln. Eine eher „zufällige" Beantwortung von Pressefragen kann sehr negative Wirkungen haben.

– Überbrückung von Unterschieden

Die mangelnde Kenntnis vom Wesen der Presse mit deren Bedürfnis nach Aktualität, deren anderen Wertungen von Ereignissen und deren reduzierter Darstellungsform erschwert die Verständigung. Journalisten und Verwaltungsmenschen sind zwar keine entgegengesetzten Typen, sie gehen aber gewiß von verschiedenen Grundhaltungen aus. Die Zeitung lebt dem Heute, die Verwaltung plant und wirkt aus einer Vergangenheit in die Zukunft hinein. Diese Unterschiede zu überbrücken, ist ebenfalls eine wesentliche Aufgabe der Pressestelle.

– Überzeugungsarbeit

Die Tradition einer Verwaltung, die vor allem in der Vergangenheit „genehmigt", „gewährt", „bewilligt", „verboten", „zurückgewiesen" hat, ist Pressekontakten wenig förderlich. Das Denken in Kategorien eines modernen Dienstleistungbetriebes, der auf die Mitwirkung der Öffentlichkeit und somit auch der Presse angewiesen ist, der seine Arbeit und sein Wirken zudem immer wieder öffentlich erläutern muß, ist noch nicht ausreichend verbreitet. Genau hier setzt auch die Überzeugungsarbeit einer kommunalen Pressestelle an.

Die technische Ausstattung einer Pressestelle

Opas Pressestelle ist noch nicht tot

Zentrale Informationsvermittlung an die Presse und die pressebezogene Betreuung und Beratung kommunaler Ämter und Betriebe aber auch der kommunalpolitisch Verantwortlichen bedarf einer organisatorischen Absicherung sowie einer entsprechenden personellen und technischen Ausstattung. Denn ohne „Apparat" und ohne „Vollmachten" ist in dem sensiblen Bereich der Medieninformation erfolgreiche Pressearbeit für eine Stadt kaum möglich.

In einer Zeit, in der sich die Presse selbst aber auch Wirtschaft und Industrie der modernsten Mittel der Nachrichtenübermittlung bedienen und für die Presse- und Öffentlichkeitsarbeit immer höhere Qualifikationen gefordert werden, dürfen die Kommunen nicht zurückstehen. Kommunale Pressearbeit mit den veralteten Hilfsmitteln und womöglich nebenher betrieben gehört noch nicht ganz der Vergangenheit an.

Natürlich wird der für die Betreuung der Presse zuständige Mitarbeiter der Verwaltung einer kleinen Stadt weder personell noch technisch eine „Idealausstattung" zur Verfügung haben. Und er wird es sicher auch nicht brauchen, wenn in der Regel nur ein Heimatblatt oder eine kleine Auswärtsredaktion der Kreis- oder Regionalzeitung über seine Stadt berichtet. Aber auch für ihn genauso wie für die Verwaltung einer solchen Kleinstadt mag der eine oder andere der folgenden Hinweise wichtig sein.

Eigene Schreib- und Druckkapazitäten der Pressestelle

Eine wichtige Grundlage jeder kommunalen Pressearbeit ist zuerst einmal die schriftlich fixierte Presseinformation als aktuelle Unterrichtung, als Presseeinladung, als Antwort auf Presseveröffentlichungen, als Unterlage für Pressekonferenzen, Pressebesichtigungen, Presserundfahrten, Pressegespräche und als Pressematerial für alle möglichen kommunalen Veranstaltungen wie Richtfeste, Preisverleihungen, Ehrungen, Planungen usw.

Wer regelmäßig und breit gestreut die Presse informieren will, bedarf eines gut ausgebauten technischen Systems. Dabei ist es meist wenig hilfreich, wenn an anderer Stelle der kommunalen Verwaltung bereits Schreib- und Druckkapazitäten vorhanden sind. Da die Presse möglichst aktuell, regelmäßig und auf den Redaktionsschluß bezogen informiert werden muß und der Informationsanfall sehr schwankend ist, kann die Pressestelle nicht auf eine dritte Einrichtung angewiesen sein, die womöglich ebenfalls Termine etwa für den Umdruck von Ratsvorlagen zu berücksichtigen hat. Konflikte und Schwierigkeiten wären unvermeidlich.

23

Für die kleine und mittlere Pressestelle wird ein Kopiersystem ausreichend sein. Größere Presseämter aber werden sich darüber hinaus auch noch einer modernen „Druckmaschine" bedienen müssen. Denn größere Auflagen lassen sich in angemessener Zeit und zu vertretbaren Kosten nicht mit Kopiergeräten herstellen.

Die schnelle
Übermittlung
durch Telefax

Das Telefaxgerät bietet die Chance, den Redaktionen Texte schnell zu übermitteln. Jede kommunale Pressestelle sollte heute über mindestens ein solches Gerät verfügen. Da die Übermittlung über Telefax einige Zeit in Anspruch nimmt und die Erreichbarkeit gerade der für Presseinformationen verantwortlichen Stelle sichergestellt sein sollte, ist sogar ein zweites Gerät sinnvoll. Es kann außerdem für zusätzliche Aussendungen benutzt werden. Die Zahl der im Telefaxgerät für solche Schnellinformationen gespeicherten Redaktionen sollte begrenzt und zudem auch noch weiter gegliedert werden, so daß je nach Bedarf an die Gesamtheit, an einzelne Gruppen oder an eine Gruppenselektion ausgesandt werden kann. Wichtig ist bei Telefax die Nachkontrolle, ob alle Redaktionen auch erreicht wurden. Denn es kann passieren, daß ein Ansprechpartner dauernd besetzt und deshalb trotz automatischer Wahlwiederholung nicht erreichbar ist. Er muß dann in diesem Fall telefonisch unterrichtet werden.

Nach wie vor
ist das „Pressetelefon"
als „persönliches"
Kommunikationsmittel
nötig

Wichtig ist die möglichst ganztägige Besetzung des Telefons einer Pressestelle. Dabei sollte zumindest ein Anschluß nicht über die Rathauszentrale laufen, sondern auch bei Ferngesprächen die direkte Anwahl des Partners ermöglichen und die direkte Erreichbarkeit sichern. Die Vermittlung über eine Zentrale bedeutet für den Anrufer Zeitverlust und damit mangelnde Aktualität. Tatsache ist auch, daß sich in kleinen wie in großen Pressestellen ein Gutteil der Arbeit nach dem üblichen Dienstschluß abspielt und von daher die Möglichkeit eines direkten Hineingehens in das Telefonnetz auch außerhalb des Ortsnetzes notwendig ist. Denn auch aus der mittleren Stadt muß womöglich noch die Landesredaktion der Deutschen Presseagentur erreicht oder die Regionalredaktion des Rundfunks angesprochen werden. Am Rande erwähnt sei nur, daß der Pressereferent über einen privaten Telefondienstanschluß verfügen und diese seine private Nummer auch im städtischen Telefonverzeichnis mit ausgedruckt werden sollte. Denn ein Teil der Rückfragen und Anfragen erreicht ihn zu Hause, und er muß in der Lage sein, den Redaktionen auch von dort aus Auskunft zu geben.

**Und das
wird
gebraucht**

Hier zusammengefaßt die erwünschte technische Ausstattung einer Pressestelle:

– Textcomputersysteme mit Speichermöglichkeit für die schnelle Presseinformation.

– Eigenverfügbare oder jederzeit nutzbare Druck- und Vervielfältigungsgeräte.

– Ausreichende Übermittlungsmöglichkeiten aktueller Informationen per Telefax und Telefon.

– Archivierungs- und Speicherkapazitäten für Pressedaten, Ausschnitterfassung und Aufzeichnungservice.

– Video- und Tonaufzeichnungsgeräte sowie Text- und Bildkopierer zur Erstellung von Pressespiegel, Zeitungsausschnittdienst und Fernsehen/Hörfunkdienst.

– Pressetelefax, Pressetelefon und nach Möglichkeit „Arbeitsplatz" für Journalisten in kleinem, abgetrenntem Raum.

– Pressekonferenzraum als zentraler Ort der Pressekonferenzen, soweit möglich. (Siehe hierzu auch „Die Kommune im Internet" auf S. 185ff.)

Pressebetreuung
und Einrichtungen
für die Presse

Allgemein öffentliche
und presseöffentliche
Veranstaltungen

Natürlich hat die Presse genauso wie jeder Bürger Zugang zu allen öffentlichen Veranstaltungen einer Stadt. Ob bei Eröffnung des großen Volksfestes oder beim Start des Stadtlaufs, bei der Sitzung des Stadtrats oder der öffentlichen Ausschußsitzung, der Begrüßung des Bürgermeisters der Partnerstadt vor dem Rathaus oder dem Wettmusizieren der Musikvereine im Stadtstadion: die Bürgerinnen und Bürger sind da und die Presse – hoffentlich – auch. Nur: die Presse ist nicht nur Gleicher unter Gleichen wie sonst alle Zuschauer, sie ist „gleicher" als die anderen. Und entsprechend sollte sie bevorzugt werden. Und das heißt, soweit möglich ihre besonderen Bedürfnisse zu berücksichtigen.

Aber nicht nur bei den allgemein zugänglichen Veranstaltungen sollte die Presse willkommen sein. Auch bei dem Empfang des Ministerpräsidenten im Rathaus, bei der Ehrung einer verdienten Persönlichkeit durch die Stadt oder etwa bei einem Bankett für die internationale Besuchergruppe werden die Journalisten mit eingeladen, obwohl daran nur eigens ausgewählte Gäste teilnehmen.

Den Bildjournalisten
geeignete Arbeitsbedingungen schaffen

Die Bildjournalisten sollten nicht über den Wortberichterstattern vergessen werden. Ihnen die Möglichkeit zu einem guten Schuß zu verschaffen, zahlt sich in der Veröffentlichung eines aussagekräftigen Pressefotos aus: Bilder transportieren manchmal mehr als noch so viele Worte, und neben einem Prominenten optisch in der Presse präsent zu sein, ist oft wichtiger als die kurze Meldung zum gleichen Anlaß.

Bei Großveranstaltungen kann es sich empfehlen, für Bildjournalisten und das Fernsehen provisorisch eine Tribüne oder ein Podest aufschlagen zu lassen. Manchmal tut es auch ein simpler Pritschenlastwagen, von dem aus die Pressefotografen über die Menge hinweg „freies Schußfeld" haben. In Innenräumen können mit einer einfachen provisorischen „Galerie" seitlich oder hinten erhöhte Positionen für Bildjournalisten und Kameraleute geschaffen werden.

Nicht immer freilich ist eine solche „Tribüne" nötig und möglich, und manchmal entspricht sie in keiner Weise dem Anlaß und den Interessen der Bildreporter. In solch einem Fall sollte versucht werden, durch Absprachen das Chaos einer vorn, vor den zuschauenden Gästen hin- und hereilenden Gruppe von Pressefotografen zu verhindern. Indem zum Beispiel vorher vereinbart wird, daß zu Beginn Gelegenheit für Aufnahmen der vorn versammelten Prominenz gegeben ist und anschließend dann nur noch „von hinten" oder von der Seite aufgenommen werden darf. Bei dem Angebot von seitlichen

Positionen für Bildjournalisten und Fernsehen sollte man für eine Absperrung durch ein dunkelblaues oder dunkelrotes Seil im Innenraum oder durch ganz simple Sperrgitter bei der Massenveranstaltung draußen sorgen.

Die Betreuung
von Wortberichterstattern
auf Großveranstaltungen

Wohin aber mit den Wortberichterstattern? Es empfiehlt sich, sie in einer vorderen Seitenposition zu plazieren, wenn es nicht hinten einen erhöhten Rang gibt, von dem aus man alles überblicken und unbemerkt verschwinden kann.

Die Presseplätze werden im übrigen besonders gekennzeichnet mit dem Schild „Presse". Städtische Mitarbeiterinnen und Mitarbeiter sorgen dafür, daß nur Journalisten auf ihnen Platz nehmen, und sie achten zudem darauf, daß nicht andere Gäste das dort ausgelegte Pressematerial vereinnahmen, wenn nicht sowieso die Presseunterlagen direkt bei Ankunft im Pressebereich an die Journalisten ausgegeben werden. Der Bildjournalist, der sich oft im Raum frei bewegen muß und zudem ja auch einiges technisches Material mit sich herumschleppt, wird zumindest bei Veranstaltungen einer besonderen Sicherheitsstufe oder Größenordnung durch ein gestempeltes Namensschild am Revers ausgewiesen. Der Wortberichterstatter legitimiert sich nicht äußerlich, aber durch eine spezielle Presseeinladung oder die mit einem aufgestempelten „P" besonders gekennzeichnete Normaleinladung als jemand, der Anspruch auf einen Presseplatz und auf das Pressematerial hat. Bei Veranstaltungen von hoher Sicherheitsstufe ist außerdem für alle Journalisten die namentliche Anmeldung durch die Redaktion sowie die persönliche Entgegennahme des Eintrittsausweises rechtzeitig vor der Veranstaltung unter Vorlage von Personalausweis und Presseausweis notwendig. Auch bei Platzmangel empfiehlt es sich, auf der persönlichen Anmeldung der Journalisten zu bestehen und die Einladungen nicht zugleich zu Eintrittskarten zu machen.

Vorwegabsprachen
mit Fernsehen
und Hörfunk

Die Wünsche von Fernsehen und Hörfunk wegen der Positionierung etwa der Scheinwerfer und Kameras, des Tonmitschnitts und so weiter sollten vorweg abgesprochen werden. Auch hier gilt es, in ähnlicher Weise wie bei den Bildjournalisten zwischen den Ansprüchen der Veranstaltungsteilnehmer auf möglichst ungehinderte Sicht, dem Wunsch der Kameraleute und der Fernsehjournalisten nach dem optimalen Standort und dem Interesse der Stadt als Veranstalter an guter Berichterstattung zu vermitteln. Dabei sollte man immer berücksichtigen, daß das Foto in der Presse und die Fernsehübertragung oder Radiosendung ein Vielfaches mehr an Menschen erreichen als bei dem Ereignis selbst versammelt sind.

Die besondere
Pressemappe

Pressebetreuung bei derartigen Anlässen umfaßt mehr als die Platzreservierung. Eine besondere Pressemappe enthält all jene Unterlagen, die auch den anderen Gästen zur Verfügung stehen, wie etwa Programm, Festbroschüre und Teilnehmerliste. Zusätzlich aber ist für die Presse noch vorbereitet und beigefügt ein Verzeichnis der wichtigsten anwesenden Persönlichkeiten, vor allem natürlich der Redner, und zwar mit Titel und Funktionsbeschreibung. Und auch wenn die Journalisten nur auszugsweise und sehr verkürzt berichten werden: die Texte der Reden, die gehalten, der Resolutionen, die verabschiedet und der Beschlüsse, die gefaßt werden, sind in vervielfältigter Form immer willkommen. Wird die Veranstaltung von mehreren auswärtigen Journalisten besucht, empfiehlt sich, zusätzlich einige Presseinformationen über die Geschichte der Stadt, ihre gegenwärtige Bedeutung und ein Blatt mit Daten, Fakten und Zahlen beizufügen. Bei Großveranstaltungen sind außerdem die Journalisten für der Pressemappe beigefügte Hinweise auf Telefon- und weitere Übermittlungsmöglichkeiten in der Nähe des Veranstaltungsortes, auf ein Pressezentrum oder einen anderen Anlaufpunkt für weitere Informationen und Hilfen dankbar.

Die „allgemeine"
Pressemappe mit
Grundinformationen

In die „allgemeine" Pressemappe einer Kommune gehören Zusammenstellungen von Daten, Fakten und Zahlen zu aktuellen und weniger aktuellen Themen. Eine solche Zusammenstellung wird für nachfragende einzelne Journalisten genauso bereitgehalten wie sie Teil der Betreuung auswärtiger Journalisten ist. Derartige Pressezusammenfassungen können jeweils angefertigt werden, etwa für die Bereiche Geschichte, Kultur, wirtschaftliche Struktur der Stadt, städtebauliche Entwicklung und Stadtplanung, Bildungseinrichtungen in der Stadt, Sportangebote und überhaupt sportliche Besonderheiten und Erfolge sowie über die regionale, überregionale und internationale Rolle der Stadt. Auf jeden Fall sind Aufstellungen über die Bevölkerungszusammensetzung, die wichtigsten historischen Ereignisse sowie kurz gefaßte statistische Daten Grundbestandteil der „allgemeinen" Pressemappe.

Die Einrichtung
eines temporären
Pressezentrums

Bei einer zu erwartenden großen Pressebeteiligung ist sowieso die Einrichtung eines Pressezentrums mit Arbeits- und Übermittlungsmöglichkeiten zu empfehlen. In bescheidenerem Maße kann ein solcher Presseservice auch bei vergleichbaren Ereignissen geringeren Umfangs in kleineren Städten nützlich sein, bietet sich ein noch so kleines Pressezentrum doch immer als beliebter Treff für die versammelten Journalisten an. Die vorzubereitenden Arbeitsmöglichkeiten werden freilich unterschiedlich sein. Bei Großereignissen in Metropolen zum Beispiel wird im Pressezentrum ein ganzes Sonderpostamt eingerichtet, um ausreichend Telefonanschlüsse und andere Übermittlungsmöglichkeiten bereitzuhalten. Bei einem bescheideneren Anlaß genügt die zusätzliche Schaltung von ein oder zwei Telefonanschlüssen „vor Ort", also unmittelbar in der Nähe der Veranstaltung. Und da heute viele Journalisten ihren Bericht als schriftlichen Text an die Redaktion durchgeben wollen, sollte auch ein Telefaxanschluß geschaltet werden.

Nicht nur derartige Übermittlungsmöglichkeiten sind Teil eines temporären Pressezentrums. Auch Arbeitsplätze für Journalisten mit Schreibmaschinen und weiterem Zubehör sowie eine Informations- und Vermittlungsstelle sollten angeboten werden. Handelt es sich um eine längere Veranstaltung, ist im übrigen auch eine Bild / Ton-Übertragung in das Pressezentrum zu empfehlen. Die Presse braucht dann nicht unentwegt anwesend zu sein, sondern kann sich über den weiteren Verlauf im Pressezentrum informieren, während bereits die ersten Artikel geschrieben und Meldungen durchgegeben werden. Daß bei einem solchen Pressezentrum auch für Erfrischungen, Getränke und einen kleinen Imbiß gesorgt wird, versteht sich von selbst.

**Ein Arbeitsbereich
für die
Presse im Rathaus**

Aktuell muß ein Journalist nicht nur bei Großereignissen von überregionaler Bedeutung berichten können. Auch im alltäglichen journalistischen Geschäft ist es immer wieder nötig, direkt vom Ort der Ereignisse oder aus der Pressekonferenz eine Nachricht zu übermitteln oder einen Artikel an die Redaktion durchzugeben. Deshalb sollte überprüft werden, ob nicht im Rathaus oder in der Pressestelle ein Raum mit Arbeitsplätzen, Schreibmaschinen, Telefonanschlüssen und einem Faxgerät speziell für die Presse eingerichtet werden kann. Eine „Infothek" mit Daten über die Stadt, aktuellen Statistiken, Adressenverzeichnis, Telefonbüchern usw. kann ein solches Zentrum hilfreich ergänzen. Dieses „Pressezimmer" ist besonders wichtig, wenn aus Sitzungen der kommunalen Gremien, also etwa des Rates, von Arbeitsgruppen, Ausschüssen und so weiter berichtet werden muß. Denn gerade hierbei gilt es ja oft, eine wichtige Entscheidung oder einen interessanten Beschluß noch vor Redaktionsschluß durchzugeben. Aber auch für die „tägliche" Arbeit der Journalisten im Rathaus ist ein solcher besonderer Presseraum ein guter Stützpunkt.

Je nach der Größe und überregionalen Bedeutung einer Stadt und nach der Zahl der publizistischen Einheiten und Redaktionsvertretungen am Ort wird ein solches Pressezentrum bescheidener oder umfangreicher einzurichten sein. In der kleineren Stadt mag es genügen, wenn den Journalisten ein Telefonanschluß beim Pressereferenten zur Verfügung gestellt wird und in einer ruhigen Ecke eine Schreibmaschine bereitsteht. Dabei sollte der Telefonanschluß möglichst in einer kleinen Zelle etwa auf dem Flur eingerichtet werden, damit die Journalisten in aller Ruhe mit der Redaktion sprechen und ihren Text durchgeben können. Und für die Textübermittlung mag hier auch das städtische Telefax ausreichen. In den größeren Städten wird es der besondere Presseraum sein, möglichst in Nähe des Presseamtes und nicht weit von den Sitzungsräumen der kommunalen Gremien entfernt. Auch kann es sinnvoll sein, den „Dauergästen", also den Vertretern der ständig aus dem Rathaus berichtenden Medien, eigene besondere Arbeitsplätze zur

Verfügung zu stellen einschließlich der Möglichkeit, Unterlagen und Material verschlossen aufzubewahren. Es gibt bereits einige Städte, die den ansässigen großen Zeitungen und Sendern jeweils einen kleinen Raum als „Außenposten" im Rathaus überlassen haben, mitsamt Schlüssen und Gastrecht. In den Vereinigten Staaten übrigens ist Derartiges schon seit Jahrzehnten eine Selbstverständlichkeit, und in den dortigen Metropolen gibt es oft sogar kleine „Fernsehstudios" im Rathaus.

Der Pressekonferenzraum

Wenn irgend möglich empfiehlt es sich auch, einen besonderen Pressekonferenzraum einzurichten, möglichst im Presse- und Informationsamt oder zumindest zentral im Rathaus. Wo dies nicht geht, sollte regelmäßig ein normales Sitzungszimmer für Pressekonferenzen mit benutzt werden. Ein ständiger Wechsel des Raumes ist nicht zu empfehlen. Erstens soll die Presse ein ganz bestimmtes Zimmer auch als „ihren" Raum ansehen, und zweitens soll jeder an der Pressekonferenz beteiligte Stadtvertreter von vornherein über die technische Ausstattung und räumlichen Verhältnisse Bescheid wissen. Dies ist durchaus wichtig, muß doch etwa das Fernsehen die Scheinwerfer aufstellen, der Hörfunk die Mikrophone plazieren und der Stadtvertreter seine Pläne aufhängen.

Der ideale Pressekonferenzraum bietet variable Stellmöglichkeiten für Tische und Stühle an. Je nach der Anzahl der erwarteten Journalisten und der Stadtvertreter wird der Raum vor der Pressekonferenz hergerichtet. Handelt es sich um eine „kleine" Pressekonferenz, werden eben nur wenige Tische in Rechteckform zusammengestellt. Die Teilnehmer haben dann nicht den Eindruck, daß die Pressekonferenz schlecht besucht und also nicht so wichtig ist, denn um den Tisch herum sind ja alle Plätze besetzt. Bei einer großen Pressekonferenz wird notfalls auf die Tische verzichtet und eine „Saalbestuhlung" vorgenommen. Die Stadtvertreter sitzen also frontal der Presse hinter ihrem Tisch gegenüber. Wenn irgend möglich sollte auch hier eine Mitschreibmöglichkeit an Tischen angestrebt werden. Selbstverständlich gehört in einen Pressekonferenzraum die Projektionsleinwand und das Videogerät mit Bildschirm, so daß zur Erläuterung Dias und Filmausschnitte vorgeführt werden können. Entsprechend muß auch der Raum verdunkelt werden können.

Die Frontwand oder eine der Seitenwände wird mit Magnettafeln ausgestattet, um daran je nach Bedarf Pläne und Plakate anzubringen. Ein großer Stadt- oder Gebietsplan gehört ebenfalls zur Ausstattung. Wenn immer möglich sollte eine Anrichte und eine Bedienungstheke vorhanden sein, um Getränke wie Kaffee und Tee oder Säfte und Mineralwasser anbieten zu können. Eine kleine „Teeküche" mit Vorratsbereich, Geschirr, Eisschrank und Kaffeemaschine in der Nähe gehört dazu, wenn ein Sevice nicht auf andere Art gewährleistet werden kann. Schließlich sollten Übermittlungsmöglichkeiten per Telefon oder Telefax und die Schreibgelegenheiten, also der Arbeitsraum für die Presse, nicht allzuweit vom Pressekonferenzraum entfernt sein.

Vom Pressedienst bis zur Pressekonferenz

Die besondere Gestaltung der schriftlichen Presseinformation

Noch immer ist neben der mündlichen Auskunft an die Presse die schriftliche Pressemeldung die Hauptübermittlungsform hin zu den Journalisten und Redaktionen. Stets in gleicher Aufmachung und mit einem einprägsamen „Kopf" versehen bietet ein solcher Dienst der Presse zuverlässige Information und den Kommunen die Möglichkeit, von der gewichtigen Presseerklärung der kommunalen Spitze bis hin zur Bekanntgabe einer Tierseuchenverordnung alles Notwendige und Gewünschte breit zu streuen.

In vielen kleineren Gemeinden wird ein solcher Dienst nur nach Bedarf, also als einzelne, unregelmäßige Pressemeldung herausgegeben. Aber auch bei einem geringeren Anfall von Informationen sollte auf jeden Fall eine besondere Gestaltung gewählt werden, denn in der Redaktion muß der „Absender" Stadt und der Inhalt „Presseinformation" schon beim Eingang erkannt werden. Der Text sollte zudem auch „journalistisch" aufgemacht und geschrieben sein, so daß er ohne große Veränderungen übernommen werden kann. Bei einem nur kleinen Bezieherkreis empfiehlt es sich außerdem, die Pressemitteilungen vorher telefonisch anzukündigen. Die Redaktion kann sich darauf einrichten, Raum für den Text freizuhalten, und zudem wird die Pressemeldung nach Eingang direkt auf den Tisch des zuständigen Redakteurs kommen.

Der tägliche Pressedienst

Alle großen Städte sollten einen täglichen Pressedienst herausgeben, der an den fünf Werktagen der Woche regelmäßig die Redaktionen über das aktuelle Geschehen, wichtige Termine und Beschlüsse unterrichtet. Und selbst wenn wirklich überhaupt nichts los ist, weil alle Kommunalpolitiker in Urlaub sind und auch die Verwaltung auf halbe Kraft fährt, braucht er nicht auszufallen. Denn in der „Saure-Gurken-Zeit" nimmt der Nachrichtenmangel insgesamt zu, und das bedeutet in der Ferienzeit eine große Nachdruckchance, nimmt doch die Lokalzeitung jede Story der Stadt ab.

Den Redaktionsschluß beachten

Der tägliche Pressedienst wie auch die einzelne Presseinformation soll den Redaktionen bis zur Mittagszeit, spätestens am frühen Nachmittag zugegangen sein. Es bleibt dann dort ausreichend Zeit bis zum Redaktionsschluß für die Bearbeitung und die Aufnahme in die Ausgabe des nächsten Tages. Aktuelle Nachmittagsereignisse müssen auf anderem Weg etwa über Telefax oder Telefon übermittelt werden.

Die meisten Einladungen etwa zu Presseterminen erfolgen ja nicht von heute auf morgen, und auch aktuelle Informationen können zumindest im lokalen Bereich die Redak-

31

tion am gleichen Tag erreichen, wenn mit einem Botensystem gearbeitet wird. Es gibt zum Beispiel größere Redaktionen, die solche Dienste durch ihre sowieso eingesetzten Boten abholen lassen, und auch die Amtsboten der Städte haben ihre Routinerundgänge, in die die Lokalzeitung und der Lokalsender mit einbezogen werden können. Der Hauptteil des Dienstes freilich geht über den Postversand an all jene, die nicht auf die brennende Aktualität angewiesen sind, aber dennoch die Informationen brauchen und verarbeiten.

Ein Pressedienst umfaßt „alles"

In einen derartigen regelmäßig erscheinenden Pressedienst gehören alle für die Presse interessanten Termine und Einladungen, alle Nachrichten und Meldungen von aktuellem Wert, alle amtlichen Bekanntmachungen und Stellungnahmen, Berichte und Informationen zur Arbeit der verschiedenen Verwaltungszweige und Betriebe. Auf keinen Fall sollte man Dienste mit ausschließlich nichtaktuellen oder unwichtigen Meldungen herausbringen. Der Wert eines Pressedienstes liegt in der Bedeutung der gelieferten Information und in deren Aktualität. Kann beides nicht auf Dauer gewährleistet werden, sollte man auf den täglichen Pressedienst verzichten und einen Dienst je nach Bedarf herausgeben.

Pressedienste können spezialisiert werden

Bei entsprechend breiter und spezialisierter Presse und einem ausreichenden Nachrichtenangebot für die unterschiedlichen Ressorts und Medien kann der Pressedienst differenziert werden. So ist ein Dienst ausschließlich für Bildjournalisten, ein solcher für die lokalen Zeitungen am Ort und ein weiterer für alle Redaktionen und Journalisten darüber hinaus denkbar. In großen kommunalen Einheiten mit überregionaler Bedeutung sind auch Pressedienste speziell für Wirtschaftsjournalisten, Kulturjournalisten und Sportjournalisten möglich.

Eine „Hierarchie" der Informationsgebung

Pressedienste sollen also versuchen, zielgruppenspezifisch zu arbeiten und die Informationen fachredaktionell aufbereitet weiterzugeben. Dabei ist eine „Hierarchie" in der Informationsgebung denkbar. Ein Gesamtdienst mit sämtlichen Informationen geht an die lokale Presse, die Verwaltung und die Kommunalpolitiker. Segmente daraus werden dann an die jeweils spezialisierten Redaktionen gegeben, die Einladung zur Präsentation des neuen Theaterspielplans an die Feuilletonjournalisten, die Information über den Beschluß zur Errichtung einer neuen Sporthalle an die Sportjournalisten und die Nachricht über eine gelungene Wirtschaftsansiedlung an die Wirtschaftsjournalisten zum Beispiel. Bei dem großen Angebot von Pressematerial, das täglich bei den Journalisten eingeht, kann so verhindert werden, daß der Pressedienst sofort im Papierkorb landet.

**Auch überörtlich
orientierte Pressedienste
sind möglich**

Über den täglichen Pressedienst oder die nach Bedarf herausgegebene aktuelle Presseinformation hinaus sind weitere in größeren Zeitabständen erscheinende Dienste für die Presse möglich. In ihnen steht dann nicht die einzelne Nachricht und der Pressetermin im Vordergrund, sie vermitteln vielmehr überörtlich interessierende Themen und Ereignisse. Zielgruppen sind hier neben der lokalen Presse, die natürlich einbezogen wird, die Presseagenturen, Zeitschriften, Wochenblätter, auswärtigen Zeitungen sowie Funk und Fernsehen. Dieser Dienst umfaßt also all jene Redaktionen und Journalisten, die sich in der Regel nur wenig mit den Angelegenheiten einer bestimmten Stadt befassen.

**Der Reportage-,
Feature- und Datendienst
für die Presse**

Ein solcher zum Beispiel wöchentlich oder auch monatlich erscheinender Pressedienst wird sich der Feature- oder Reportageform eher bedienen, als bloß Meldungen zu den Redaktionen zu transportieren. Das je gewählte Thema muß originell sein, besonders herausragende Fakten mitteilen, ein wichtiges allgemeines Problem ansprechen, kurzum auch woanders interessierende „News" bringen. Da nicht tagesaktuell im üblichen Sinne, bieten sich als „Aufhänger" Einweihungen, Jahrestage, Kongresse, Statistiken, bedeutende Persönlichkeiten und Ähnliches an. Durchaus ergänzt werden kann ein derartiger überörtlicher Dienst durch wichtige Personalien aus Politik, Wirtschaft, Kultur sowie auch durch Kurzmeldungen, Zitate, einen selektiven Veranstaltungskalender, Gedenktage, „Erinnerungsdaten", also durch all das, was neben den Reportagen und Features kurzgefaßt auch draußen auf Interesse stoßen kann. Dieser überörtliche Dienst wird im übrigen auch von der örtlichen Presse gern für den Nachdruck und als Quelle benutzt.

**Gestaltung
des überregionalen
Dienstes**

Er wird grundsätzlich bundesweit vertrieben, was eine zumindest dreistellige Auflage bedeutet. Auf jeden Fall sollte um die Übersendung von Belegexemplaren bei Nachdruck gebeten werden. Auf der ersten Seite eines solchen Dienstes wird Inhalt und redaktionelle Zuordnung der Themen deutlich angegeben, um der fernen Redaktion auf den ersten Blick die Einschätzung zu erleichtern. Ein derartiger Dienst wird erfahrungsgemäß von Tageszeitungen für die Wochenendbeilagen genutzt oder auf der gemischten Seite untergebracht. Aber auch Wochenblätter benutzen ihn gern. Gerade bei einem Featuredienst ist die journalistische Qualität von großer Bedeutung. Übermittelt wird ja nicht eine aktuelle Information, die als Unterlage für einen eigenen Bericht dienen kann, sondern eine Story zum kostenlosen Nachdruck. Gute freie journalistische Mitarbeiter sind hierfür Grundvoraussetzung.

Ein touristisch
orientierter Pressedienst

Größer Städte können ganz zielgerichtet bestimmte Redaktionen oder Publikationen mit besonderen Pressediensten ansprechen. Wichtig und hier durchaus auch für kleine Gebietskörperschaften interessant dürfte ein spezieller Pressedienst zum Themenbereich Fremdenverkehr sein. Regelmäßig etwa wöchentlich oder monatlich herausgegeben, umfaßt diese touristische Presseinformation zuerst einmal die „Basisnachrichten" etwa über die neue Busrundfahrt des Verkehrsamtes, die Vorteile eines gerade aufgelegten Touristenpasses, das Angebot von neuem, touristischem Informationsmaterial und so weiter. Daneben aber sollte ein solcher Dienst auch alle für mögliche fremde Besucher interessanten Veranstaltungen, Einrichtungen oder historischen Ereignisse der Stadt vorstellen.

Die Reisebeilagen der Tageszeitungen, die ja zumeist den Wochenendausgaben beigefügt sind, sind genauso wie die touristischen Fachpublikationen dankbare Abnehmer. Nicht zu vergessen natürlich die alten und neuen Hörfunksender, die gerne derartige Informationen aufgreifen und die vielen Reisejournalisten, die für Anregungen dankbar sind. Sie alle gehören in den Verteiler eines solchen bundesweiten touristischen Pressedienstes.

Die Pressekonferenz
dient der direkten Information
und Kommunikation

Ist der regelmäßige Pressedienst oder die einzelne schriftliche Information ein Grundinstrument der formulierten und fixierten Unterrichtung der Presse, so ist die Pressekonferenz die wichtigste Möglichkeit der direkten Information und Kommunikation. Selbstverständlich gibt es auch das Einzelgespräch mit Journalisten oder den Kontakt mit der Presse bei offiziellen oder weniger offiziellen Veranstaltungen. Dennoch ist die Pressekonferenz als institutionelle Form von besonderer Bedeutung: sie umfaßt „die Presse" insgesamt und findet zu einem ganz bestimmten Themenkreis statt.

Pressekonferenz
aus aktuellem Anlaß

Ein Teil der Pressekonferenzen wird aus aktuellem Anlaß einberufen. Etwa wenn nach einer Brandkatastrophe über Ursache, Einsatz, Verantwortung und die entsprechenden Folgerungen schnell und umfassend informiert werden soll. Nur in einer solchen Pressekonferenz ist es möglich, alle Verantwortlichen mit der gesamten interessierten Presse zusammenzuführen. Aktuelle Pressekonferenzen werden auch einberufen, um zu einer die Stadt betreffenden Entscheidung der kommunalen Aufsichtsbehörde etwas zu sagen, Stellung zu nehmen zu einer Erklärung des Einzelhandelsverbandes, sich zu Haushaltsfragen zu äußern, also um gegenüber der Öffentlichkeit schnell zu reagieren.

Die Vorteile von
Pressekonferenzen

Die „reaktive" Pressekonferenz aus aktuellem Anlaß ist nur ein Teil dieser Form der Presseinformation. Wichtige Planungsvorhaben, ein neues Kulturprogramm, Betreuungsmaßnahmen für behinderte Menschen, der Ablauf des bevorstehenden Ministerbesuches, die Kinderferienspiele und was sonst noch nach Öffentlichkeit drängt sind für Pressekonferenzen geeignete Themen.

Oft würde auch eine schriftliche Presseerklärung genügen. Die Pressekonferenz hat aber den Vorteil, sich auch mit kritischen Fragen der Journalisten auseinanderzusetzen, den Informationsbedarf zum Thema direkt auszuloten und weitgehend zu befriedigen, die eigene Haltung auf Wunsch weiter zu erläutern und zur Beantwortung der Pressefragen den gesammelten Sachverstand von Experten, Mitarbeitern und Beratern genauso zusammenzuführen wie die Gruppe der kommunalpolitisch Verantwortlichen. Schließlich gibt eine Pressekonferenz auch Einblick in das Meinungsbild der Presse selbst.

Die Einrichtung
regelmäßiger
Pressekonferenzen

Neben diesen aus besonderem Anlaß einberufenen Pressekonferenzen gibt es auch als Dauereinrichtung regelmäßige Pressekonferenzen. Solche Pressekonferenzen können zum Beispiel nach Magistratssitzungen, Dezernetenkonferenzen oder Verwaltungsbesprechungen stattfinden, die in gleichmäßigem Abstand gehalten werden. Durch eine solche wöchentliche oder zweiwöchentliche Pressekonferenz bietet sich den Spitzen der Verwaltung über die Interpretation des vorangegangenen Beratungsergebnisses hinaus auch die Möglichkeit, im Gespräch mit den Journalisten weitere Themen anzuschneiden. Das Gewicht dieser Pressekonferenzen kann durch Namensgebung wie etwa Ratspressekonferenz oder Magistratspressekonferenz und durch den regelmäßigen Auftritt der Stadtspitze verstärkt werden.

Pressebesichtigung
und Pressefahrt

Als besonders anschauliche Form der Information bieten sich des weiteren die Pressebesichtigung und die Pressefahrt an. Bei der Pressebesichtigung und der Pressefahrt werden die Erläuterungen durch den fachkundigen Sprecher am Ort selbst gegeben. Für eine einleitende oder abschließende Darstellung empfiehlt es sich, einen geeigneten Raum mit dem entsprechenden Planmaterial und Statistiken vorzubereiten. Je nach den äußeren Umständen kann die Information kurz im Stehen erfolgen etwa in der Baracke der Bauleitung an der neuen Brücke, die man besichtigt hat, oder bei einem Essen im Speiseraum des modernisierten Krankenhauses, dessen neue Einrichtungen der Presse gezeigt wurden.

Pressebesichtigung und Pressefahrt, wobei letztere oft verschiedene Besichtigungspunkte miteinander verbindet oder einer allgemeinen Information etwa auswärtiger Journalisten über die Stadt dient, haben den Vorteil großer Anschaulichkeit. Sie sind deshalb auch für Bildjournalisten, Hörfunk und Fernsehen interessant, die unbedingt dazu geladen werden sollten.

Bei langfristigen Entwicklungen, etwa bei großen Bauvorhaben, kann es sich empfehlen, in größeren Zeitabständen regelmäßig wiederkehrende Pressebesichtigungen durchzuführen, um die einzelnen Entwicklungsstufen deutlich zu machen.

Vorbereitung und Durchführung von Pressebesichtigung und Pressefahrt

Genauso wie bei der Pressekonferenz sollte auch zu Pressebesichtigungen schriftlich vorbereitetes Material verteilt werden. Die Einladung sollte mindestens vier Tage vor der Pressebesichtigung oder Pressefahrt erfolgen, damit die Redaktionen rechtzeitig disponieren können. Die Pressebesichtigung, ganz gewiß die Pressefahrt, dauern länger als eine Pressekonferenz!

Man sollte darauf achten, daß den Journalisten am gleichen Tag noch ausreichend Zeit zur Verarbeitung des Materials und des Geschehens bleibt und die Besichtigung oder Fahrt entsprechend ansetzen. Das voraussichtliche Ende wird in der Einladung mitgeteilt.

Die Pressebesichtigung und Pressefahrt bedürfen einer sorgfältigen Vorbereitung. Der Besichtigungsweg wird vorher abgegangen oder abgefahren und in seinen einzelnen Stationen festgelegt. Eine „Rollenverteilung" ist abzusprechen, also wer an welcher Stelle Erläuterungen gibt. Ganz besonders aber ist die Zeit abzustoppen, wobei ein Zuschlag für die Fragen der Journalisten, längere „Referate" der Stadtvertreter und Unvorhergesehenes berücksichtigt werden sollten. Eine zu lange Pressebesichtigung führt dazu, daß bei der abschließenden Pressekonferenz kaum noch ein Journalist anwesend ist, denn der Redaktionsschluß drängt und womöglich auch der nächste Termin. Deshalb empfiehlt es sich, das Limit von einer bis anderthalb Stunden nur aus besonderem Anlaß zu überschreiten. Insbesondere bei der Presserundfahrt, die in der Regel länger dauert und manchmal auch nach auswärts führt, soll in der Einladung die geplante Dauer unbedingt angegeben werden, damit sich die Redaktionen darauf einrichten können.

Wie mache ich eine Pressemitteilung?

Journalistisch perfekt braucht nicht jede Pressemitteilung einer Stadt verfaßt zu werden. Die wichtigsten Anforderungen an Aufbau, Informationswert und Gestaltung sollte sie freilich erfüllen. Bei allen Pressediensten, die über die bloße Sachinformation hinausgehen, ist zudem Professionalität und Kreativität gefragt. Die aktuelle Presseinformation kann jedoch auch der „Nichtjournalist" erstellen, wenn er einige wenige Grundregeln beachtet. Diese Möglichkeit ist gerade für kleinere und mittlere Kommunen von Bedeutung, ist in ihnen doch häufig eine entsprechende personelle Ausstattung der Pressestelle nicht möglich. Hier einige Hinweise darauf, was beim Verfassen derartiger Presseinformationen beachtet werden sollte.

 „Was? Wo? Wer? Wann? Wie?"

Jede Mitteilung an die Presse – also Presseinformation genauso wie Presseeinladung – ist nach dem **„W-System"** zu verfassen. Eine Presseinformation muß grundsätzlich die Antworten auf die Fragen **„Was? Wo? Wer? Wann? Wie?"** enthalten, will sie einigermaßen vollständig sein. Die Reihenfolge, in der die **„Fünf W"** abgehandelt werden, kann je nach Anlaß gewechselt werden, so daß manchmal die Person an den Anfang rückt und ein andermal die Sache, oder auch umgekehrt, wie es dem Thema angemessener erscheint. Und es müssen auch nicht immer alle **„W"** beantwortet werden. So mag etwa der Termin manchmal unwichtig sein und das **„Wann"** also wegfallen oder die Beschreibung im einzelnen, das **„Wie"**, keine Bedeutung haben. Es können aber auch noch weitere **„W-Fragen"** gestellt werden, wie **„Warum"** oder **„Womit"**.

Hier drei Textbeispiele, die die unterschiedlichen Anordnungsmöglichkeiten verdeutlichen:

1) Als völlig unzureichend **(WIE)** hat jetzt **(WANN)** Bürgermeister Werner Müller **(WER)** die für die sozialen Aufgaben vom Land bereitgestellten Mittel **(WAS)** bezeichnet. Wie der Bürgermeister im einzelnen begründete, sei es wegen der Kürzung der Landesmittel künftig nicht mehr möglich, die sozialen Angebote **(WARUM)** in X-Stadt **(WO)** in gleichem Umfang wie bisher aufrecht zu erhalten.

2) Gemeinsam mit Vertretern des beauftragten Planungsbüros und des Planungsamtes wird der Verkehrsausschuß **(WER)** am Freitag vormittag **(WANN)** den Bereich zwischen Rathaus und Kirchplatz **(WO)** begehen. Dabei sollen Detailfragen der Abgrenzung und Gestaltung der dort vorgesehenen Fußgängerzone erörtert werden **(WAS).**

3) Fünfzehn Wohnungen mehr als bislang vorgesehen **(WAS)** sollen bei der geplanten Erweiterung der Nordstadt **(WO)** entstehen. Dies ist Teil eines heute **(WANN)** im Rat **(WER)** gefaßten Beschlusses. Mit ihm soll der wachsenden Wohnungsnot **(WARUM)** begegnet werden.

Die detaillierte Presseinformation

Eine derartige Meldung enthält natürlich noch nicht alle für die Presse interessanten Details, sie ist lediglich der kurze Einstieg in das Thema, der „Vorspann", der stets die wichtigsten Informationen zusammenfaßt.

1) So wird die Meldung über die Kürzung von Landesmitteln für soziale Aufgaben im weiteren ausführen, welchen Umfang die Reduzierung hat, wieviel Geld im letzten Haushaltsjahr noch bereitgestellt wurde, warum die Stadt den Mittelausfall nicht ausgleichen kann, welche Einschränkungen im einzelnen dies in der Sozialarbeit der Stadt bedeutet, welche Schritte der Bürgermeister unternehmen wird, um doch noch eine Änderung zu erreichen, und womöglich noch mehr an interessanten Einzelheiten.

2) Bei der Presseinformation zur Fußgängerzone wird noch einmal deren räumliche Begrenzung erwähnt, die seitherige Planung dafür erläutert, die Einbindung in das städtische Verkehrskonzept für die Stadtentwicklung hervorgehoben.

3) Und ganz ähnlich wird auch die letzte Meldung ergänzt um einen Rückblick auf den seinerzeitigen Beschluß über die Arrondierung der Nordstadt, durch einen Überblick über die Wohnungssituation in der Stadt und über die verschiedenen aktuellen Maßnahmen zur Verbesserung der Wohnungssituation und durch einen Ausblick auf die Realisierung der Planungen für die Nordstadt mit der dann eintretenden Entlastung.

 Die Überschrift

Jede dieser Meldungen wird mit einer Überschrift versehen, die kurz den wichtigsten Punkt der Information verdeutlicht. Also etwa:

1) Kritik an Kürzungen von Landesmitteln

2) Verkehrsausschuß in künftiger Fußgängerzone

3) Fünfzehn Wohnungen mehr in der Nordstadt

Viel länger sollte eine Überschrift möglichst nicht sein, denn sie muß in einer Zeile und in großer Schrift ja den Zeitungsartikel „anbieten". So werden die Redaktionen auch diese kurzen Überschriften noch ein wenig kürzer machen und etwa nur „Kritik an Kürzung", „Besichtigung der Fußgängerzone" oder „Fünfzehn Wohnungen mehr" in die Headline nehmen.

Sei's drum, denn wir bieten die Pressemeldung ja nicht nur mit einer Überschrift an, sondern auch noch mit „Unterüberschriften". Solche zusätzlichen Überschriften haben drei Funktionen: Sie informieren die Redaktion in kürzester Form über weitere wesentliche Inhalte der Meldung, sie bieten Alternativen für eine mögliche andere Hauptüberschrift an, und sie können für die Veröffentlichung als Untertitel benutzt werden.

Die Presseinformation könnte also in etwa so „aufgemacht" und „angeboten" werden:

Kritik an Kürzung von Landesmitteln

Bürgermeister Müller: „Völlig unzureichend" / Müssen die sozialen Angebote reduziert werden? / Statt Kürzung ist Verstärkung nötig

Als völlig unzureichend hat jetzt... (folgt der ausführende Text)

Verkehrsausschuß in künftiger Fußgängerzone

Baubeginn noch in diesem Jahr / Auswirkungen auf den Autoverkehr / Gestaltungsfragen werden „vor Ort" diskutiert

Gemeinsam mit Vertretern des beauftragten Planungsbüros... (folgt der ausführende Text)

Fünfzehn Wohnungen mehr in der Nordstadt

Planungsänderung bei Nordstadterweiterung / Ratsbeschluß zur Verbesserung der Wohnungssituation / Schnelle Realisierung angestrebt

Fünfzehn Wohnungen mehr als bisher vorgesehen... (folgt der ausführende Text)

 Übermittlung von „Originaltexten"

Kommunale Pressearbeit besteht aber nicht nur im Versenden von vorformulierten Pressemeldungen. Die Presse ist auch interessiert an den „Originalen", also an amtlichen Texten und Dokumenten als Unterlage für die eigene journalistische Arbeit. Je nach dem Umfang des Materials und manchmal auch nach der Bedeutung bieten sich zwei Möglichkeiten an:

Handelt es sich etwa um ein Schreiben, eine Erklärung, einen Beschluß von begrenztem Umfang so kann das „Original" in die Presseinformation integriert werden, und zwar entweder hineinkopiert oder im Text wiedergegeben. Dabei können Teile, die nicht interessieren, durchaus weggelassen werden. Dies sollte aber durch „..." gekennzeichnet werden. Als Beispiel sei hier ein Schreiben an die Vorsitzenden der Handwerksvereinigungen und des Einzelhandelsverbandes und dessen Wiedergabe in einer städtischen Presseinformation angeführt:

Bei einer Kürzung der weniger interessanten Teile sollte dies im Vortext wie folgt erwähnt werden: ... Im einzelnen führt Bürgermeister Müller in seinem Schreiben an die Vertreter des Einzelhandels und des Handwerks, das wir im folgenden gekürzt wiedergeben, aus: „..." Die Anrede und die Grußformel am Schluß sowie die Unterschrift brauchen nicht wiedergegeben zu werden. Der Adressat und der Absender werden ja im Vorspann bereits erwähnt.

 Überlassung von Originalmaterial

Ein Brief kann ganz oder um Nebensächliches gekürzt in einer Pressemeldung wiedergegeben werden. Schwieriger oder sogar unmöglich ist dies etwa mit einem Büchereientwicklungsplan, mit dem Protokoll der Ratssitzung, mit der Planungskonzeption für das neue Einkaufszentrum, kurzum mit allen umfangreichen „Dokumenten". Auch planerische und graphische Darstellungen können nur schwer in eine Pressemitteilung direkt integriert werden.

Oft werden derartige Unterlagen auf einer Pressekonferenz erläutert und übergeben. Sie können aber auch, wenn dies angebracht ist, der Presse übersandt werden. Dabei empfiehlt es sich, das Zustandekommen des Dokuments, seine Aktualität und den wesentlichen Inhalt in einer begleitenden Presseinformation darzustellen. Am Ende der Presseinformation, im Text selbst oder aber auch am Rande freigestellt wird dann darauf verwiesen, daß der Originaltext beigefügt ist.

Nun kann man umfangreiches und aufwendiges Originalmaterial, Bücher, Publikationen, Gutachten und so weiter ja nicht breit an die Presse streuen. Der allgemeine Versand käme recht teuer und hat eine hohe Verlustrate, denn viele Journalisten sind durchaus mit der entsprechenden Pressemeldung zufrieden. Deshalb ist zu empfehlen, den Kreis der Empfänger klein zu halten. Die Pressemeldung freilich wird breit gestreut mit dem

Hinweis: „Einem Teil des Pressedienstes ist das/der ... (Gutachten, Buch, Plan) beigefügt. Das Material kann zudem unter Tel. ... angefordert werden."

 Die Presseeinladung

Die Presseeinladung muß ebenfalls in Kurzform die „W-Fragen" berücksichtigen. Wobei hier das WO (Treffpunkt), das WER (Ausschuß), das WAS (Begehung künftige Fußgängerzone) und das WANN (Termin) unbedingt beantwortet werden muß. Das WIE und WARUM und andere „W" spielen bei der Terminmitteilung keine so große Rolle.

Wenn der Pressetermin zugleich mit einem Vorbericht versandt wird, sollte jeweils vom einen auf den anderen verwiesen werden, also etwa beim Bericht angemerkt werden „Siehe auch Pressetermin" und beim Pressetermin angemerkt werden „Siehe auch Presseinformation ‚Verkehrsausschuß besichtigt Fußgängerzone'". Stets sollte im übrigen geprüft werden, ob zu einer Presseeinladung überhaupt noch parallel ein Bericht zum gleichen Thema herausgegeben werden soll. Denn man nimmt vielleicht bereits zuviel vorweg, so daß der eigentliche Termin für Journalisten nicht mehr so interessant ist.

 Pressezusammenfassungen

Außer den eigenen Pressemeldungen und der Übermittlung von Originaltexten gibt es noch besonders für die Presse erarbeitete Unterlagen, Zusammenfassungen und Erläuterungen. Sie sind nicht zum direkten Nachdruck bestimmt sondern speziell für die Presse aufgearbeitetes Material. Wichtig sind derartige Pressematerialien etwa als Grundlage für Pressekonferenzen, Pressebesichtigungen, Presserundfahrten und für alle herausgehobenen presseöffentlichen Veranstaltungen.

Bei der Vorstellung einer Kindertagesstätte etwa ist eine Pressezusammenfassung von Kosten, Einrichtungen, Betreuerzahl, Kinderzahl, Einzugsgebiet, Planungs- und Bauablauf, Fertigstellungs- und Eröffnungstermin eine notwendige Unterlage für die Berichterstattung. Sie braucht nicht „journalistisch" getextet zu sein, sollte aber die wichtigsten Fakten in verständlicher und übersichtlicher Form enthalten. Ähnliches gilt etwa für die Ehrung einer Persönlichkeit oder den Besuch eines wichtigen politischen Repräsentanten. Auch hier ist nicht der vorformulierte Presseartikel nötig, eine stichwortartige Zusammenfassung von Lebenslauf, Funktionen, Verdiensten und Ehrungen ist jedoch angebracht.

Gestaltung von Pressediensten

Ein städtischer Pressedienst soll in seiner Gestaltung und Anordnung den Bedürfnissen der Redaktionen so weit wie irgend möglich entsprechen (Muster auf S. 44).

 Nur einseitig nutzen

Die Seiten eines Pressedienstes werden stets nur einseitig beschrieben, die Rückseite bleibt frei. Der Grund: die einzelne Pressemeldung wird womöglich verteilt, wenn sie länger ist, zerschnitten. Die bedruckte Rückseite geht dabei „verloren", wird zerstückelt, das „Manuskript" also zerstört.

 Rechts ein breiter Rand...

Die Textanordnung in einem Pressedienst ist auf die Bearbeitung in der Redaktion abgestellt. Es muß möglich sein, zu ändern, hervorzuheben und zu ergänzen. Und es muß Platz für Hinweise an die Technik vorhanden sein. Deshalb bleibt etwas mehr als ein Viertel der Seite (Seitenformat DIN A4) rechts frei für die Korrekturzeichen, Änderungen, Textergänzungen, Zwischenüberschriften und für das, was der bearbeitende Redakteur sonst noch anmerken möchte. Die rechtsseitige Spalte ist vorzuziehen, weil von links nach rechts gelesen wird (1).

 ...und sonst nur schmal

Auf der linken Seite bleibt ein schmaler Rand von 1,5 cm frei. Er reicht gerade für das Lochen aus, „schont" also den Text, ohne das Abheften im Ordner zu behindern (2). Unten und oben kann man recht nah an den Rand oder „Kopf" herangehen, denn Schönheit des „Gesamtbildes" mit etwa gleichem „Rahmen" zählt bei einer Presseinformation wenig gegenüber dem Zweck, viel Text auf einer Seite bei gleichzeitiger Möglichkeit zum Redigieren unterzubringen. Die Begrenzung wird beim oberen und unteren Rand durch die Rücksichtnahme auf mögliche geringe Abweichungen bei Druck oder Kopie der Presseinformation bestimmt und sollte mindestens zwischen 1 und 1,5 cm liegen (3).

 Seitenkennzeichnung

Jede Seite des Pressedienstes enthält oben die Datumsangabe, die Bezeichnung des Dienstes, was vor allem bei der Herausgabe verschiedener Pressedienste wichtig ist, eine Nummer bezogen auf das laufende Jahr, den Jahrgang und bei Diensten, die selektiv unterschiedlichen Zielgruppen übermittelt werden, auch noch die Gruppennummern (4).

 Kennzeichnung der Einzelmeldung

Am Ende jeder Meldung wird der Herausgeber, also in der Regel die Pressestelle/das Presse- und Informationsamt, die Stadt, das Datum und die Jahresnummer des Dienstes angeben. Dies ist nötig, um die Herkunft der Einzelmeldung auch dann zu verdeutlichen, wenn sie in die technische oder redaktionelle Einzelbearbeitung gegeben, also aus dem Gesamtdienst herausgenommen wird. Besonders bei Kurzmeldungen, von denen ja mehrere auf eine Seite kommen, ist dies wichtig (5).

 Titelseite

Die Titelseite eines Pressedienstes hat oben einen „Kopf" (6) und unten das Impressum mit Adresse (7). Die fortlaufenden Seiten bedürfen solcher besonderer Gestaltung nicht. Auch die Linienbegrenzungen als Gestaltungselement und Vorgabe für die Folgeseiten sind nur auf der Titelseite nötig (8), werden allerdings auf allen Seiten als „Grundlayout" und Seitenmuster beachtet.

 Raum für Hinweise

Die breite rechte Spalte dient nicht nur dem bearbeitenden Redakteur für seine Änderungen und Anmerkungen, sie ermöglicht auch dem Aussender Hervorhebungen. So etwa kann sie beim Übermitteln eines Pressetermins für die Kurzinformation „auf einen Blick" über Zeit und Ort genutzt werden, die natürlich im eigentlichen Einladungstext ebenfalls erwähnt sind (9). Bei einem in größeren Zeitabständen erscheinenden und ganz bestimmte Themen transportierenden Dienst ermöglicht der „Rand" auf der Titelseite die „Inhaltsangabe" und einen ersten Überblick. Bei längeren Reportagen oder Features können dort auch Zeilenzahl und Anschläge angegeben werden, was der Redaktion den „Einbau" in die Zeitungsseite und das dafür notwendige genaue Kürzen erleichtert.

 Titel und Überschriften

Die jeweilige Überschrift einer Information wird in geeigneter Form hervorgehoben durch Unterstreichung, Großschreibung oder auch Schriftgröße und Schrifttype. Gleiches gilt für die Unterüberschriften (10). Unterschiedliche Dienste können im übrigen durch verschiedene Titelköpfe (11), wechselnde Farbstreifen (12) und auch durch eine jeweils andere Textschrift voneinander abgegrenzt und so für die Empfänger auf den ersten Blick erkennbar gemacht werden. Dabei sollte bei der Schriftwahl dem jeweiligen „Charakter" des Dienstes entsprochen werden, also etwa ein Featuredienst eher in „Kursiv" herausgegeben werden, der allgemeine Informationsdienst dagegen in der strengeren „Normalschrift".

 Das Kuvert

Damit der Pressedienst als wichtige Information für die Presse auf den ersten Blick erkannt wird, ist auch das Kuvert mit dem groß aufgebrachten Hinweis „Presseinformation" gekennzeichnet. Am besten senkrecht aufgedruckt, weil dies auffällt, und mit einem roten Farbstreifen als der agressivsten „Alarmfarbe" unterlegt. Der Pressedienst erscheint im Format DIN A4, und entsprechend wird auch er in C5- und C4-Kuverts verschickt. Das ganz große Kuvert dient für Aussendungen mit weiteren Unterlagen, wenn der Dienst nicht mehr zu falten ist.

6 **STADT BEISPIELSHAUSEN** PRESSESTELLE

—————————————————— 8 ——

4 Freitag / 10. April 0000 / Tagesdienst / 85 / 92 / 1–4

TAGESDIENST

10 **BEISPIELSHAUSEN MIT NEUEM ERSCHEINUNGSBILD** 11

**Stadtsignet als Symbolzeichen / Bessere Koordina-
tion angestrebt / Umsetzung durch Arbeitsgruppe**

HINWEIS: 9

Beispielshausen (td) Neue Wege in der Öffentlichkeitsarbeit will die Stadt Beispielshausen beschreiten. „Es wird
Schluß sein damit, daß die Ämter und Betriebe der Stadt
unabgestimmte Werbe- und PR-Aktivitäten entfalten. Wir
schaffen jetzt die Voraussetzungen für eine bessere Koordination." So Bürgermeister Arnold Müller zu der Rats-
vorlage.

Siehe auch
den beigefügten
Pressetermin

Die Stadt will sich künftig mit einem einheitlichen neuen
Erscheinungsbild draußen darstellen. Eigenveröffentli-
chungen genauso wie die Präsentation auch in anderen
Medien werden sich an einer Grundform der Gestaltung
orientieren. Ein „Stadtsignet" als gemeinsames Erkennungszeichen wird zudem verbindlich. Eine Arbeitsgruppe, der die Leiter der Pressestelle, des Verkehrs- 8
büros, der Wirtschaftsförderung und der Kulturverwal-
2 tung angehören, soll die Umsetzung des Konzepts
begleiten. Sie wird insbesondere für die notwendige
Abstimmung in der Verwaltung und für die Gewichtung
der verschiedenen Aktivitäten der Öffentlichkeitsarbeit
zuständig sein. 1
5 (Pressestelle der Stadt Beispielshausen/10. 4. 92/85)

10 **BÜRGERINFO WURDE AKTUALISIERT**

HINWEIS: 9

Ab sofort erhältlich / Wichtige Daten und Fakten

Siehe auch
die beigefügte
Info-Mappe

Beispielshausen (td) Von Kultur bis Geschichte, Wirtschaft bis Schule, Stadtgrün bis Stadtplanung: die neu
zusammengestellte Informationsgruppe der Stadt gibt
den Bürgerinnen und Bürgern Auskunft über Beispielshausen. Und ist auch eine wichtige Hilfe für die Neubürger und auswärtige Besucher. Erhältlich ist die Mappe in
der Bürgerberatung (Rathaus) und beim Tourist-Office
(Marktplatz). An Neubürger wird sie bei der Anmeldung
im Meldebüro überreicht.

Pressestelle 7
der Stadt
Beispielshausen
Rathausplatz
Telefon
Telefax
e-mail
http://www.
Beispielshausen.de

5 (Pressestelle der Stadt Beispielshausen/10. 4. 92/85)

3

Das Pressebild

Verschickt werden auch Pressefotos. Hier ist es selbstverändlich, daß entweder eine feste Pappscheibe das Kuvert versteift oder sowieso der feste Fotoumschlag verwendet wird. Ein Aufdruck, Aufkleber oder großer Stempel „Achtung Pressefoto – Nicht Knicken" ist zu empfehlen. Ach ja, und das Pressefoto hat auf der Rückseite einen Aufkleber mit dem Bildtext. Er enthält außerdem genau wie die Textdienste ein kurzes Impressum mit allen notwendigen Angaben, insbesondere auch den Namen des Fotografen und den Hinweis, ob die Wiedergabe des Fotos honorarfrei oder honorarpflichtig ist. Der Bildtext mit Kurzimpressum sollte im übrigen doppelt wiedergegeben werden, so daß eine Fassung mit allen Angaben auf dem Bild bleiben kann und es künftig weiterhin über die bildtechnische Bearbeitung mit Bildausschnitt, Bildvergrößerung und Bildverkleinerung begleitet und die andere zugleich in die Satz- und Drucktechnik zur Anfertigung der Bildunterschrift gegeben werden kann.

Die Durchführung
einer
Pressekonferenz

 Terminierung

Pressekonferenzen sollen nicht zu langfristig angesetzt werden. Die Erfahrung zeigt, daß sich sonst bei wichtigen Anlässen einzelne Presseorgane durch eigene Recherche einen Informationsvorsprung verschaffen und gerade bei den interessanten Themen eine ausführliche Vorwegberichterstattung erfolgt, die die Pressekonferenz überflüssig macht und andere Presseorgane benachteiligt. Bei besonders aktuellen Ereignissen empfiehlt sich die telefonische Einladung zu einer sofortigen Pressekonferenz. Nur so können alle Verantwortlichen aus der Verwaltungsspitze schnell Auskunft geben.

 Uhrzeit

Es gibt Pressekonferenzen, die im Anschluß an eine Sitzung und Veranstaltung stattfinden und bei denen die Uhrzeit nicht von vornherein festgelegt werden kann. Die meisten Pressekonferenzen können aber durchaus auf den am besten geeigneten Tageszeitpunkt gelegt werden. Dabei sollte auf den Redaktionsschluß der Tageszeitungen Rücksicht genommen werden. Er liegt in der Regel am Nachmittag, von brandaktuellen wichtigen Meldungen einmal abgesehen. Es empfiehlt sich deshalb, die Pressekonferenzen für den Vormittag oder zur Mittagszeit hin anzusetzen, denn die Journalisten müssen auch noch Zeit haben, ihre Berichte zu schreiben. Zu früh sollte eine PK freilich auch nicht angesetzt werden: Die Leute von der Presse sind oft bis in den Abend hinein auf Veranstaltungen unterwegs. Vor zehn Uhr sollte deshalb eine Pressekonferenz oder andere Presseveranstaltung nicht beginnen.

 Nicht zu viele Vertreter der Verwaltung

Vertreter der Verwaltung sollten in nicht allzu großer Zahl erscheinen. Nur jene, die wirklich für die Pressekonferenz nötig sind, sollten dabei sein. Es ist immer schlecht, wenn die Presse „in die Minderheit" gerät, weil ihre eine „Übermacht" der Verwaltung gegenübersitzt.

 Leitung und Dramaturgie der Pressekonferenz

Die Pressekonferenz wird vom Pressereferenten geleitet, der die Journalisten zumeist kennt und zu ihren Fragen das Wort erteilt. Zum Thema selbst trägt dann der „Veranstalter" vor, in der Regel der für den Themenbereich verantwortliche Kommunalpolitiker oder Verwaltungsleiter. Diese Arbeitsteilung ermöglicht den vom Anlaß her gefragten Repräsentanten der Stadt, sich voll auf seinen Gegenstand und die entsprechenden Pressefragen zu konzentrieren, während der Pressereferent die Wortmeldungen der Journalisten registriert und den Gesamtablauf reguliert.

Eine Pressekonferenz ist, wie schon der Name sagt, ein Gespräch mit der Presse und nicht die bloße Abgabe einer Erklärung vor der Presse. Deshalb soll den Fragen der Journalisten und den Antworten der Verwaltung darauf mindestens genausoviel Zeit eingeräumt werden wie den einleitenden Ausführungen der kommunalen Vertreter. Damit dies möglich ist, werden für die Pressekonferenz schriftliche Presseunterlagen vorbereitet. Diese schriftliche Information dient der Absicherung gegen Mißverständnisse und Hörfehler. Vor allem aber ermöglicht sie dem Veranstalter und den Journalisten, sich mit den wesentlichen Problemen zu befassen. Auf keinen Fall sollte auf einer Pressekonferenz das schriftlich übergebene Material noch einmal wörtlich vorgetragen werden. Der Vertreter der Stadt soll vielmehr die Akzente setzen, das Neue herausstellen, sich Fragen und Kritik stellen und weitergehende Informationen geben.

Bereits vor der Pressekonferenz sollte man sich über mögliche – auch unangenehme – Fragen Klarheit verschaffen und sich entsprechend vorbereiten. Grundsätzlich soll jede Frage eines Journalisten beantwortet werden. Ist dies im Einzelfall mangels ausreichender Kenntnis im Augenblick nicht möglich, wird eine nachträgliche Antwort zugesagt.

Das Frage-Antwort-Spiel zwischen Journalisten und Verwaltung soll vom Leiter der Pressekonferenz nicht plötzlich abgeschnitten werden. Eine Pressekonferenz soll erst dann geschlossen werden, wenn das Interesse der Journalisten eindeutig nachläßt und das Thema insgesamt ausreichend behandelt wurde. Verlassen die ersten Journalisten die Pressekonferenz, während sie noch im Gange ist, so sollte sobald vertretbar die Konferenz beendet und dann noch offene Fragen einzelner Journalisten im persönlichen Gespräch beantwortet werden.

 Dauer

Pressekonferenzen mit rein informatorischem Charakter und entsprechend wenigen oder gar keinen Fragen der Journalisten können manchmal in nur dreißig Minuten abgewickelt werden. Eine Pressekonferenz allerdings mit zusätzlichen Erläuterungen und Fragen ist demgegenüber kaum unter einer Stunde durchzuführen.

 Bewirtung

Die Bewirtung auf einer Pressekonferenz soll in bescheidenem Rahmen erfolgen. Ein großes Essen stört die eigentliche Arbeit. Will man die Journalisten dennoch bewirten, weil die Pressekonferenz um die Mittagszeit stattfindet, so soll erst die Arbeit erledigt werden, also die Pressekonferenz beendet sein. Die Pressevertreter können sich dann frei entscheiden, ob sie am Essen teilnehmen oder aus Zeitgründen in die Redaktion zurückkehren wollen. (Zur Pressekonferenz s. auch „Ein Arbeitsbereich für die Presse im Rathaus" und „Der Pressekonferenzraum" oben auf Seite 29f.)

Der Ablauf
einer Pressekonferenz
zusammengefaßt:
– Begrüßung durch den Leiter der Pressekonferenz, Vorstellung der Teilnehmer auf seiten der Kommunalverwaltung, Hinweis auf Anlaß der Pressekonferenz und kurze

Einführung in das Thema. Währenddessen oder im Anschluß daran Verteilung von Unterlagen wie Pressetexten, Bildmaterial, Informationsschriften, Pressefotos und Ähnlichem.

– Zum Thema der Pressekonferenz spricht der Veranstalter, also der Bürgermeister, Dezernent oder Amtsleiter in Form eines Statements. Der Leiter der Pressekonferenz erteilt zu ergänzenden Facherläuterungen – etwa anhand von Plänen oder Modellen – weiteren Vertretern der Verwaltung das Wort.

– Fragen der Journalisten und Antworten darauf.

– Eventuelles Schlußwort des Veranstalters.

Das Interview

Der praktische Tip

Nur selten geht die Anregung für ein Interview vom Rathaus aus. Zumeist kommt der Wunsch von der Presse. Wenn eine Zeitung oder ein Sender um ein Interview bittet und das Thema vorschlägt, besteht auch kein Anlaß, anderen Presseorganen dasselbe anzubieten. Ein Journalist, der ein ganz bestimmtes Thema für ein Interview anregt, hat auch das „Recht der ersten Idee". Ist das Thema besonders interessant, wird die Presse dann sowieso „nachziehen".

 ### Das „offene Interview"

Zumeist stellt ein Interview auf einen begrenzten Themenbereich ab. Aber es werden auch Interviews als „tour d'horizon" erbeten. Ein solches „offenes Interview" dient mehr dazu, eine wichtige kommunale Persönlichkeit in ihren Ansichten, Zielen, Urteilen vorzustellen, als auf aktuelle Fragen Antworten zu erhalten. Entsprechend sind die Anlässe für solche umfassenden Interviews: runde Geburtstage, ein wichtiges Stadtdatum, eine Sonderbeilage der Zeitung über die Stadt, die Präsentation eines neugewählten Bürgermeisters und ähnliches.

 ### Vorherige Themenabsprache

Auch bei dieser Form des Interviews, ganz besonders aber bei den themenspezifischen, aktuellen Interviews empfiehlt sich eine möglichst genaue vorherige Absprache der Interviewthemen. Das gibt dem Interviewten die Möglichkeit, sich vorzubereiten. Auch kann dem interviewenden Journalisten Material zur Formulierung seiner Fragen überlassen werden. Der Vorteil: die beiden Interviewpartner sind vor Überraschungen einigermaßen sicher, das Interview läuft glatter und präziser. Geklärt muß auch sein, daß Änderungen am fertigen Interviewtext nur im gegenseitigen Einvernehmen möglich sind. Der Interviewwortlaut muß also in den Antworten vom Interviewten autorisiert werden, wobei man in einem gewissen Umfang auch Änderungen verlangen kann.

Die schriftliche und mündliche Form

Beim schriftlichen Interview, bei dem die Zeitung einen Fragenkatalog einreicht, der dann vom „Interviewten" beantwortet wird, tauchen Fragen der Autorisierung des Interviewtextes nur im Zusammenhang mit Kürzungen auf.

Der Rat an den Interviewten in diesem Fall: die Antworten so kurz und präzise formulieren, daß Kürzungen gar nicht nötig sind. Sich vorweg informieren, welcher Raum für Antworten zur Verfügung steht. Darauf kann man sich dann einrichten oder aber mitteilen, daß etwa bei komplizierten Sachverhalten Antworten eben nicht in jeweils zwei bis drei Zeilen gegeben werden können.

Beim mündlichen Zeitungsinterview macht sich der Journalist Notizen, die Aussagen werden später in einem Artikel komprimiert, was manchmal zu sinnentstellenden Verkürzungen führen kann. Je nachdem, wie der Interviewpartner eingeschätzt wird, sollte deshalb eine Tonbandaufzeichnung gemacht werden, aus der der zu veröffentlichende Text herausdestilliert wird und die zudem auch ein Beleg für den Interviewten ist. Selbstverständlich wird der Interviewtext vor der Veröffentlichung auch hier dem Interviewten noch einmal vorgelegt.

 ### Das Funk- und Fernsehinterview

Zwischen dem „traditionellen" Zeitungsinterview und dem Hörfunk- sowie Fernsehinterview gibt es große Unterschiede. Ein Zeitungsinterview ist nie ein „Live-Interview", das direkt in die Wohnzimmer gesendet wird und nicht mehr korrigierbar ist. Zwischen Interview und Veröffentlichung vergeht bei allen Printmedien stets Zeit, die zur Überarbeitung genutzt werden kann. Beim Fernsehen und Hörfunk ist selbst eine „Interviewkonserve" nicht leicht zu ändern, weil dann in der Regel neue Aufnahmen nötig sind. In einer Vielzahl von Sendungen ist aber der Interviewpartner „Live-Gast" im Studio: die Worte gehen direkt über den Äther. Gerade beim Interview zu brandaktuellen Ereignissen ist die Direktschaltung eine gern genutzte Möglichkeit, der gedruckten Konkurrenz die größere Aktualität zu beweisen.

 ### Vorzüge des Live-Interviews

Live-Interviews lassen keine späteren Korrekturen zu und sind also nicht zu „schönen". Sie stellen, weil sich Interviewer und Interviewter wegen der zumeist kurzen Sendezeit auf das Wesentliche beschränken müssen und nicht schwafeln dürfen, hohe Anforderungen an Formulierungskraft und aktuellen Wissensstand. Sicherheit im Auftreten, Präzision im Ausdruck und Knappheit in den Formulierungen sind gefragt. Das liegt gewiß nicht jedem. Live-Interviews haben aber einen großen Vorteil: Sie können nicht „zusammengeschnitten" werden. Was vom Interviewten gesagt wird, kommt unverfälscht und ungekürzt beim Zuhörer oder Zuschauer an. Jedem, der über ausreichende Sicherheit im Auftreten und starke Formulierungskraft verfügt, ist zu empfehlen, sich den Fragen im Live-Interview zu stellen. Er ist sicher, daß seine Antworten die Menschen auch „original" erreichen, und er hat zudem den Vorteil der größeren Lebendigkeit des Gesprächs. Denn allein das Wissen darum, daß die Sätze direkt über den Äther gehen, bringt oft schon Spannung in ein Interview.

Sich gegen Mißbrauch absichern

Beim Interview, das aufgezeichnet und zu einem späteren Zeitpunkt gesendet wird, muß von vornherein geklärt werden, ob es wie ein Live-Interview mitgeschnitten und nachher unverändert auf Sendung geht oder ob es noch bearbeitet und womöglich gekürzt wird. Im Extremfall ist es möglich, daß einzelne Sätze aus dem Zusammenhang gerissen und dann jeweils kommentiert oder als Versatzstücke benutzt werden. Gegen solchen Mißbrauch ist man natürlich nie ganz gefeit – auch beim Live-Interview nicht, aus dem vielleicht Teile für spätere „kritische" Sendungen verwendet werden. Es sollte deshalb mit dem Interviewpartner stets vereinbart werden, daß Kürzungen des Interviews genauso wie eine Verwendung von Teilen zu anderen Zwecken nicht ohne Absprache erfolgen dürfen.

Beim Fernsehinterview ist das „outfit" wichtig

Beim Fernsehinterview wird das Urteil des Zuschauers über den Interviewten nicht allein von der Qualität der gegebenen Antworten bestimmt. Der Interviewte ist auf dem Fernsehschirm sozusagen zu Besuch im Wohnzimmer des Zuschauers und wird so in seiner gesamten Persönlichkeit und in seinem äußeren Erscheinungsbild wahrgenommen. Das Mienenspiel, der Gesichtsausdruck, die Klangfarbe der Stimme und die Art, wie jemand sich bewegt und sitzt, beeinflussen die Adressaten der Sendung positiv oder negativ. Und so tragen Kleidung und Frisur, Brille und Make-up, kurzum das gesamte „outfit" zum „Bild" des Interviewten bei. Dies sollte sowieso vor jedem Fernsehauftritt, also nicht nur bei einem Interview, beachtet werden. Bei einem „lockeren" Anlaß kommt der Interviewte mit entsprechender Kleidung besser „rüber", und bei einem „ernsten" Thema ist eben die seriöse, mehr konventionelle Form zu wählen.

 Die eigene Art überzeugt

Noch immer ist die eigene, besondere Art zu sprechen und sich zu bewegen, am überzeugendsten. Künstlich und gehemmt sollte niemand vor Mikrophon und Kamera sein. Selbst ein Versprecher kann sympathisch wirken, denn wer verspricht sich nicht schon einmal. Grundsätzlich gilt: Niemand sollte versuchen, einen Eindruck zu erwecken, der dem eigenen Wesen nicht entspricht. Es ist stets besser, sich auch in seinen Schwächen zu zeigen, als schauspielerische Fähigkeiten zur „Tarnung" zu entwickeln. Die Kamera enthüllt schnell das Gekünstelte solch angelernter Bewegungen und Redensarten.

 In die Kamera blicken

Beim Fernsehinterview oder bei der Fernsehdiskussion soll stets entweder der Gesprächspartner oder der Fernsehzuschauer direkt angesprochen werden. Man wendet sich also dem Interview- oder Gesprächspartner nicht nur bei dessen Frage, sondern auch während der eigenen Antwort zu, oder man antwortet in die laufende Kamera hinein. Das heißt, daß man den Zuschauer zu Hause anblickt und ihm „antwortet". Diese „Antwort" in die Kamera, zum Zuschauer hin sollte aber nicht im abrupten Wechsel erfolgen. Vielmehr wendet man sich langsam vom Fragenden weg der Fernsehkamera zu und dreht sich gegen Ende der eigenen Antwort wieder dem Fragenden zu. Auf gar keinen Fall sollte man seitlich an der Kamera vorbleiblicken oder, während man redet, den Blick in die Gegend schweifen lassen. Der Zuschauer faßt solche Unstetigkeit des Blicks als Unsicherheit auf, und entsprechend beurteilt er auch die Antwort.

Informationen für den Lokalfunk

Die bisherigen Erfahrungen zeigen, daß der lokale Hörfunk Informationen der kommunalen Öffentlichkeitsarbeit gern annimmt. Der lokale Hörfunk ist für Informationen dankbar, nicht zuletzt deshalb, weil es schwierig ist, ein tägliches Programm zu füllen, mit den naturgemäß begrenzten Informationen, die eine etwa mittlere Stadt hergibt. Insoweit sind kommunale Presseämter bzw. Pressestellen und lokaler Rundfunk Partner.

☑ Informationshunger des Lokalfunks stillen

Die erste Konsequenz lautet: Kommunale Presseämter müssen bemüht sein, den Informationshunger des örtlichen Radios zu stillen.

Das führt dazu, daß verwaltungsintern neue Abstimmungsmechanismen zu schaffen sind. Die Meldung von veröffentlichungsreifen Themen an das Presseamt muß intensiviert werden. Die Einführung eines Tagesordnungspunktes „Wöchentliche Pressethemen" auf der Tagesordnung von Verwaltungsbesprechungen ist angebracht. Um an für den Hörfunk geeignete Themen heranzukommen, sind vermehrte Anstrengungen der Verwaltung notwendig. Die Einrichtung fester Ansprechpartner in der Verwaltung und das regelmäßige Gespräch mit dem Presseamt gehören endgültig zum Standard. Das heißt nicht, daß die einzelnen Dienststellen von sich aus an die Rundfunkjournalisten herantreten sollen und nun jeder – vom Rathauspförtner bis zum Mitarbeiter im Gartenamt – eigene Strategien entwirft. Es geht nur darum, die zweifellos vorhandenen Themen erstens zu erfahren und zweitens aufzubereiten. Jeder Pressesprecher kennt den Alptraum, daß es in seiner Verwaltung hervorragende Themen gibt, von denen er nichts erfährt und die deshalb untergehen. Das kann sich eine Kommunalverwaltung unter den neuen Bedingungen nicht mehr leisten. Bei der Unterschiedlichkeit kommunaler Strukturen gibt es hier zwar kein Patentrezept. Es bleibt aber, daß die kommunalen Presseämter ihre Aufmerksamkeit vermehrt darauf richten müssen, die eigene Verwaltung für eine offensive Öffentlichkeitsarbeit sowohl im aktuellen als auch im konzeptionellen Bereich zu motivieren.

☑ Information muß unterhaltsam sein

Den lokalen Hörfunk muß die kommunale Presse- und Öffentlichkeitsarbeit als Chance begreifen. Der lokale Hörfunk ist informationshungrig. Allerdings eignet sich für dieses Medium nicht jedes Thema gleichermaßen. Hinzu kommt das Anliegen des lokalen Hörfunks, einen neuen Stil zu prägen. Die Devise vieler Sender lautet: Amüsant, unterhaltsam, schnodrig-frisch, im Zeichen einer – hier wertfrei gemeinten – Respektlosigkeit. Darauf kann und muß sich die kommunale Presse- und Öffentlichkeitsarbeit einstellen mit der Chance, sich in diesem Medium „menschlich, liebenswürdig" darzustellen. Es macht einen großen Unterschied, ob ein Oberbürgermeister oder ein städtischer Dezernent in der Zeitung hinter dem Doppelpunkt in Anführungsstrichen in druckreifer Formulierung zitiert wird oder ob er als erfahrbare Person selbst im O-Ton zu hören ist, bei dem ihm Betroffenheit, Bewegtheit, Gleichgültigkeit oder Härte anzumerken ist. Versteht es die städtische Öffentlichkeitsarbeit, sich auf human-touch-Themen einzustellen, so kann sich die Stadt auf diese Weise als liebenswürdige Partnerin der Bürgerinnen und Bürger vermitteln.

Daneben bleibt das alte, vom Umgang mit den Zeitungen her schon bekannte Problem der Vermittlung trockener, aber wichtiger Materien bestehen. Dazu gehört beispielsweise das kommunale Haushaltsrecht. Oder es kann die in vielerlei Hinsicht komplizierte Müllbeseitigung Langeweile verbreiten. Hier bietet der lokale Hörfunk gewisse Chancen: Es ist leichter, komplexe Themen in gesprochener Form vorzutragen und zu erläutern als sie niederzuschreiben. Hier liegt die Möglichkeit einer anschaulichen Vermittlung. Andererseits neigt auch der lokale Hörfunk dazu, sich um trockene und schwierige Themen herumzudrücken.

Die kommunalen Presseämter müssen also einerseits den lokalen Hörfunk mit dessen Bedürfnissen nach human-touch-Themen und allgemein interessierenden Stoffen zufriedenstellen, zum anderen müssen sie versuchen, auch jene für die Kommunalpolitik wichtigen Themen „unterzubringen", die wenig vordergründige Faszination haben.

Die Presseauswertung

Die Presse ist nicht nur der Transporteur von kommunalen Nachrichten, kommunalpolitischen Entscheidungen und Meinungen hin zu den Bürgerinnen und Bürgern. Sie ist auch ein wichtiges Informationsmittel für die Stadtverwaltung und die Kommunalpolitiker. Ihre systematische Auswertung bringt Anregungen, vermittelt frühzeitig Meinungstrends und verweist auf bislang noch nicht wahrgenommene Probleme. Daß eine solche ständige Beobachtung der veröffentlichten Meinung auch notwendig ist, um unzureichende oder sogar falsche Berichterstattung zu korrigieren oder zu ergänzen, versteht sich von selbst.

Die Presseauswertung muß
systematisch und fortlaufend erfolgen

Die Presseauswertung darf nicht zufällig, sondern muß systematisch und fortlaufend erfolgen. Grundlage einer Zeitungsauswertung ist der zentrale tägliche Ausschnittdienst der Pressestelle. Dieser Ausschnittdienst umfaßt auf jeden Fall die lokalen und regionalen Zeitungen, zudem je nach Bedarf auch noch überregionale Blätter und kommunale Zeitschriften. Ausgewertet werden sollten auch Stadtteilzeitungen, Anzeigenblätter und Vereinspublikationen. Reine Fachzeitschriften werden vernünftigerweise durch die direkt betroffenen Ämter selbst bezogen und ausgewertet.

Presseauswertung ist auch
die empfehlende Beurteilung
in die Verwaltung hinein

Die Presseauswertung informiert zum einen über die Veröffentlichung, zum anderen aber soll sie in bestimmten Fällen auch ein schnelles Handeln bewirken. Auswertung bedeutet also nicht nur das Ausschneiden, die Vervielfältigung und die Verteilung von Presseveröffentlichungen, sondern darüber hinaus Interpretation der Presse und Schlußfolgerungen für die Kommunalpolitik. Auswertung um ihrer selbst willen ist vertane Arbeitskraft.

Grundsätzlich soll die Zeitungsauswertung am frühen Morgen als erstes stattfinden, so daß noch ausreichend Zeit zum Beispiel für eine Stellungnahme in der nächsten Ausgabe der in Frage kommenden Zeitung bleibt.

Aufzeichnungsdienst für
Hörfunk und Fernsehen

Für kleinere Gemeinden vielleicht noch nicht von so großer Bedeutung, wird für mittlere und größere Städte immer mehr ein systematischer Aufzeichnungsdienst für bestimmte Sendungen von Hörfunk und Fernsehen relevant.

Die Zunahme privater Anbieter und die Ausweitung regionaler Programme der öffentlich-rechtlichen Anstalten haben die Bedeutung von Hörfunk und Fernsehen für die Kommunen erheblich verstärkt. Oft wird nur durch Zufall bekannt, daß sich ein Kommentar im Regionalprogramm mit Fragen der eigenen Stadt befaßt hat. Über den Inhalt des Kommentars gibt es dann widersprüchliche Aussagen, weil das gesprochene Wort nicht fixiert worden ist. Es vergeht Zeit, und eigene Reaktionen werden wegen der inzwischen nicht mehr vorhandenen Aktualität überflüssig.

Natürlich kann man nicht sämtliche Fernseh- und Rundfunksendungen aufzeichnen und auswerten. Bei den wichtigsten regionalen Sendungen im eigenen kommunalen Raum sollte man es dennoch tun. Das Ton- oder Videoband wird für eine gewünschte „Vorführung" eine bestimmte Zeit lang aufgehoben. Bei besonderem Interesse kann der Sendebeitrag dem betroffenen Kommunalpolitiker auch direkt zur Verfügung gestellt werden.

Die notwendige technische Ausstattung

Technisch ist die Auswertung von Hörfunk und Fernsehen längst kein Problem mehr. Programmierbare Aufnahmegeräte erlauben die notwendige Vorauswahl und Speicherung. Interessante Berichte stehen somit unabhängig von der Sendezeit zur Verfügung und die notwendige Selektion wird durch Suchlauf und Schnellauf erheblich erleichtert, also Auswertungszeit eingespart.

Um interessierende und parallellaufende Sendungen aufzunehmen, empfiehlt sich, mindestens zwei Empfänger und zwei Bandgeräte bereitzuhalten. Die aufgenommenen Sendungen sollten den besonders interessierten oder auch betroffenen Verwaltungsbereichen angeboten werden. Entsprechende mobile Vorführmöglichkeiten können von Nutzen sein. Einfacher ist es aber, in der Pressestelle selbst, etwa im Aufzeichnungsraum, eine Präsentationsmöglichkeit zu schaffen und so eine „Ausleihe" zu vermeiden. Soweit „kommunalhistorisch" bedeutsam, sollten die Aufzeichnungen nach einer gewissen Zeit im Stadtarchiv archiviert werden.

Die interne Hörfunk- und Fernsehprogrammvorschau

Für die Auswertung von Rundfunk und Fernsehen sollte man sich um die Aufnahme in den Presse- und Programmservice der verschiedenen für die Stadt bedeutsamen Sender bemühen und natürlich auf jeden Fall auch eine der Programmzeitschriften abonnieren. Anders als bei den Zeitungen ist bei Fernsehen und Hörfunk eine Vorschau möglich. Deshalb empfiehlt es sich, mittels einer abonnierten Programmzeitschrift auf die Stadt betreffende oder kommunalpolitisch allgemein wichtige Sendungen vorweg aufmerksam zu machen, sei es als Teil des Pressespiegels oder als besondere Information.

Der städtische Pressespiegel und die begrenzte Einzelauswertung

Zwei Wege bieten sich für die Information von Kommunalverwaltung und Kommunalverantwortlichen über Presseveröffentlichungen an. Für eine breite und an eine große Zahl adressierte Unterrichtung kommt der regelmäßig erscheinende Pressespiegel in Frage. Das ist eine Zusammenstellung von allen die Kommune betreffenden wichtigen

Presseveröffentlichungen. Bei einem solchen Pressespiegel ist allerdings zu beachten, daß neben den Auswertungs- und Kopierkosten auch noch erhebliche Gebühren an die „Verwertungsgesellschaft Wort" zu leisten sind, die die Rechte der Journalisten und Autoren wahrnimmt. Eine derartige Verwertungsgebühr ist zu zahlen, wenn die Vervielfältigung von Artikeln in mehr als sieben Kopien erfolgt.

In kleineren und mittleren Städten wird es eher eine „Einzelauswertung" geben, ist doch die Zahl der zu informierenden Adressaten in der Verwaltung geringer. Aber auch in großen Städten hat sich der Weg einer begrenzten zentralen Auswertung durchaus bewährt. Sicherzustellen ist hier lediglich eine gegenseitige Information bei herausragenden Berichten und Kommentaren.

Die Adressaten der Presseauswertung

Eine Auswertung soll auf jeden Fall an die Mitglieder der „Stadtspitze" gehen, ebenso an die Fraktionsvorsitzenden im Rat. Wichtig ist auch die Unterrichtung der städtischen Amtsleiter und der Chefs kommunaler Gesellschaften und Unternehmen. Schließlich sollten über den Grundverteiler hinaus je nach Bedarf und Thema Abteilungsleiter, ja sogar Sachbearbeiter mit dem entsprechenden Presseausschnitt bedient werden.

Ein städtisches Pressearchiv und sein Nutzen

Die Presseauswertung dient nicht nur der aktuellen Unterrichtung sondern auch dem Aufbau eines eigenen Pressearchivs, das ein wichtiger Teil von gespeicherter Information für die Verwaltung sein kann. Ein Pressearchiv darf nicht alles enthalten, was über eine Stadt veröffentlicht worden ist. Das Pressearchiv sollte nur Ausschnitte und Aufzeichnungen zu den wirklich wichtigen kommunalen Ereignissen sowie alle Äußerungen der Stadt dazu umfassen. Auch sollte man ein Pressearchiv als aktuelles Instrument begreifen und nach einer bestimmten Zeit das Material an das Stadtarchiv abgeben. Meistens wird nämlich ein Pressearchiv ohne Fachkraft „nebenher" geführt werden müssen.

Grundsätzlich sollten Ordner mit den Presseveröffentlichungen über wichtige Persönlichkeiten geführt werden. Sie sind eine unentbehrliche Hilfe bei Ehrungen, Todesfällen oder Nachfragen der Ämter. Genauso wichtig ist das Sacharchiv. Die Gliederung kann an den Haushaltsplan angelehnt werden.

Bei mehreren Zeitungen in der Region wird es hinsichtlich der reinen Sachberichterstattung genügen, den informativsten Artikel aus einer der Zeitungen zu archivieren. Bei Meinungsartikeln sollte man die verschiedenen Auffassungen festhalten.

Ein Blick auf Presse und Journalisten

Die Rolle des Lokalteils in der Zeitung

Wer mit der Presse zusammenarbeiten will, sollte über ihre Organisation und Arbeitsweise in etwa Bescheid wissen. Wer als Frau oder Mann an der Spitze einer Stadt oder in einem kommunalen Gremium, in der städtischen Pressestelle oder der Kommunalverwaltung arbeitet, ist besonders an der Zuordnung des Lokalen in der Presse interessiert. Dabei zeigt sich schon beim ersten Blick, daß vom Sport bis zum Feuilleton so ziemlich alles auch lokal sein kann. Kommunale Pressearbeit hat ein umfassendes Aufgabenfeld.

Das Lokale ist in der Lokalzeitung und in der Regionalzeitung das wohl wichtigste Ressort. Selbst die großen überregional verbreiteten Zeitungen, wie etwa die Frankfurter Allgemeine Zeitung und die Süddeutsche Zeitung, haben einen umfangreichen Lokalteil des Erscheinungsorts und einen Regionalteil für das Umland. Viele Großstadtzeitungen sind im Lokalen inzwischen über das eigentliche Stadtgebiet hinausgewachsen und bieten besondere Bezirksausgaben im Umlandbereich an oder ergänzen das Blatt um einen Umlandteil. Interessant ist auch die Komplettierung des insgesamt auf die Stadt bezogenen Lokalteils durch Stadtteilbeilagen oder Stadtteilseiten.

Alle Zeitungsressorts können Ansprechpartner für kommunale Informationen sein

Dennoch ist die Lokalteilredaktion einer Zeitung nicht der einzige Ansprechpartner für kommunale Informationen. Kommunale Nachrichten können auch überregional für das Ressort Politik einer Zeitung bedeutsam sein oder, soweit es sie gibt, für die Landesseite. Der Wirtschaftsteil jeder Zeitung ist von Bedeutung für die Wirtschaftsförderung einer Kommune. Das allgemeine Feuilleton kann die Kulturberichterstattung im Lokalteil ergänzen. Das ist wichtig, um herausragende kulturelle Ereignisse auch bundesweit in die Presse zu bringen, wenn nicht sogar international. Wer erfolgreiche Sportler oder Sportvereine in den eigenen Mauern hat, weiß, in welch großem Umfang der Name seiner Stadt über sie in die Medien transportiert werden kann. Auch solche Ansätze gilt es durch begleitende und verstärkende Informationsgebung zu nutzen.

Gruppenspezifische Themen überregional unterbringen

Schließlich gibt es noch Beilagen oder Seiten zum Thema Kinder, Jugend, Frauen, Reise oder Garten. Gerade diese auf besondere Zielgruppen orientierten Teile einer Zeitung benötigen immer wieder Anregungen und Hinweise. Durch eine gezielte Themenansprache ist es hier möglich, Besonderheiten und Erfolge etwa der eigenen Jugendarbeit oder

der Einbeziehung von Frauen in die Verantwortung unterzubringen, und zwar überregional. Das gilt auch für den Hörfunk, der bei den öffentlich-rechtlichen Anstalten für genau diese Bereiche eigene Abteilungen unterhält.

Hörfunk und Fernsehen sind ebenfalls kommunale Ansprechpartner

Lokales und Regionales war früher bei Hörfunk und Fernsehen eine im Vergleich mit den Privatmedien eher vernachlässigte Größe. Mit dem Privatfernsehen und Privatrundfunk hat sich dies gewaltig geändert. Die neuen Anbieter sind auch stark ins Lokale und Regionale eingestiegen, und die öffentlich-rechtlichen Anstalten bieten aus Konkurrenzgründen nun ebenfalls ein „regionalisiertes" Programm mit lokalen Fenstern. Die kommunalen Pressestellen sollten sich auf den Bedarf dieser neuen Sender oder Sendeteile einstellen und vor allem Hörfunk und Fernsehen in ihre Pressearbeit mit einbeziehen.

Die Presseagenturen nicht vergessen

Nicht zu vergessen sind die Nachrichten- und Bildagenturen. Die Deutsche Presseagentur (dpa) verbreitet nicht nur einen bundesweiten und einen internationalen Dienst, sie informiert die Redaktionen auch über ihre sogenannten „Landesdienste". In diesen Landesdiensten ist für das Kommunale durchaus Raum. Und immer wieder reicht auch die Landesdienstredaktion eine Nachricht an die Zentralredaktion zur Aufnahme in den „Basisdienst" weiter. Auf jeden Fall empfiehlt es sich, Kontakt mit dem dpa-Vertreter in der eigenen Stadt oder Region und mit der entsprechenden Landesredaktion zu halten. Nur am Rande sei darauf hingewiesen, daß dpa auch einen Bilderdienst herausgibt, der der Presse aktuelle Pressefotos anbietet. Im übrigen unterhalten auch die großen internationalen Presseagenturen, wie Associated Press (ap), Reuter oder Agence France Press (AFP) in Deutschland Redaktionen und Spezialdienste etwa für die Wirtschaftspresse oder Bilderdienste.

Die Adressaten kommunaler Pressearbeit insgesamt

Zusammengefaßt seien hier noch einmal die Hauptadressaten der kommunalen Pressearbeit aufgezählt:

– Die Lokalzeitung

– Das lokale oder regionale Anzeigenblatt

– Die Stadtteil- oder Ortsteilzeitung

– Die Regionalzeitung

– Die bundesweit verbreitete Zeitung

– Die Boulevardzeitung (Kaufblätter)

- Nachrichtenmagazine und Zeitschriften
- Illustrierte und Bunte Blätter (Regenbogenpresse)
- Die internationale Presse
- Die Wirtschaftspresse
- Die sonstige Fachpresse
- Verbandspresse (einschließlich der Gewerkschaftspresse)
- Hörfunk und Fernsehen (insbesondere auch regional und lokal)

Die Presseinformation soll sich freilich nicht nur anonym an die Redaktionsadressen, sondern auch direkt mit Namen an Journalistinnen und Journalisten richten. Sie entscheiden letztlich über die Verwertung einer Information. Sie schreiben oder bearbeiten die Artikel, produzieren oder moderieren Sendungen.

Ein hervorragendes Nachschlagewerk für die personelle Zusammensetzung der Redaktionen aller Medien in Deutschland, das mit kurzfristigen Ergänzungslieferungen ständig auf den neuesten Stand gebracht wird, ist der „Zimpel" (siehe dazu die genauen bibliographischen Angaben in den Literaturhinweisen auf S. 274).

Die Legitimation
von Journalisten

Journalistinnen und Journalisten von auswärts etwa, die man nicht kennt, sollten sich durch den vom Deutschen Journalistenverband (DJV) oder von der IG Medien ausgefertigten Presseausweis als Berufsjournalisten legitimieren. Wenn diese Legitimation noch durch einen Redaktions- und Verlagsausweis ergänzt wird: um so besser. Bei telefonischen Anfragen von nicht bekannten Journalisten ist im Zweifelsfall ein Rückruf in der Redaktion zu empfehlen, wie generell durch einen Anruf bei der Redaktion festgestellt werden kann, ob ein der kommunalen Pressestelle nicht bekannter Journalist wirklich im Auftrag recherchiert.

Medieneinschätzung und Presseliste

Auflagenhöhe der am Ort und in der näheren Umgebung verbreiteten Zeitung sind wichtige Daten für die Bedeutungseinschätzung des einzelnen Publikationsorgans, denn es ist wichtig zu wissen, wie viele Menschen durch einen kommunalpolitischen Kommentar oder Bericht erreicht werden. Ähnliches gilt für die regional wichtigen Fernseh- und Hörfunksender. Auch hier sollte man die Hörer- und Zuschauerfrequenzen kennen und bei der Pressearbeit mit berücksichtigen. Ergebnisse von Hörer- und Zuschauerbefragungen zumindest bei den Sendern im engeren Bereich der Stadt können hier wichtige Hinweise geben.

Eine wichtige Grundinformation über die Presse ist die auf eine bestimmte Stadt bezogene Presseliste. Sie sollte den Kommunalpolitikern und der Verwaltung in jeder Stadt zur Verfügung stehen und ist Grundlage der Arbeit der Pressestelle selbst.

Die Presseliste umfaßt Journalistinnen und Journalisten sowie Redaktionen unter besonderer Berücksichtigung der lokalen und regionalen Bedeutung. Die Untergliederung in mehrere Listen kann bei einem großen Einzugsgebiet oder einer breiten ortsansässigen Presse notwendig sein und die Übersichtlichkeit erhöhen. Solche Unterteilungen können nach den Hauptarbeitsgebieten der Journalistinnen und Journalisten erfolgen, sie können aber auch nach der Zugehörigkeit zur ortsansässigen lokalen Presse oder der Berichterstattung für auswärtige Zeitungen unterschieden werden. Die Gliederung sollte den örtlichen Gegebenheiten und dem Umfang der für die Pressearbeit interessanten Presseorgane, Redaktionen und Journalisten entsprechen. In großen Städten sind etwa Untergliederungen bis hin zur Gruppierung von Wirtschaftsjournalisten, Kulturjournalisten oder Sportjournalisten notwendig.

Da es bei einer Stadt keine formelle Akkreditierung für Journalisten gibt, empfiehlt es sich, die Aufnahme in die Presseliste, wie die entsprechende Aufnahme in den Presseverteiler, von einem Anschreiben der zuständigen Redaktion an die städtische Pressestelle abhängig zu machen.

Mit Journalisten kommunizieren

Begegnung jenseits des Alltagsgeschäftes

Die Presseessen und Pressezusammenkünfte aller Art mit überwiegendem Kommunikationsziel haben ihre besondere Bedeutung für das Kennenlernen und gegenseitige Verstehen in der größeren Stadt. Aber auch in kleineren Städten können solche Treffen wirksam genutzt werden. Die Party ist hier eben kleiner. Wenn es keinen Schwarm von Kulturjournalisten einzuladen gilt, wird das gemeinsame Essen mit dem einzigen Feuilletonjournalisten oder der Theaterkritikerin genauso wichtig sein. Auf die jeweiligen Verhältnisse zugeschnitten und umgesetzt gilt also: Es lohnt sich, Journalistinnen und Journalisten jenseits des Arbeitsalltags einzuladen, mit ihnen zu sprechen und ihnen auf geselliger und gesellschaftlicher Ebene zu begegnen. Einige Anregungen mögen verdeutlichen, in welche Richtung eine derartige Kommunikationsarbeit zielt.

Presseessen mit dem Bürgermeister

Der neu in sein Amt eingeführte Bürgermeister sollte sich den Journalistinnen und Journalisten nicht nur auf einer Pressekonferenz vorstellen und seine Ziele erläutern. Es empfiehlt sich auch, die wichtigsten Vertreter der lokalen Presse zu einem ganz persönlichen „Einstandsessen" einzuladen.

Einen gleichen ausgewählten Kreis der Presse lädt der Bürgermeister jährlich zu einem Presseessen ein. Am besten, wenn das Jahr zur Neige geht oder das neue Jahr gerade begonnen hat, denn das ist ein guter Ansatz für allgemeine Betrachtungen, einen persönlichen Rückblick und Ausblick sowie einen Dank für die publizistische Begleitung. Entweder sollte dieses „persönliche Treffen" mit den Journalisten jeweils in dem gleichen, besonders geeigneten Lokal oder aber als „Rundtour" mit jährlichem Wechsel durch die gastronomischen Betriebe der Stadt veranstaltet werden.

Die Presseparty der Stadt

Einen mehr gesellschaftlichen Charakter hat die Presseparty, zu der die Stadt die ortsansässigen Journalisten bittet, mit denen sie ständig zu tun hat. Hier werden die Journalistinnen und Journalisten mit ihren Partnern und Partnerinnen eingeladen. Die Sommerparty draußen im Freien mit abendlicher Illumination ist besonders geeignet. Eine solche Presseparty sollte am geeigneten „städtischen" Ort stattfinden, etwa in einem Museumspark oder im Rathaushof. Aber natürlich bieten sich auch andere attraktive Plätze und Bauten an. Eines aber sollte beachtet werden: die Zahl der städtischen Teilnehmer sollte die der Pressegäste nicht überschreiten.

Im Gespräch mit dem
Verleger und Chefredakteur

Nicht minder bedeutend ist die Kommunikation mit den für Zeitung, Hörfunk und Fernsehen verantwortlichen Managern. In der kleineren Stadt wird das individuelle Gespräch mit dem Chefredakteur und Herausgeber des Lokalblattes ausreichend sein. In größeren Städten ist die Einladung eines größeren Kreises etwa zu einem Essen mit Hintergrundgespräch mit den Repräsentanten der Stadt sinnvoll. Das Gespräch kann auch unter ein bestimmtes Thema gestellt werden. Es dient der Abklärung grundsätzlicher Haltungen von Medien und Stadt und nicht etwa der Detailinformation.

Gerade diese Gruppe der Verleger, Herausgeber, Intendanten, Chefredakteure und Ressortchefs sollte zu allen bedeutenden kulturellen und gesellschaftlichen Veranstaltungen der Stadt eingeladen werden – und dies ganz unabhängig davon, wer die Berichterstattung wahrnimmt.

Kontakte
mit „Spezialjournalisten"

Kommunikationstreffen können aus besonderem Anlaß oder regelmäßig auch mit Journalisten aus dem Feuilleton, mit Wirtschaftsjournalisten oder mit Sportjournalisten veranstaltet werden. Dabei kommt es nicht darauf an, daß in der Presse über das Treffen berichtet wird. Wesentlich ist hier das nähere persönliche Kennenlernen, der Austausch von Meinungen und das Werben um Verständnis für die Aufgabe des Partners.

Auch hier gibt es Unterschiede je nach Stadtgröße. Aber selbst eine Stadt, die nicht über „eigene" Ressourtjournalisten verfügt, sollte sich überlegen, ob sie nicht einmal die Feuilletonisten, Wirtschaftsberichterstatter und Sportjournalisten aus der andernorts angesiedelten Regionalzeitung einlädt.

In einer größeren Stadt können solche kommunikativen Treffen auch Leitern und Mitarbeitern von Stadtteilzeitungen, Redakteuren von Zeitungen und Sendungen für ausländische Mitbürger und von Anzeigenblättern angeboten werden.

Pressegäste von außerhalb

Die eigene Stadt anschaulich und erlebbar auch der auswärtigen Presse zu präsentieren, kann sich durchaus lohnen. Wenn sich der Pressebesuch nicht direkt in konkreter Berichterstattung niederschlägt, wird zumindest Verständnis und Sympathie für die eigene Stadt geweckt und der Einstieg in eine mögliche künftige Berichterstattung sachkundiger und informierter erfolgen.

Die Einladung und Betreuung eines einzelnen „fremden" Journalisten oder auch die Hilfe bei einem Journalistenbesuch aus Eigeninitiative sind selbstverständliche Aufgabe der kommunalen Pressearbeit. Darüber hinaus aber sollte eine Stadt auch fest umrissene Journalistengruppen einladen, etwa Reisejournalisten zur Präsentation eines neuen Tourismusprogramms oder Kulturjournalisten zur Vorstellung der bevorstehenden Festspielsaison oder Sportchefs aus Anlaß der Eröffnung des großen neuen Stadions. Natürlich muß bei weiter Anreise für eine Übernachtungsmöglichkeit gesorgt werden, und auch sonst sollten diese Journalisten wie geschätzte Gäste behandelt werden.

Einladung an
die Landespressekonferenz

Wenig berücksichtigt werden bisher selbstorganisierte Journalistenzusammenschlüsse. So ist es etwa für eine Stadt, ob groß oder klein, durchaus interessant, einmal die Landespressekonferenz einzuladen. Ein aktuelles und die Landespolitik betreffendes kommunales Thema kann im Mittelpunkt stehen. Neben dem „Arbeitstreffen" ist ein offizieller Empfang der Landespressekonferenz im Rathaus, eine informative Rundfahrt oder ein Rundgang vorzusehen. Termin, Themen und Ablauf sollten mit dem Vorsitzenden der Landespressekonferenz rechtzeitig abgesprochen werden.

Mit den besten Wünschen Ihr...

Will eine Stadt über den beruflichen Kontakt hinaus mit Journalisten kommunizieren, sollten auch private oder inoffizielle Anlässe beachtet werden. Zum 50. Geburtstag mag etwa ein Besuch auf der kleinen Feier in der Redaktion angebracht sein. Ähnlich können Arbeitsjubiläen, Ehrungen durch Dritte und andere Anlässe zu einem Glückwunsch genutzt werden. Auch das Ausscheiden eines Journalisten aus der Redaktion wird in einem Schreiben gewürdigt. Mit dem neuen Kommunalberichterstatter wird der persönliche Kontakt in einem extra abgesprochenen Treffen gesucht. Daß der Tod eines langjährig im Lokalbereich tätigen Journalisten beachtet und der Verstorbene sowohl mit einem Schreiben an die Angehörigen als auch einem Brief an den Zeitungsherausgeber gewürdigt wird, ist eine Selbstverständlichkeit.

Schließlich sollte bei Ehrungen die Presse nicht übergangen werden. Es gibt ja viele kommunale Preise und Auszeichnungen für Verdienste um die Heimatstadt. Gegebenenfalls kann der Vorschlag für eine Ehrung auf Landesebene oder für die Verleihung des Bundesverdienstkreuzes ein weiterer Beitrag der Stadt zur Würdigung der wichtigen, öffentlichen Rolle der Presse sein.

Kommune und Presse im Konflikt

Konflikte gehören zum Leben. Sie entstehen immer dann, wenn zwei oder mehr voneinander abhängige Parteien mit Nachdruck versuchen, scheinbar oder tatsächlich unvereinbare Handlungspläne zu verwirklichen. Sie versuchen also beispielsweise, dasselbe Objekt zu besitzen, denselben Platz oder dieselbe Position einzunehmen, sie verfolgen unvereinbare Ziele, haben abweichende Interessen oder ergreifen miteinander unvereinbare Mittel, um ein bestimmtes Ziel zu erreichen.

Konflikte machen Sinn. Durch sie werden vorhandene Unterschiede deutlich. Durch Konflikte können Elemente Berücksichtigung finden, die normalerweise nicht zur Debatte gekommen wären. Die Mehrzahl der Führungskräfte ist nach wissenschaftlichen Erhebungen jedoch eher konflikt-, risiko- und dialogscheu.

Konflikte sind allgegenwärtig. Es macht wenig Sinn, sie abzuwiegeln, zu beschönigen oder gewaltsam zu unterdrücken, weil sie „unter dem Teppich weiter schwelen", beträchtliche Energien binden und sich als Klimavergifter erster Güte erweisen können.

Konflikte sind nichts Schlechtes, Böses, Negatives. Sie sind lösbar, wenn Kompromiß oder besser Konsens mit dem Partner gesucht wird. Diese Kunst, die richtige Lösung zu suchen und zu finden, wird als Konfliktmanagement bezeichnet.

Konfliktformen allgemeien

Konflikte lassen sich in eine Reihe unterschiedlicher Formen unterteilen. Hierzu gehören Mißverständnisse (sogenannte Scheinkonflikte aufgrund von Sprachbarrieren, Fehlzuschreibungen, unvollkommener Information, Irrtümern usw.) ebenso wie Persönlichkeitskonflikte (Zwiespälte in ein und derselben Person). Außerdem unterscheidet man Beziehungskonflikte (z. B. Antipathien zwischen Personen), Verteilungskonflikte (bestimmte Ressourcen wie Geld, Personal, Arbeitsmittel, Zeit usw. sind knapp), Rollenkonflikte (widersprüchliche, unvereinbare Ansprüche werden an den Inhaber einer Position gerichtet), Bewertungs- und Beurteilungskonflikte (verschiedene Sichtweisen und Wahrnehmungen) und Zielkonflikte (verschiedene Ziele und/oder Prioritäten). Ergänzt wird die Aufzählung durch Ziel-Mittel-Konflikte (über die Ziele besteht Konsens, nicht aber über die Mittel, mit denen sie erreicht werden sollen), strukturelle Konflikte (sogenannte Sachzwänge aufgrund von Aufbau-/Ablaufforderungen, Rechts- und Eigentumsverhältnissen, Rahmenbedingungen usw.) und Wertekonflikte (divergierende Grundwerte, Ideologien, Wert- und Menschenbilder).

Konfliktformen,
die für die kommunale
Presse- und Öffentlichkeitsarbeit
von besonderer Bedeutung sind

Nur einige wenige Formen von Konflikten sind für die kommunale Presse- und Öffentlichkeitsarbeit von größerem Interesse, nämlich: Rollenkonflikte, Interessen- oder Zielkonflikte, Verständigungskonflikte, Beziehungskonflikte, mittelbezogene und wertbezogene Konflikte. Dies ergab eine im Jahre 1995 unter Pressesprechern von Städten zwischen 100 000 und 450 000 Einwohnern durchgeführten Umfrage.

Rollenkonflikte –
Loyal zu allen Seiten

Rollenkonflikte sind für die städtische Presse- und Öffentlichkeitsarbeit eines der größten Probleme. In Schwierigkeiten dieser Art geraten drei Viertel der Pressesprecher, wenn sie zwischen ihrer Loyalität zur bürokratischen Organisation Kommune und ihrer Verbundenheit zum journalistischen Berufsstand abwägen müssen. An der Nahtstelle zwischen den lokalen Teilsystemen Politik bzw. Bürokratie und Öffentlichkeit bzw. Medien nehmen die Pressesprecher interessenbedingt eine schwierige „Zwitterstellung" ein. In der Öffentlichkeit geraten sie leicht in den Verdacht, Hofberichterstattung im Sinne ihrer Organisation zu provozieren, werden innerhalb des bürokratischen Apparates aber oft als verlängerter Arm der Medien betrachtet. Ihre Arbeit wird mit großem Mißtrauen betrachtet.

Dieses Problem wird als Doppelmitgliedschaft bezeichnet. Der Pressesprecher ist Mitglied von zwei Gruppen, der Presse und der Verwaltung, die beide gleichermaßen Anforderungen an ihn haben. Rollenkonflikte sind lösbar, wenn der in deren Zentrum Stehende es versteht, die gegensätzlichen Interessen und Bedürfnisse der Gruppen und Zwänge des Gesamtsystems so gut auszubalancieren, daß er von beiden Seiten hin und wieder des Verrats bezichtigt wird, aber dennoch oder vielleicht gerade deshalb das Vertrauen beider Gruppen genießt.

Mitunter sehen sich Pressesprecher auch in einem Rollenkonflikt, wenn sie schlechte Nachrichten verbreiten müssen, sich aber damit zugleich der Gefahr ausgesetzt sehen, daß ihre Organisation in den Medien in ein schlechtes Licht gerückt wird. In der Sozialpsychologie wird dieses Phänomen als Mum-Effekt (englishch: to keep mum = den Mund halten) bezeichnet. Zumindest besteht dann der Trend, diese negativen Botschaften neutraler zu formulieren oder die Botschaft ohne deren schlechten Teil weiterzugeben.

Interessen- oder Zielkonflikte –
Jedem ist etwas anderes wichtig

Interessen- oder Zielkonflikte sind in der kommunalen Presse- und Öffentlichkeitsarbeit ebenfalls sehr häufig anzutreffen. Neun von zehn Pressesprechern meinen, daß die Interessenunterschiede zwischen Verwaltung und Medien eine effiziente Presse- und Öffentlichkeitsarbeit behindern.

Unterschiedliche Aufmerksamkeitsregeln der gesellschaftlichen Teilsysteme (z. B. Verwaltung, Politik, Medien...) bringen für die kommunale Presse- und Öffentlichkeitsarbeit große Schwierigkeiten mit sich. Journalisten haben ein großes Interesse daran, daß die Nachricht in Form und Inhalt „paßt", sie muß „gut zu verpacken sein". Da hat es der Pressesprecher mitunter schwer, mit kommunalpolitisch komplexen Inhalten ins Blatt zu gelangen. Drei Viertel der Pressesprecher machen den Journalisten zum Vorwurf, daß sie vor allem an negativer Berichterstattung interessiert sind, die sich bekanntermaßen an den Aufmerksamkeitsregeln des Mediensystems orientiert („Only bad news are good news"). Andererseits haben Informationen kaum Chancen, an die Öffentlichkeit zu gelangen, wenn sie nicht auch gut zu „verkaufen" sind.

Die kommunalen Pressestellen müssen sich außerdem darauf einstellen, daß die Aufmerksamkeitsregeln innerhalb des Mediensystems aufgrund der verschiedenen Medienformate sehr verschieden sein können. Agenturjournalisten haben andere Informationsinteressen als die Berichterstatter des privaten Lokalradios. Hier liegt eine Erklärung, warum bestimmte Botschaften von manchen Medien nicht transportiert werden. Das Fernsehen interessiert sich in der Regel nicht für eine Pressekonferenz, in der (hochgradig bürokratische) Richtlinien vorgestellt werden sollen, während Nachrichtenagenturen aller Erfahrung nach nur zu solchen Presseveranstaltungen erscheinen, bei denen die zu vermittelnden Informationen überregionalen Wert besitzen.

Die Verwaltung selbst ist als nicht unmittelbar auf Außenwirkung gerichteter Apparat ebenfalls häufig Ausgangspunkt für Interessenkonflikte. Drei Viertel der Pressesprecher klagt darüber, daß sie von den Fachämtern und Dezernaten zu spät, schleppend oder unzulänglich informiert werden. Für jeden Dritten bilden lange Dienstwege, Kompetenzgerangel, Hierarchien und Abhängigkeit von Vorgesetzten wichtige Konfliktpotentiale. Zwei Drittel meinen, die Ansprüche der Verwaltung an die Arbeit der Presse seien zu hoch gesteckt.

Verständigungskonflike –
Klare Aussage
und gut zuhören

Eines der wesentlichen Probleme für die kommunale Presse- und Öffentlichkeitsarbeit sind *Verständigungskonflikte*. Die Verwendung einer den Medien nicht verständlichen (Amts-)Sprache, ein heterogenes Publikum, inkongruente Botschaften (heute anders als gestern) und verzerrte Wahrnehmungen (etwa durch unterschiedliche Normen, Wertehaltungen, Einstellungen usw.) lassen die Vermittlung von Botschaften oft zu einer schwierigen Angelegenheit werden. Werden z. B. von der Verwaltung Fachtermini oder Verklausulierungen verwendet, welche die Journalisten nicht verstehen, ist die Gefahr groß, daß sie den Sinn von Botschaften anders interpretieren, als ihn der Absender gemeint hat. Das heißt, der ursprüngliche Zweck von Fachtermini, bestimmte Begriffe aus Präzisionsgründen von Begriffen der Alltagssprache abzuheben, Bedeutungen einzugrenzen bzw. auszuweiten, kann sich in der Öffentlichkeitsarbeit umkehren und als äußerst kontraproduktiv erweisen, wenn den Jorunalisten oder anzusprechenden Bürgern die Bedeutung des verwendeten Begriffs nicht hinreichend bekannt ist.

Dabei sehen die Journalisten – wie die Verwaltung auf der anderen Seite auch – das von ihnen wahrgenommene Bild eines Ereignisses, Sachverhalts usw. als objektive Realität und leben zum Teil in der Illusion, daß sie dem Publikum die objektive Realität wahrheitsgemäß schildern könnten. Überzeugungs- und klischeegebundene Wahrnehmung können den Prozeß der Informationsverarbeitung zusätzlich beeinflussen. Dies findet seinen Ausdruck darin, daß gut drei Viertel der Journalisten nach Ansicht der Pressesprecher Vorurteile gegenüber der Verwaltung haben.

Zahlreiche Einflüsse können die Wahrnehmung des Rezipienten verzerren: die Subjektivität des Erkennenden, seine Werte, Annahmen, Vorurteile, Vorkenntnisse oder Emotionen. Die Hypothesenbildung über einen bestimmten Sachverhalt ist im Journalismus ähnlich unkompliziert wie in der Wissenschaft, entscheidend ist aber wie in der Wissenschaft deren Überprüfung. Unprofessionell und unethisch handelt der Journalist, der bestimmte Aspekte eines Konflikts nicht ausrecherchiert, einzelnen Beteiligten nicht die Chance zur Darstellung ihrer Sichtweisen gibt und aus Statistiken Zahlen selektiert, die seine Sichtweise stützen.

Die Integration einer Botschaft verläuft in der Regel nicht mehr nach den Mechanismen der Wahrnehmung, wenn sich der Rezipient überlastet fühlt und versucht, die einzelnen Elemente der Botschaft auf einen verständlichen Nenner zu bringen. Dabei können sogar die wichtigen informativen Elemente reduziert werden. Das ist beispielswese der Fall, wenn Journalisten in einer Pressekonferenz mit etlichen Botschaften gleichzeitig oder zu vielen Einzelinformationen (z. B. in Form einer Materialflut) konfrontiert werden. In der Folge kann die Hauptbotschaft im „Gemenge der Informationen" untergehen, und der Journalist kann einen Nebenaspekt zum Aufmacher machen. Problematisch ist also, wenn die zu vermittelnde Botschaft nicht klar und deutlich herausgestellt wird. Etwa jeder dritte Pressesprecher sieht hierin Ursachen für Schwierigkeiten im Umgang mit den Medien. Eines der wichtigen Felder für Verständigungskonflikte ist auch die Überzeugungskraft der Aussage. Nahezu alle Pressesprecher meinen, daß die Journalisten den Eindruck der Hofberichterstattung vermeiden möchten und damit naturgemäß auch den Informationen aus der Pressestelle gegenüber mißtrauisch sein müssen.

Die Wahrnehmung journalistischer Berichterstattung in der Verwaltung spielt für den Pressesprecher als sichtbares Ergebnis seiner Bemühungen um Handlungsspielraum für die Organisation eine wichtige Rolle. Er ist derjenige, der auch in dem Fall, wenn die Journalisten nicht im Sinne der Verwaltung berichten und kommentieren, weiterhin Informationen in der Verwaltung beschaffen muß und den Journalisten auch in diesem Fall den Weg zu den Verwaltungspolitikern und -experten bahnen soll. Oft sind falsche Interpretation von Fakten, oberflächliche Recherche, einseitige Darstellung sowie Vermischung von Nachricht und Meinung in der journalistischen Berichterstattung vorrangige Probleme. Diese Hintergründe müssen in der Vewaltung erklärt werden. Bewußt negative bzw. falsche Berichterstattung unterstellt die Mehrheit der Pressesprecher den lokalen Journalisten nicht. Vielmehr sind es Oberflächlichkeiten und Mißverständnisse bei der Berichterstattung, die für Schwierigkeiten sorgen. Ursachen hierfür liegen u. a. im Zeitmangel, in oberflächlichen Kommunikationsformen und in der Überfrachtung mit zu vielen Botschaften.

Beziehungskonflikte –
Kleine Brückenschläge
erhalten die Freundschaft

Das Potential für *Beziehungskonflikte* zwischen den Medien und der Kommunalverwaltung ist verhältnismäßig hoch. Es gibt zahlreiche Reibungspunkte zwischen Verwaltung und Presse, aus denen Beziehungskonflikte entstehen können. Es ist in nicht wenigen Fällen die Grundeinstellung der Verwaltung zur Presse, die Beziehungskonflikte entstehen läßt. Die Gründe liegen u. a. darin, daß eine Verwaltung von Natur aus keine auf Außenwirkung und Informationsgebung bezogene Einrichtung ist, gute Öffentlichkeitsarbeit zusätzlichen Zeitaufwand der Verwaltungsmitarbeiter erfordert und die Presse naturgemäß auch in der Verwaltung nach unangenehmen und problematischen Fällen fragt, die aus ganz legitimen Gründen (z. B. zur Vermeidung von Verständigungskonflikten) ohne Öffentlichkeit besser lösbar sind. Hinzu kommt, daß entstandene Entstellungen und Kürzungen von Informationen und Kritik in der Verwaltung für Frustrationen sorgen, an das öffentliche Dienstrecht gebundene spezifische Regelungen der Auskunftserteilung für Unsicherheit in der Verwaltung sorgen und von der Presse nur schwer akzeptiert werden und insgesamt die Akzeptanz der Presse als Instrument der öffentlichen Meinungsbildung und Bestandteil der demokratischen Auseinandersetzung nicht ausreicht.

Gleichwohl bezeichnet die deutliche Mehrheit der Pressesprecher ihr Verhältnis zu den Vertretern der Medien als eher gut oder sehr gut. Treten Konflikte auf, versuchen die Pressesprecher in aller Regel von sich aus solche Formen der Reaktion zu finden, die das Verhältnis zwischen Presse und Verwaltung möglichst nicht belasten. Dies sind in der Regel weitere Presseverlautbarungen, ein klärendes Gespräch oder auch ein Leserbrief. Mittel wie die Gegendarstellung oder noch stärkere juristische Geschütze wie Klagen auf Rücknahme einer Äußerung werden selten oder gar nicht eingesetzt.

Am besten ist das Verhältnis der Pressesprecher zu regionalen Abonnementzeitungen, regionalem Rundfunk und Anzeigen-/Offertenblättern, gefolgt von Nachrichtenagenturen, dem überregionalen Rundfunk und der überregionalen Presse. Auch das Verhältnis zu den Boulevardzeitungen bewegt sich in dieser Region. Am schlechtesten ist das Verhältnis zu Nachrichtenmagazinen.

Das Verhältnis zu den Medien allgemein wird offensichtlich nicht davon beeinflußt, ob unter der Gesamtheit der Journalisten, zu denen die Pressestelle Kontakt hat, Mitarbeiter einer Boulevardzeitung sind.

Innerhalb der Verwaltung ist die Konfliktanfälligkeit einzelner Bereiche sehr unterschiedlich. Am häufigsten von Konflikten betroffen sind der Bürgermeister bzw. Stadtdirektor, die Bereiche Bauen und Planen, gefolgt von den Bereichen Finanzen und Soziales. Dies ist wohl ein Ausdruck dafür, daß diese Bereiche besondere Kulminationspunkte unterschiedlicher Interessen sind. Gleichwohl haben die Bürger gegenüber der Politik besonders hohe Erwartungen, die – so sie nicht erfüllt werden – zu großen Enttäuschungen führen können.

Mittelbezogene Konflikte –
Mit Informationen nicht geizen

Effiziente städtische Pressearbeit bezieht ihre Wirkung aus journalistisch wertvollen Informationen. Zu *mittelbezogenen Konflikten* kann es kommen, wenn Informationen zu einem bestimmten Sachverhalt rar sind oder Nachrichten allgemein knapp sind. Für zwei Drittel der Pressesprecher ist dies ein Problem. Sie beklagen außerdem die Abhängigkeit von Tagesereignissen.

Für die städtische Presse- und Öffentlichkeitsarbeit bedeutet dies, daß das knappe Mittel Information an einer Stelle oder in einem Feld, wo – aus welchen Gründen auch immer – keine Informationen gegeben werden können, durch Informationen an anderer Stelle, am besten durch mehr und interessantere Information ersetzt werden kann. Außerdem sollte die Informationsgebung möglichst aktiv geplant und gestaltet werden. Pressestellen sollten in der Lage sein, ab und an auch 'mal Themen „aus der Schublade" ziehen zu können, wenn Journalisten in der Pressestelle anrufen und einen Aufmacher für den nächsten Tag suchen.

Wertbezogene Konflikte
– Ich sehe das,
was Du nicht siehst

Unter *wertbezogenen Konflikten* leidet das Verhältnis zwischen Verwaltung und Presse besonders. Hierunter sind sowohl „reine" Wertekonflikte, also verschiedene Grundwerte, Ideologien, Wert- und Menschenbilder, als auch damit in Zusammenhang stehende Bewertungs-, Beurteilungs- und Wahrnehmungskonflikte zu sehen. Zahlreiche Konflikte entstehen, weil unterschiedliche Wertvorstellungen aufeinanderprallen und dies kognitive Wirkung zeigt. Wie bei Verständniskonflikten ist auch bei wertbezogenen Konflikten die Frage nach Recht und Unrecht nicht zu beantworten und daher irrelevant.

Überzeugungen sind nach dem Grad der Wichtigkeit bzw. der Bedeutung geordnet, die sie für eine Person haben. Sie variieren nach dem Ausmaß ihrer Zentralität. Zentrale Überzeugungen sind nur schwer durch Kommunikation zu verändern. Werte stellen besondere Überzeugungen dar, die im gesamten Überzeugungssystem einer Person zentral verankert sind. Einstellungen bilden gewissermaßen die Untermengen solcher Überzeugungssysteme. Die meisten Einstellungen sind in eine Hierarchie von Überzeugungen eingebettet. Die häufig beobachtete Wirkungslosigkeit von Aussagen läßt sich wahrscheinlich darauf zurückführen, daß Einstellungen angesprochen werden, die in einem Systemzusammenhang stehen, wobei andere Einstellungen und Überzeugungen intervenieren. Um eventuelle Einstellungsänderungen zu erzielen, wäre es daher notwendig, auch Aussagen zu kommunizieren, die sich an die in der Hierarchie darüberliegenden Einstellungen und Überzeugungen richten.

Drei von vier Pressesprechern beklagen, daß bei der Bewertung von Sachverhalten durch die Medien, ob sie für die Veröffentlichung geeignet sind, negative Nachrichtenwerte eine deutliche Rolle spielen. Zwei Drittel der Befragten sehen Tendenzen, wonach sich die Vermischung von Nachricht und Meinung negativ auf die Berichterstattung auswirkt. Jeder fünfte Pressesprecher sieht das Inter-Media-Agenda-Setting, also den Trend der Medien, Themen untereinander aufzugreifen und zu verstärken, als wichtiges Konfliktpotential an. Andererseits kann und sollte sich die kommunale Pressearbeit den Selbstverstärkungstrend der Massenmedien zunutze machen und auf die Journalisten der überregionalen Medien und der Nachrichtenagenturen (dies sind Trendsetter) sehr viel Aufmerksamkeit und Mühe verwenden, um dort positive Mitteilungen im Sinne der Stadt zu plazieren.

Schlußbemerkung

Für verwaltungsbezogene Pressearbeit ist typisch, daß sie sich mit starken Interessenkollisionen auf mehreren Ebenen zu befassen hat. Sie selbst befindet sich in einem Kulminationspunkt von Interessen – jenen der Presse und jenen der Verwaltung.

Handlungsbedarf besteht gegebenenfalls in der Verbesserung, sicherlich jedoch in der allgemeinen Festigung der Beziehungen zur Presse. Jeder Konflikt kann der Beziehung Schaden zufügen, doch eine funktionierende Beziehung übersteht Konflikte ohne weiteres.

Weitere Bedeutung kommt der Stärkung der Rolle der Pressestelle im System ihrer Organisation zu. Hier ist das Top-Management jeder einzelnen Verwaltung gefordert.

Unabhängig davon wird weiter über Ursachen für Konflikte zu forschen sein. Außerdem wird weiter darüber nachzudenken sein, wo Schwachstellen auf seiten der Verwaltung als Ausgangspunkte für Konflikte liegen und wie sie beseitigt werden können.

Die Bedeutung der kommunalen Presse- und Öffentlichkeitsarbeit als von unserer Verfassung gebotene Pflichtaufgabe muß jedem Mitarbeiter der Kommunalverwaltungen stets aufs neue verdeutlicht werden. Offenheit und Verständnis innerhalb der Verwaltung für die Belange der Journalisten zu wecken, könnte etliche Konflikte vermeiden helfen.

Zwischen Schweigen und Gegendarstellung

Das Verhältnis zwischen Presse und Kommunen ist nicht immer ungetrübt. Da haben die Journalisten nicht selten andere Meinungen als die kommunalpolitisch Verantwortlichen, da schleichen sich Mißverständnisse ein, und da gibt es auch Berichte, die „nicht so ganz" den Tatsachen entsprechen oder die schlicht etwas Falsches behaupten. Vieles davon ist sicher ungewollt oder beruht auf Fehlinformationen, wie bereits dargestellt wurde. Manchmal wird die Pressefreiheit auch mißbraucht. Die Rügen des Deutschen Presserates gegenüber Presseorganen mögen dafür als Beleg dienen.

Bevor man sich allerdings wegen unzureichender, ungenauer oder sogar falscher Berichterstattung in eine ernste und dauernde Auseinandersetzung mit der Presse begibt, sollte man genau prüfen, ob es sich lohnt. Denn oft ist es klüger, auf eine Korrektur überhaupt zu verzichten. Was heute noch aktuell ist, wird morgen schon vergessen sein. Eine Klarstellung wird vom Leser oft nicht mehr mit dem vor Tagen erschienenen inkriminierten Bericht in Verbindung gebracht. Kommt man aber, etwa bei einer eindeutig falschen Berichterstattung über ein Ereignis von kommunalpolitischer Bedeutung zu dem Schluß, daß eine Richtigstellung erfolgen muß, so ist die Art und Weise des eigenen Vorgehens genau zu überlegen.

Auf der eigenen Seite sind Arroganz und blindes Vertrauen auf überlegene Sachkunde, Stolz auf den eigenen großen Wissensvorsprung und Herabblicken auf eine minder kenntnisreiche Öffentlichkeit keine gute Voraussetzungen für eine erfolgreiche kommunale Pressearbeit. Ratsamer ist es, die Partner in ihrer ganz spezifischen Qualität und in ihrem besonderen Informationsbedürfnis ernst zu nehmen, die jeweils geeignete Sprache für eine notwendige Kommunikation zu finden und „die andere Seite" nicht für „dumm zu verkaufen". Alles in allem soll die Kommune möglichst „professionell" und selbst gut informiert mit der Presse und damit mit den Bürgerinnen und Bürgern umgehen. Zwischen Schweigen und dem Verlangen nach einer Gegendarstellung liegt eine ganze Reihe von Möglichkeiten, falsche Darstellungen zu korrigieren oder auf Kritik zu antworten. Entscheidend für diese Wege im Vorfeld rechtlicher Auseinandersetzungen wird das Verhältnis zur jeweiligen Zeitung und die Berechtigung des eigenen Anspruchs sein. Bei einigermaßen einsichtigen Gründen werden zumindest die lokalen Zeitungen bereit sein, eine Korrektur oder Ergänzung vorzunehmen.

Hier nun die wichtigsten Möglichkeiten, eine falsche Berichterstattung zu korrigieren:

✓ Die Selbstberichtigung

In einem eigenen neuen Artikel korrigiert sich die Zeitung selbst. Für die Zeitung liegt der Vorteil dieses Verfahrens darin, nicht von außen zu einer Korrektur gezwungen worden zu sein und dadurch an Glaubwürdigkeit eingebüßt zu haben. Außerdem kann die Selbstkorrektur in der der Zeitung geeignet erscheinenden Form von dieser selbst verfaßt werden.

Die abgesprochene Richtigstellung

Ohne sich erst durch den Gegendarstellungsanspruch rechtlich dazu zwingen zu lassen, veröffentlicht die Zeitung eine von der Stadt verfaßte Richtigstellung. Diese Richtigstellung sollte vorher mit der Zeitung abgesprochen werden, damit ein unkommentierter und unveränderter Abdruck sichergestellt ist. Eine Verständigung zwischen Zeitung und Betroffenem ist auch darüber nötig, daß sich an die Richtigstellung nicht weitere Kommentierungen und Auseinandersetzungen knüpfen.

 Der Leserbrief

In vielen Fällen, vor allem dann, wenn eine Redaktion lediglich die – falschen – Informationen Dritter weitergegeben hat, genügt sicher ein entsprechender Leserbrief. Auch hier sollte vorher mit der Zeitung Einvernehmen über den umgehenden Abdruck dieser Stellungnahme in Form eines „Leserbriefes" hergestellt werden.

 Ein neuer Bericht

Handelt es sich um weniger wichtige Fehler, etwa um Ungenauigkeiten in der journalistischen Arbeit, die zudem auf mangelhafte Information zurückzuführen sind, so kann häufig ein zweiter Artikel zum gleichen Thema vollauf den Zweck der Richtungstellung erfüllen, ohne daß auf die vorherige, fehlerhafte Darstellung noch Bezug genommen wird. Eine solche „Regelung" wird von der Zeitung gern gesehen, weil sie sich die Selbstkorrektur ersparen kann und der Fehler dennoch ausgeräumt wird.

 Die Gegendarstellung

Alle Landespressegesetze sehen bei fehlerhafter Berichterstattung die Möglichkeit einer Gegendarstellung vor. In diesem Fall ist das Presseorgan verpflichtet, den Wortlaut der Gegendarstellung des Betroffenen abzudrucken. Für die Gegendarstellung müssen allerdings bestimmte Voraussetzungen inhaltlicher und formaler Art gegeben sein. Sie werden auf S. 214 ff. erläutert. Grundsätzlich sollte die Gegendarstellung nur im äußersten Notfall, wenn kein anderer Weg gefunden wird, den Schaden auszuräumen, in Anspruch genommen werden.

 Rüge des Presserates

Schließlich gibt es noch die Möglichkeit, sich an den Deutschen Presserat zu wenden. Diese Einrichtung der Selbstkontrolle der Presse spricht bei gravierenden Verstößen gegen die journalistische Ethik eine Rüge aus, die auch veröffentlicht wird. Allerdings sollte man den Deutschen Presserat nur in wirklich bedeutenden Fällen eines journalistischen Fehlverhaltens anrufen.

Zehn Hinweise
für eine
offene Pressearbeit

– Die städtische Pressestelle ist der zentrale Kommunikator zwischen der Stadt und der Presse.

Wo es eine solche Mittlerstelle hin zu den Journalisten und Redaktionen noch nicht gibt, sollte sie so schnell wie möglich eingerichtet werden. In kleineren Städten soll wenigstens ein fähiger und direkt der Verwaltungsspitze zugeordneter Mitarbeiter diese Aufgabe wahrnehmen.

– Die geeignete Information der Presse liegt im ureigensten Interesse der kommunalen Verwaltung.

Für die aktuelle Unterrichtung der Presse genauso wie für die kontinuierlichen Kontakte mit ihr muß eine ausreichende Arbeitskapazität bereitstehen. Die Vorbereitung von Pressematerial, die Erteilung von Presseauskünften und die Kontaktpflege zur Presse sind nicht zweitrangig, sie haben Vorrang vor vielen anderen Aufgaben.

– Der gute Informationsfluß aus der Verwaltung hin zur Pressestelle ist Grundvoraussetzung für eine erfolgreiche Pressearbeit.

Eine Pressestelle darf kein Fremdkörper in der Verwaltung sein, sondern muß mit ihr zusammenarbeiten und in sie hineinwirken. Umgekehrt sollen sich die Ämter und Einrichtungen der Stadtverwaltung der Pressestelle bedienen und sie über alle Entwicklungen und Ereignisse in ihrem Bereich auf dem laufenden halten. Eine schlechte Pressearbeit resultiert oft nicht aus böser Absicht wie etwa der Mißachtung der Presse oder einer Gegnerschaft zu ihr. Sie hat ihre Ursache zumeist in der Unkenntnis der Bedürfnisse der Presse.

– Für die Presse liegt der Wert einer Information nicht nur in deren Gehalt sondern auch in deren Aktualität begründet.

Die Nachricht von gestern ist schon oft keine Meldung mehr wert, geschweige denn einen umfangreichen Bericht. „Gut Ding will Weile haben" mag im Verwaltungshandeln ja durchaus gelten. Bei der Zusammenarbeit mit der Presse ist das aber falsch. Die kommunale Verwaltung und auch jeder Kommunalpolitiker müssen sich an das Gesetz der Aktualität als Grundvoraussetzung für die journalistische Arbeit gewöhnen.

– Auch sachkundige und mit bestimmten Aufgaben betraute Mitarbeiter sollen der Presse einfache Auskünfte über ihre Arbeit geben.

Nicht immer müssen bei einer Frage der Presse die Pressestelle oder der Bürgermeister eingeschaltet werden. Einfache Sachauskünfte können von jedem Mitarbeiter im Rahmen seiner Aufgaben und Kenntnisse gegeben werden. Wenn ein Journalist etwa wissen will, wie hoch die Feuerwehrleiter ist, so kann ihm dies sicher auch der Löschzugführer draußen beim Einsatz beantworten, und wenn auf der Straßenbaustelle nach der Breite der künftigen Verbindungsstraße gefragt wird, mag dies der sachkundige städtische Bauleiter direkt erklären. Kompliziertere Fragen müssen allerdings vorher mit der Pressestelle abgeklärt oder durch die verantwortlichen Ratsmitglieder, Dezernenten oder Amtsleiter beantwortet werden.

– Die Kenntnis der Presseveröffentlichungen über kommunale Angelegenheiten der eigenen Stadt, ist für alle Mitarbeiterinnen und Mitarbeiter einer Stadtverwaltung wichtig.

Alle in Verantwortung für die Stadt tätigen Mitarbeiterinnen und Mitarbeiter sollen sich über die Berichterstattung in den Medien und insbesondere auch über die Medienkritik zu kommunalen Angelegenheiten der eigenen Stadt informieren. Aus dieser Medienbeobachtung ergeben sich Ansatzpunkte für das künftige eigene Handeln, aber auch Grundlagen für eine Reaktion gegenüber der Öffentlichkeit.

– Mitarbeiterinnen und Mitarbeiter, die häufiger mit der Öffentlichkeit zu tun haben, brauchen Grundkenntnisse über den Umgang mit der Presse.

Die Fähigkeit zum mündlichen Formulieren auf eine aktuelle Anfrage der Presse hin ist für diesen Mitarbeiterkreis genauso wichtig wie das Umsetzen fachlich komplizierter Vorgänge in eine allgemeinverständliche Sprache. Aber auch das Mindestwissen über den Partner Presse, also etwa über Redaktionsstrukturen, Arbeitsabläufe in den Medien, Leser-, Hörer- und Zuschauerpotentiale der verschiedenen Medien und über die jeweilige Zuordnung des nachfragenden Journalisten ist wichtig.

– Das Verschweigen unangenehmer Fakten nutzt zumeist nichts und verstärkt die negativen Reaktionen.

Bekanntermaßen werden schlimme Nachrichten oft eher bekannt als gute und sind für die Presse interessanter. Es ist deshalb durchaus vernünftiger, der Presse solche „bad news", also schlechten Nachrichten, in der geeigneten, selbstgewählten Form mitzuteilen. Die Kommunalverwaltung gewinnt dadurch an Glaubwürdigkeit, zeigt sie doch, daß sie nichts verbergen will.

– Eine „schlechte Presse" ist noch lange kein Grund, die weitere Zusammenarbeit mit ihr aufzukündigen.

Wenn der Kommunalverwaltung Pressekommentare oder auch Meldungen nicht gefallen, weil sie ungerecht oder falsch sind, ist es stets besser, sich an der Diskussion darüber zu beteiligen, als sich in den Schmollwinkel zurückzuziehen. Richtig ist, den verantwortlichen Journalisten oder der Redaktion die eigene Meinung mitzuteilen oder sie über den wahren Sachverhalt zu informieren.

– Die veröffentlichten Meinungen oder Tatsachenbehauptungen Dritter sind nicht denen der Zeitung oder des Senders gleichzusetzen.

Natürlich gibt es Tendenzen und Richtungen, denen Zeitungen oder Sender mehr oder weniger stark zuneigen. Das kann sich neben den Meinungsartikeln, wie Kommentar und Glosse, auch auf die „reine" Berichterstattung auswirken. Grundsätzlich aber gilt, daß die Wiedergabe der Meinung oder Behauptung eines Politikers, einer Partei, einer Vereinigung, einer Initiative oder von wem auch immer nicht der Zeitung oder dem Sender selbst zugerechnet werden kann. Der eigene Zorn über eine solche Veröffentlichung mag sich also erst einmal auf die zitierte Person oder die zitierte Organisation richten. Und entsprechend auch ist dem Zitierten direkt oder über die Presse zu antworten.

(Siehe dazu auch die „Leitsätze zur städtischen Presse- und Öffentlichkeitsarbeit" in der Fassung vom 4. 2. 1998 und die „Dienstanweisungen für die kommunale Presse- und Öffentlichkeitsarbeit – Drei Beispiele" – Aalen, Ingolstadt, Bochum – im Anhang, S. 231 ff. bzw. S. 234 ff.)

III

Direktkommunikation
mit den Bürgerinnen und Bürgern

Offenheit und Bürgerservice sind gefragt

Werbung und Informationsarbeit über eigene Medien wie Broschüren, Publikationen, Filme, Plakate, Ausstellungen oder über Fremdmedien wie die Presse sind wichtige Möglichkeiten, Leistungen, Angebote und Probleme einer Stadt darzustellen und ein positives Bild nach draußen zu vermitteln. Doch noch soviel Öffentlichkeitsarbeit und dafür aufgewandtes Geld können nicht die reale Präsentation einer Kommune durch ihr Handeln und vor allem durch das Verhalten der Verwaltung gegenüber den Bürgerinnen und Bürgern ersetzen. Ganz im Gegenteil wirkt ein Widerspruch zwischen dem nach draußen vermittelten Bild der Kommune und der Wirklichkeit im alltäglichen Geschäft negativ verstärkend.

Die Kommunen sind die primären Ansprechpartner der Bürger

Mit einer Landesregierung und mit der Bundesregierung und deren Verwaltungen haben die Bürger keinen oder nur geringen persönlichen Kontakt. Die kommunalen Verwaltungen sind es, in denen ihnen „der Staat" begegnet. Dabei spielt es kaum eine Rolle, ob eine Stadt im Auftrag einer anderen Institution oder aus Eigenem heraus handelt.

Ob im Sozialbereich, bei der Kraftfahrzeugzulassung, in der Müllabfuhr, auf dem Wochenmarkt, bei der Baugenehmigung, Straßenreinigung, Kinderbetreuung, Sozialhilfe, Altenhilfe, Stadtplanung und in Dutzenden weiterer Bereiche der Genehmigungen und Hilfen ist die Kommune tätig und der primäre Ansprechpartner der Bürger.

Aufgabenzuwachs und kompliziertere Verwaltung

Derartige Leistungen und Aufgaben haben eher noch zugenommen. Der „verwaltete Bürger" ist weitgehend der „kommunalverwaltete Bürger". Zusätzliche Aufgaben bedingen neue Verwaltungseinheiten. Je umfangreicher eine Verwaltung ist und je differenzierter, um so anonymer und unüberschaubarer wird sie für den Bürger. So sind gerade die Kommunen gefordert, den Zugang für die „Kundschaft", also die Bürger, zu erleichtern und Barrieren abzubauen.

Es ist nicht leicht, diesen Widerspruch zwischen den gerade in den letzten Jahren verstärkten Forderungen nach Bürgerbeteiligung und Bürgermitwirkung und den zunehmend komplizierteren und wachsenden „bürokratischen" Abläufen in der kommunalen Verwaltung aufzulösen. Je nach Stadtgröße ergeben sich unterschiedliche Schwierigkeiten, die Bürger in die Entscheidungsfindungen mit einzubeziehen, kommunales Wirken transparent zu machen und in direktem Kontakt mit engagierten und interessierten Bürgern planerisches Handeln zu verdeutlichen und abzustimmen.

Offenheit und
Bürgerservice

Im „Alltagsbetrieb" der Verwaltung ist heute Offenheit und Bürgerservice gefragt. Denn viele Bürger messen die äußere Darstellung einer Verwaltung und das Verhalten der kommunalen Angestellten und Beamten an ihren Erfahrungen im Alltag. Die Zeiten, in denen Beamte gewährten, genehmigten, ablehnten, verweigerten und dies wie ein Urteil vom Bürger hinzunehmen war, sind vorbei. Wenn auch eine Stadtverwaltung noch immer nicht zu einem Wirtschaftsunternehmen üblicher Art geworden ist und kommunale Leistungen nicht im üblichen Sinne verkauft werden, so müssen sie in einer demokratischen Gesellschaft durch die städtischen Bediensteten dennoch vermittelt werden.

Das äußere Erscheinungsbild
der Verwaltung verbessern

Für eine solche „kundenfreundliche", oder besser „bürgerfreundliche" Verwaltung sind das „äußere Erscheinungsbild" der von Bürgern frequentierten Verwaltungsräume und das aufgeschlossene Verhalten der Mitarbeiterinnen und Mitarbeiter die wichtigste Voraussetzung. In Zeiten zunehmender Komplizierung und Unüberschaubarkeit der Verwaltung sind außerdem zentrale Orientierungsangebote eine große Hilfe beim Bemühen um ein bürgerfreundliches Erscheinungsbild der Kommune.

Direktkommunikation
über Bürgerveranstaltungen

Neben dem Einzelkontakt mit den Bürgerinnen und Bürgern gehört zur öffentlichkeitswirksamen Vorbereitung und Umsetzung kommunalen Handelns auch die direkte Kommunikation über besondere Veranstaltungen. Auf Bürgerdiskussionen und Bürgerversammlungen, bei Bürgerbegehungen und Bürgerrundfahrten, mit Bürgerbesichtigungen und Bürgerberatungen können Kommunalpolitiker, Verwaltungsleute und Bürger persönlich zusammengeführt und Meinungen, Gedanken, Kritik, Zustimmung, Wünsche und Vorbehalte ausgetauscht werden. Das sind gute Möglichkeiten, Bedürfnisse und Auffassungen der Bürger kennenzulernen und in die Absichten und Planungen der Kommunalpolitik mit einzubeziehen.

Bürgeroffene Verwaltung
auch in
kleineren Städten

In welcher Form und in welchem Umfang gezielte Maßnahmen in Richtung auf eine bürgerfreundliche Verwaltung notwendig sind, hängt auch von der Größe, von den ganz speziellen Aufgaben, von der Struktur der Stadt selbst, von der Mentalität und der gesellschaftlichen Zusammensetzung der Bürgerschaft und vom Informationsstand ab. So wird eine kleinere Stadt weniger „äußerliche" und organisatorische Maßnahmen in Richtung auf Bürgerkommunikation treffen müssen als eine Metropole. Dafür aber mag sie mit anderen Problemen, wie fehlender Schulung der Mitarbeiter im Umgang mit Menschen oder hoher Erwartungshaltung der Bürger gegenüber „ihrer Stadt", konfrontiert sein und von daher zwar andere, aber nicht geringere Kommunikationsschwierigkeiten haben. Auch mag sich für kleine Kommunen nur begrenzt die Chance bieten, einen modernen, zentralen Bürgerservice einzurichten und so viele Schwierigkeiten im Vorfeld abzufangen. Für Klein- und Mittelstädte ist jedenfalls der Aufbau einer bürgernahen und bürgeroffenen Verwaltung genauso wichtig wie für die „anonyme" Großstadt.

Der Botschafter
ist die Message

Personalisierung
wirkt auf
das Stadtimage ein

Zum Beispiel sind richtige Zielgruppenansprache, geeignete Identifikationsobjekte und Professionalität wichtige Voraussetzungen für die kommunale Öffentlichkeitsarbeit. Eine Sonderrolle für die Binnenidentifikation mit einer Stadt oder die Wirkung einer Stadt über die Stadtgrenzen hinaus spielt die „herausgehobene" Persönlichkeit.

„Der Bürgermeister", „der Oberbürgermeister", aber auch ganz bestimmte Dezernenten und Ratsmitglieder können „die Stadt" oder Teile von ihr erfolgreich „personalisieren". Aber auch herausragende Sportler oder Künstler zum Beispiel oder andere „Prominenz" können effektiver für das Stadtimage wirken als eine noch so aufwendige Öffentlichkeitsarbeit.

Sympathien für eine Persönlichkeit
werden auch auf
die Politik übertragen

Sympathien, Anerkennung, Achtung, Vertrauen, Respekt und Zuneigung zu einem herausragenden Kommunalpolitiker werden auf die von ihm vertretene Politik genau so übertragen wie Distanz, Unverständnis, Abneigung, Kälte, Mißtrauen, Ablehnung und Gleichgültigkeit ihm gegenüber. Spätestens bei der nächsten Kommunalwahl kann das so oder so quittiert werden. Dies trifft für kleine und mittlere Städte oft noch häufiger zu als für Großkommunen, in denen die Distanz zwischen Verwaltungsspitze und Bürgern größer ist. Allerdings gibt es auch hier andere Beispiele.

Ein Bürgermeister kann
für eine Stadt
zum „Symbol" werden

Öffentlichkeitsarbeit kann zwar nicht die Persönlichkeitsstruktur verändern, sie kann aber hilfreich beim Transport von Persönlichkeitsmerkmalen sein. „Nähe", also Heimat, „Weite", also Weltläufigkeit, Entscheidungsfreude, Verständnis und Härte, Stärke und Mitgefühl, richtiges Handeln in wichtigen Situationen, Stetigkeit in Grundfragen, glaubwürdige Kommunikation mit Menschen sind bei der Verbindung von Subjekt Politiker mit Objekt Stadt von großer Bedeutung. Es gilt, das kommunale Geschehen so mit der positiven „Persönlichkeit" etwa des Bürgermeisters zu verbinden, daß beides, wenn schon nicht kongruent, so doch in größter Dichte zueinander, wahrgenommen wird.

Berühmte Leute erhöhen
den Bekanntheitsgrad und
Sympathiewert
einer Stadt

Eine Stadt wird wie eine Nation nicht nur durch ihre politische Spitze personalisiert wahrgenommen, sondern auch Wissenschaftler, Maler, Bildhauer, Wirtschaftsbosse, Dichter, Originale, kurzum alle herausragenden und bekannten Persönlichkeiten personalisieren ihre Kommune.

Nach innen vermitteln sie Stolz auf das eigene Gemeinwesen, das einen derart bedeutenden Menschen hervorgebracht hat. Nach außen verstärkt der Bekanntheitsgrad der berühmten Frau oder des berühmten Mannes jenen der Heimatstadt und akzentuiert zudem vorhandene Positiveinstellungen oder korrigiert Negativbilder.

Historische Persönlichkeiten bieten oft sogar noch beliebtere Anknüpfungen, sind sie doch durch Geschichte geadelt und inzwischen unumstritten. Wie weit solche Verknüpfungen von Stadt und Einzelperson gespannt sein kann, wird an der „Wagnerstadt Bayreuth" und dem „Trompeter von Säckingen", an der „Goethestadt Weimar" und dem „Rattenfänger von Hameln", an der „Fuggerstadt Augsburg" und dem „Schneider von Ulm" deutlich. Nicht nur die historische Person, sondern auch die Märchen- und Sagengestalt kann eine Stadt personalisiert vermitteln.

„Bekennerstatements"
der Prominenten
als Teil der Öffentlichkeitsarbeit

Die Personalisierung von Informationen über eine „aktuelle" Berühmtheit ist in der Werbung alltägliches Geschäft. Wer kennt nicht die Anzeigen und Fernsehspots, in denen der Tennisstar oder der Fernsehkommissar, der Fußballprofi oder die Filmdiva eine Ware anpreisen und ihr mit ihrer Bekanntheit zum Erfolg verhelfen wollen. Solche Bekennerstatements sind natürlich auch für die kommunale Öffentlichkeitsarbeit eine gute Möglichkeit. Prominente aus den öffentlichkeitswirksamen Bereichen, die sich in Bild und Wort zu einer Stadt bekennen und ihre positiven Seiten würdigen, transportieren mehr Sympathie als seitenlange Informationen. Wenn diese Prominenz nicht nur aus der eigenen Stadt kommt, sondern bundesweit oder sogar international ausgewählt werden kann: um so besser.

Personalisierung
über bestimmte Gruppen

Schließlich soll noch die Rolle erwähnt werden, die eine Personalisierung über ganz bestimmte Gruppen in der Öffentlichkeitsarbeit und Bürgerkommunikation spielen kann. Wenn etwa „die Eltern" und „die Kinder" ein Handeln der kommunalen Spitze wie den Bau einer Kindertagesstätte oder die Erweiterung einer Schule durch die Stadt öffentlich bejahen, so gibt dies einen positiven personalen Bezug, wie umgekehrt die ablehnende Äußerung negativ einzuordnen ist. „Die Sportler", „die Theaterbesucher", „die Kleingärtner" werden in solch bejahendem oder ablehnenden Sinne ebenfalls zitiert oder bringen sich selbst als Gruppe in die Diskussionen ein. Ganz in diesem Sinne ist die Öffentlichkeitsarbeit stets auch auf solche Gruppen hin auszurichten. Das bedeutet, den entsprechenden Vereinigungen besondere Aufmerksamkeit zu widmen.

Die Rolle von Personalisierung

Nicht von ungefähr wird mancher Kommunalpolitiker mit „seiner" Stadt identifiziert und umgekehrt diese mit ihm. Seine Kommunikationsfähigkeit und Erfolge bei der Arbeit als Bürgermeister, Ratsmitglied oder Dezernent spielen eine wichtige Rolle. Im folgenden werden einige Beispiele genannt, wie dies ergänzt werden kann.

 Eigenpräsentation in Wort und Bild

„Eigenpräsentation" für den Bedarf der Presse und andere „Nachfragen" in einer Zusammenstellung von Lebenslauf mit Bild, Liste der wichtigsten Veröffentlichungen und Ehrungen, einem Text über Hobbys und Familie, Vorlieben und Sympathien, Vorbilder und Wünsche.

 Zugehen auf die Menschen

Zugehen auf die Menschen, also auf der Straße oder im Rathaus, bei der Vereinsfeier oder der Jubiläumsveranstaltung möglichst viele Leute ansprechen, Hände schütteln und Fragen entgegennehmen.

 Persönliche Bürgersprechstunde

Persönliche Bürgersprechstunden, auf denen in bestimmten Orts- oder Stadtteilen die Bürgerinnen und Bürger Gelegenheit haben, allein oder im kleinen Kreise ihre Wünsche und Kritik vorzutragen. Je nach Situation ist eine Vorweganmeldung erforderlich.

 Würdigung von Verdiensten

Wer einen Kultur- oder sonstigen Preis von draußen erhält, wem eine Verdienstmedaille verliehen wird, wer eine herausragende Leistung vollbracht hat, etwa im Sport oder in anderen Bereichen: sie oder er erhalten ein Anerkennungsschreiben oder werden aus diesem Grunde ins Rathaus eingeladen. Das Ganze wird auch der Presse bekanntgegeben.

 Vorworte und Einleitungen

Wo die Chance zu einem Vorwort in Büchern, Zeitungsbeilagen, Eigenpublikationen, Fremdveröffentlichungen und Ähnlichem besteht: sie sollte wahrgenommen werden. Mit solchen „Einleitungen" wird ein breites Interesse demonstriert und auch gezeigt, wie wichtig ein Autor, eine Publikation genommen wird.

 Namensartikel

Namensartikel in Zeitschriften, Zeitungen und anderen Publikationen plazieren. Wobei nicht vergessen werden darf, diese Artikel in Kopien vor allem der Presse zu vermitteln.

Briefe an Prominente

Es kann dem Minister für seine Hilfe gedankt oder für sein „falsches Handeln" auch einmal eine Rüge erteilt werden. Man kann dem inzwischen prominenten in der Stadt geborenen „Kulturschaffenden" seine Meinung zu dessen letztem Roman mitteilen.

 Grußworte

Grußworte in Vereinsbroschüren, Jubiläumsheften oder Veranstaltungsprogrammen stets mit einem guten Porträt-Foto und der „persönlichen" Unterschrift verbinden.

 Gratulationen

Gratulationen zu herausragenden Geburtstagen, Hochzeiten und Jubiläen von Bürgerinnen und Bürgern persönlich oder mit Brief.

 Porträtpostkarten

Verteilung von Postkarten mit einem Porträt-Foto bei sich bietenden Gelegenheiten, etwa an die Besucher eines Volksfestes oder an die Teilnehmer eines Vereinstreffens. Das Bild handsignieren oder mit der gewünschten Widmung versehen.

 Eigenhändige Unterschrift

Möglichst alle Schreiben, auch vervielfältigte mit „eigenhändiger" Unterschrift versehen. Dafür Anschaffung eines Unterschriftenautomaten, der die Briefe signiert und das mühevolle eigene Unterzeichnen erspart.

 Jahreszeitlich gegliederte Aktivitäten

Jahreszeitlich und „kalendarisch" orientierte Personalisierungsaktivitäten: Vor Weihnachten persönliche Besuche in Altenheimen, Krankenhäusern und Einrichtungen für Kinder, zu Silvester bei Feuerwehrleuten, Polizisten und Bahnhofspersonal, die Dienst haben, im Winter bei den Schneereinigern und in Wärmestuben und im Sommer bei Leuten im Straßenbau oder dem Personal in den Bädern.

Kommunale Demokratie lebendig vermitteln

Repräsentant einer Stadt ist nicht nur der Bürgermeister. Vielmehr ist die gewählte Vertretung der Bürgerschaft für die wichtigen Entscheidungen verantwortlich und prägt so weitgehend die kommunale Entwicklung. Die Rolle der gewählten Gemeindevertretung ist in den Bundesländern bekanntlich unterschiedlich geregelt. Unabhängig davon sollte versucht werden, über die städtische Selbstverwaltung zu informieren und die Vertretungskörperschaft als ein offenes Forum der Auseinandersetzung und Entscheidungsfindung anzubieten. Hier einige Tips, wie dies mit ganz konkreten Angeboten versucht werden kann.

**Stadtdemokratie
im Rathaus
präsentieren**

Es bietet sich an, die Stadtdemokratie im Rathaus selbst, das zumeist auch historisches Zeugnis für die städtische Selbständigkeit und die Entwicklung von Bürgerrechten ist, zu präsentieren. Dies kann in unterschiedlicher Weise durch auf Dauer ausgerichtete Aktivitäten und einzelne besonders konzipierte Ansätze geschehen. Neben den allgemeinen Rathausbesuchern können hier auch einzelne ausgewählte Zielgruppen angesprochen werden.

☑ *Eine Ausstellung*

Im Eingangsbereich des Rathauses, im Vorraum des Ratssitzungssaales oder an anderer geeigneter Stelle wird in einer Dauerpräsentation die kommunale Selbstverwaltung der eigenen Stadt dargestellt, verknüpft mit der Stadtgeschichte, aber auch in ihrer heutigen Form und Bedeutung. Der aktuelle Teil umfaßt auch die Kurzvorstellung der Mitglieder der gewählten Gemeindevertretung. Je nach Möglichkeit und Stadtgröße kann eine solche Präsentation eine richtige kleine Ausstellung mit Dokumenten, Vitrinen, Schautafeln, Originalstichen, Ratssiegeln und Ähnlichem sein oder sich auf eine einzige Tafel oder Schauwand mit kurzen Informationen beschränken.

☑ *Gruppenführungen*

Eine solche Ausstellung bietet sich als Ausgangspunkt für Gruppenführungen zum Thema „Unsere Stadtdemokratie" an. Zuerst kommen dafür all jene Bürgerinnen und Bürger in Frage, die an den öffentlichen Sitzungen von Rat oder Stadtverordnetenversammlung teilnehmen, dann aber auch besonders eingeladene Gruppen. Auf jeden Fall sollten die Schulen einen Besuch mit Erläuterungen in ihre entsprechenden Unterrichtsteile aufnehmen. Hier wie bei den anderen interessierten Gruppen schließt sich an den „Ausstellungsbesuch" die Führung durch den Ratssaal und andere mit Geschichte und Gegenwart der kommunalen Selbstverwaltung verbundene Teile des Rathauses an.

Information der Ratssitzungsbesucher

Die Besucherinnen und Besucher der öffentlichen Sitzungen der Vertretungskörperschaften werden im Vorraum oder im Sitzungssaal selbst durch vorhandene Modelle für geplante Bauten, durch Aushang von Skizzen und Plänen, durch Bild und Text über die Verhandlungsgegenstände informiert. Ein kurzer Einführungsvortrag erläutert die anstehenden Entscheidungen. Ein Kurztext zu den wichtigsten Tagesordnungspunkten erleichtert das Verständnis der Diskussion und Entscheidung.

 Illustrative Publikation über die kommunale Selbstverwaltung

Eine kleine Publikation über die Selbstverwaltung von X-Stadt ist nützlich. Damit aber braucht es nicht sein Bewenden zu haben. Die Geschichte von Selbständigkeit und Selbstverwaltung der Städte, oft in Auseinandersetzung mit den Ansprüchen von Landesherren und Einzelinteressen, ist eindrucksvoll. So mag eine umfangreichere Broschüre mit Illustrationen und alten Dokumenten von Interesse sein, auch als Arbeitsunterlage für Lehrer und Schüler im Sozialkunde-/Gemeinschaftskundeunterricht oder auch in der Geschichtsstunde.

**Ganz besonders
die Heranwachsenden
ansprechen**

Die künftigen Jungbürger sollten eine besonders gepflegte Zielgruppe der Öffentlichkeitsarbeit für Stadtdemokratie sein. Sie werden künftig die Stadt mitgestalten und mit ihrem Engagement oder mit ihrem Desinteresse die Zukunft der Demokratie bestimmen. Der Transport von Wissen und Information über die kommunale Selbstverwaltung allgemein und die Kommunalverfassung der Heimatstadt im besonderen ist hier eine wichtige Aufgabe.

 Lehrer als Helfer

Die Schule kann dabei wesentliche Hilfestellung leisten. Lehrer und Schulleiter sind die Mittler. Aber auch Klassensprecher, Schulsprecher und die Redakteure der Schülerzeitungen sind wichtige Ansprechpartner. In einem Gespräch, verbunden mit einem Empfang im Rathaus, sollten sie für eine Zusammenarbeit gewonnen werden.

 In die Schule gehen

Die Kommunalpolitiker sollten in die Schule gehen und dort aus ihrer Praxis berichten sowie mit den Schülern diskutieren. Das kann in einer größeren Veranstaltung geschehen, aber auch durch Einzelbesuche im Rahmen des entsprechenden Unterrichts. Die jeweiligen Themen werden vorher mit den Lehrern abgesprochen. Eingebunden werden können in eine derartige Veranstaltungsreihe auch Mitarbeiter der Verwaltung: so etwa kann der Stadtarchivar oder Stadthistoriker etwas über die historische Entwicklung von Bürgerfreiheit sagen und der Leiter des Kulturamtes über den Zusammenhang von Kulturpolitik und Stadtentwicklung referieren. Zu achten ist darauf, daß Themen und Materialien jahrgangsgeeignet ausgewählt werden. Auch deshalb ist eine gute Abstimmung mit den Lehrern nötig.

Materialien bereitstellen

Auszüge aus der Gemeindeordnung, die Geschäftsordnung für Sitzungen von Rat und Ausschüssen, die Auflistung der verschiedenen Einrichtungen und Organe der Selbstverwaltung in der eigenen Stadt sollten als „Unterrichtsmaterial" bereitgestellt werden.

 An der Ratssitzung teilnehmen lassen

Am überzeugendsten ist noch immer die direkte Teilnahme an der Diskussion und an den Entscheidungen über die Angelegenheiten der Heimatstadt. Wo dies noch nicht geschieht, sollten künftig insbesondere auch Schulklassen in die öffentlichen Ratssitzungen eingeladen, vorbereitet und betreut werden. Natürlich müssen die Mädchen und Jungen nicht an der ganzen, oft stundenlangen Sitzung teilnehmen. Einmal eine Stunde „reinschauen" genügt durchaus, um einen Eindruck zu erhalten. Mehr Zeit sollte besser für Vorbereitung und Nacharbeit aufgewendet werden, denn nicht die Teilnahme, sondern das Verständnis dessen, was geschieht, ist wichtig.

 Aufsatzwettbewerb

Nicht nur ein Rathausbesuch, sondern viele andere auf die Selbstverwaltung bezogene Themen können Gegenstand eines Aufsatzwettbewerbs sein, abgestimmt auf einen bestimmten Schüler-Jahrgang, von einer „Jury" beurteilt, in der auch städtische Vertreter Mitglied sind und der der Bürgermeister vorsitzt. Solch ein Wettbewerb kann jährlich zu einem jeweils wechselnden Thema stattfinden. Es sollte auf jeden Fall einen ersten, zweiten und dritten Preis und dann noch einige kleine Trostpreise geben. Selbstverständlich findet die Preisverleihung im Rathaus statt.

**Den Rat
ins Gespräch bingen**

Es empfiehlt sich, in die ständige, allgemeine Öffentlichkeitsarbeit auch immer wieder Daten und Fakten sowie Informationen über Aufgaben und Bedeutung der Vertretungskörperschaft aufzunehmen. Das schließt besondere PR-Aktionen nicht aus.

 Der Ratsabend

So etwa wird ein „Ratsabend" veranstaltet, zu dem die Angehörigen aller „Fraktionen" eingeladen werden, in den größeren Städten natürlich ebenfalls die gewählten Vertreter in den Ortsteilen, dann aber auch die Repräsentanten des öffentlichen Lebens, kommunalpolitisch besonders aktive Bürger sowie Vertreter von Wirtschaft und Kultur. Dieser jährlich stattfindende Treff kann jeweils unter ein Generalthema gestellt werden.

 Der Ratsrundgang

Ganz in die gleiche Richtung zielt auch der Ratsrundgang, bei dem zusammen mit Vereinsvorsitzenden und weiteren örtlichen Repräsentanten bestimmte Stadtbereiche begangen und deren Probleme vor Ort besprochen werden.

Die Straßendiskussion

Bei geeigneten Anlässen bieten sich die Ratsvertreter den Bürgern an einem Stand zum Gespräch und zur Diskussion an. Das kann zum Beispiel bei einem Volksfest geschehen. Natürlich darf solch ein Ratsstand bei den „Tagen der offenen Tür" der Stadt nicht fehlen. Ergänzt werden kann dieses Diskussionsangebot durch persönliche Einzelgespräche im Rathaus selbst, etwa nach dem Muster des Bürgergesprächs mit dem Bürgermeister.

Die besten Werber sind motivierte Mitarbeiterinnen und Mitarbeiter

Da ist nun die Identität einer Stadt gefunden, auch das Erscheinungsbild wurde attraktiv gestylt und in Werbe- und Imagekampagnen umgesetzt. Darin wird, auf „Corporate Identity" und „Corporate Design" aufbauend, unter anderem die Stadt als ein offenes, freundliches und stets kommunikationsbereites Gemeinwesen dargestellt. „Die liebenswerte Stadt", „Die Stadt für den Bürger", „Die Stadt im Gespräch" oder „Die Stadt als Partner" sind nur einige Slogans aus Kampagnen, die Gesprächsbereitschaft signalisieren und die Verwaltung vermenschlichen sollen.

Umgesetzt wird dies im einzelnen über Anzeigen und Plakate, Eindrucke in Formulare und Briefe, Aufkleber und Stempel und was sich sonst noch anbietet. Ob immer mit Erfolg, ist freilich fraglich, denn die Werbung macht nicht die Wirklichkeit, die Wirklichkeit muß gerade bei der auf die Qualität zwischenmenschlicher Begegnung abstellenden Werbung dieser auch entsprechen.

Positiveinstellung der Mitarbeiter Voraussetzung für bürgerfreundliche Verwaltung

Die Mitarbeiterin und der Mitarbeiter, die mufflig oder ungehalten den nachfragenden Bürger abfertigen, wirken nicht im geringsten sympathischer, wenn sie dies hinter einem Tresen mit einem plakativen Aufkleber „Wir sind für Sie da" tun. Ganz im Gegenteil: der Widerspruch zwischen Anspruch einer bürgerfreundlichen Verwaltung und Realität des Auskunftsgeschäftes wird hier peinlich deutlich.

Will sich eine Stadt als modernes, bürgerfreundliches Dienstleistungsunternehmen anbieten, ist eine entsprechende innere Kommunikation mit dem Ziel einer grundsätzlichen Positiveinstellung der „eigenen Leute" zur Stadt insgesamt und zur „Kundschaft" im besonderen die wichtigste Voraussetzung.

Motivation

Die Mitarbeiterinnen und Mitarbeiter müssen in den Prozeß der Findung einer solchen Gruppenidentität intensiv einbezogen werden. Nur so ist eine Motivation erreichbar, die schwierigen Situationen standhält und im Konfliktfall weiterhin die offene und bürgerfreundliche Stadt personalisiert darstellt.

Zunächst ist der Wert und die Bedeutung der jeweiligen Aufgabe zu vermitteln. Wer in seiner Arbeit einen Sinn sieht und eine Anforderung, die über die bloße Sicherung der materiellen Notwendigkeiten des eigenen Lebens hinausgeht, verhält sich entsprechend auch gegenüber jenen, die auf seine qualifizierte Hilfe angewiesen sind. Ist eine solche Bejahung zudem eingebunden in eine verbindende gemeinschaftliche Zielsetzung der Stadt, wird das Eigenengagement zusätzlich mit einer „höheren Weihe" versehen.

Mit solcher „ideologischer" Aufarbeitung ist es im Arbeitsalltag allein natürlich nicht getan. Auch die psychologische Schulung und die ständige Verbesserung beruflicher Qualifikation sowie schlicht materielle Anreize sind für bürgerfreundliches Verhalten wichtig.

Die Distanzierung von der eigenen „Firma Stadt" gefährdet das positive Image

Erschwert wird die Bildung von Positiveinstellungen jedoch dadurch, daß zwischen dem Bild, das sich Kommunalpolitiker und Behördenchefs von der Stadt und von der Verwaltung machen und jenem, das die Mitarbeiterinnen und Mitarbeiter von ihm haben, erhebliche Unterschiede bestehen. Die Kommunikation zwischen „oben" und „unten" klappt nicht immer. Während die Spitze überzeugt ist, daß sie richtig handelt und insgesamt alles bestens läuft, ist das „gemeine Verwaltungsvolk" der Meinung, daß es im Stich gelassen wird und der Karren an der vorderen „Verwaltungsfront" ganz schön tief im „Dreck steckt". Kommen Frustrationen über geringe Aufstiegsmöglichkeiten und schlechte Arbeitsbedingungen hinzu, wird der einzelne Mitarbeiter sehr schnell zum Mitkritiker am eigenen Unternehmen Stadt. Vorwürfen der Bürger an die Adresse der Stadt wird er zustimmen unter Hinweis, daß dafür nicht er, sondern andere die Verantwortung tragen.

Solche Separation von den „Produkten" der „eigenen Firma" ist gerade in Kommunalverwaltungen ein das Image stark gefährdendes Mitarbeiterverhalten, denn als Dienstleistungsbetrieb sind die Kontakte hin zu den „Kunden" größer als in einem Produktionsbetrieb.

Einbindung in die Stadtidentität

Die Einbindung der Mitarbeiterinnen und Mitarbeiter in eine positive Stadtidentität, um sie so als gute „Botschafter" zu gewinnen, ist wichtig. Ansatz für eine effiziente Kommunikationsarbeit zu ihnen hin ist die argumentative Vermittlung von Entscheidungen, Schwerpunktsetzungen und Zielen der Stadtspitze. Damit verbunden ist eine verstärkte Kommunikation mit „denen da oben". Ziel ist, die Mitarbeiter davon zu überzeugen, daß es sich lohnt, für die eigene Stadt zu arbeiten, daß dies im guten Sinne eine besondere Aufgabe für die Gemeinschaft ist, herausgehoben aus bloß materiellen Orientierungen. Die freundliche Telefonistin in der städtischen Telefonzentrale oder der freundliche Beamte in der Paßstelle sind die freundliche Stadt.

Derartige Einstellungen setzen voraus, daß die Mitarbeiter ernst genommen, in hohem Maße in die „interne" Stadtkommunikation einbezogen und bestimmte Informations- und Gesprächsmöglichkeiten für sie geschaffen werden; und daß der einzelne in seiner Bedeutung als Positivträger von Stadtimage anerkannt wird.

**In kleinen Städten
einfacher und in den
großen besonders wichtig**

In den kleineren Städten wird die Binnenkommunikation in der Verwaltung kaum große
Schwierigkeiten bereiten. In ihnen ist die Distanz zwischen „oben" und „unten" nicht so
groß und die persönliche Begegnung und Information jederzeit möglich. Anders verhält
es sich in den Großstadtverwaltungen. Gerade in ihnen kommt aber der Meinung von
Mitarbeitern zum Handeln derer „da oben" besonders große Bedeutung zu, hängt doch
an den mehreren tausend Mitarbeitern ein Vielfaches an Angehörigen und Bekannten,
die dann ebenfalls positiv oder negativ beeinflußt werden. Hier mag es sich lohnen, in
einer anonymen Umfrage festzustellen, was denn die Beschäftigten eigentlich von ihrer
Stadt, von der Stadtspitze und von ihren Aufgaben halten und wo sie Defizite sehen.

**Stadtwerber im
Direkteinsatz
durch verbesserte
Binneninformation**

Einer besseren Information und Kommunikation kann eine „Mitarbeiterzeitung" dienen,
die nicht nur auf eine Selbstdarstellung der Spitze, sondern auch auf eine offene Diskussion mit und zwischen den Beschäftigten abstellt. Rundbriefe, „persönliche" Anschreiben durch den Bürgermeister, „Verwaltungsnachrichten", Schaukästen können in eine
solche Verbesserung der stadtinternen Kommunikation einbezogen werden. Weiter ist
die Verbesserung der „Querinformation" über die anderen Bereiche der Stadtverwaltung
als Voraussetzung für eine bessere Identifizierung mit der Gesamtaufgabe wichtig. In
einem Ideenwettbewerb „Besserer Bürgerservice" können schließlich Vorschläge gemacht werden.

Eine ehrliche Kommunikation kann viel bewirken, wollen sich doch die meisten Mitar-
beiterinnen und Mitarbeiter durchaus mehr mit ihrer Aufgabe identifizieren und für ihre
Arbeit anerkannt werden. Von diesem Ansatzpunkt her können sie zumindest partiell als
„Stadtwerber im Direkteinsatz" gewonnen werden.

Wir machen eine Mitarbeiterzeitung

Wozu eine Mitarbeiterzeitung?

Größere Unternehmen bedienen sich zur Kommunikation zwischen Betriebsleitung und Belegschaft, aber auch zwischen den Betriebsangehörigen untereinander einer Mitarbeiterzeitung. Städte tun dies bislang nur in wenigen Fällen. Dabei kann eine Mitarbeiterzeitung gerade in einer Kommunalverwaltung mit deren breitem Arbeitsspektrum eine wichtige Aufgabe erfüllen.

 Instrument der Binneninformation

Eine städtische Mitarbeiterzeitung dient zunächst einer besseren Information innerhalb der Stadtverwaltung. Auch in Mittelstädten und selbst in kleineren Kommunen weiß man in dem einen Organisationsbereich oft nicht mehr so genau, was im anderen geschieht.

 Verbesserung des Betriebsklimas

Eine Mitarbeiterzeitung zielt aber auch auf eine Verbesserung des Betriebsklimas ab. Das Betriebsklima im Dienstleistungsbereich „Stadt" ist von besonderer Bedeutung, da an vielen Stellen der direkte Kontakt mit den Bürgern gegeben ist. Ein schlechtes Betriebsklima setzt sich in Fehlverhalten und Unfreundlichkeit nach draußen um.

 Wirkung über Mitarbeiter hinaus

Die Schiene „Mitarbeiter als Bürger" und dementsprechend die Schiene „über die Mitarbeiter zu diesen verwandten oder befreundeten Bürgern" könnte im Rahmen der städtischen Imagewerbung durch eine besonders auf die Mitarbeiterinnen und Mitarbeiter abstellende periodische Publikation aktiviert werden.

Veränderung von Negativhaltungen

Eine Mitarbeiterzeitung kann ein wichtiges Instrument zur Veränderung von Negativhaltungen sein. Sie könnte bei den Mitarbeiterinnen und Mitarbeitern einiges zum Positiven verändern – zum Beispiel:

 Informieren

Die Information über andere Bereiche der Verwaltung verbessern und so vorhandene Defizite sowie Vorurteile abbauen.

 Verständnis wecken

Das Verständnis für Entscheidungen des Rates wecken und damit versuchen, die Arbeitsmoral zu erhöhen.

Eigene Aktivitäten fördern

Zu eigenen Aktivitäten innerhalb der Verwaltung ermutigen, etwa durch Leserbriefe und Verbesserungsvorschläge.

 Meinungsträgerschaft und Selbstbewußtsein stärken

Die Rolle der Mitarbeiterin und des Mitarbeiters als Meinungsträger für die Stadt verdeutlichen, weil jeder Bedienstete der Stadt draußen auch immer für die gesamte Stadtverwaltung steht. Das Selbstbewußtsein der Mitarbeiterin und des Mitarbeiters als Angehörige des großen Gemeinschaftsbetriebes Stadt stärken.

 Zusammengehörigkeitsgefühl festigen

Das Zusammengehörigkeitsgefühl der Mitarbeiterinnen und der Mitarbeiter der Verwaltung festigen. Wobei es gilt, Gemeinsamkeit über unterschiedliche Aufgabenstellungen, die räumliche Entfernung der Ämter, die Aufteilung in Beamte, Angestellte und Arbeiter hinaus aufzuzeigen.

Ein Redaktionsprogramm

Wie diese aufgezeigten positiven Wirkungen erzielt werden können, mögen die folgenden Vorschläge zeigen. Je nach Bedarf können noch weitere Themen aufgenommen werden.

 Interne Information und Diskussion

Durch Veröffentlichungen zur Organisation der Verwaltung, Darstellung der Aufgabenbereiche und Erläuterung von Strukturänderungen bei der Stadtverwaltung wird ein breiteres Wissen und damit ein größeres Verständnis bewirkt. Auch werden Vorurteile über andere Zweige der Verwaltung, die man nur ungenügend kennt, abgebaut. Insgesamt bewirkt dies eine bessere Zusammenarbeit und ein positiveres Betriebsklima. Die Mitarbeiterzeitung soll außerdem ein Diskussionsforum zwischen Verwaltungsspitze und Mitarbeiter sein. In ihr können Kritik, Beschwerden, Verbesserungsvorschläge oder Anregungen behandelt werden.

 Instrument kommunalpolitischer Bildung

Die Mitarbeiterzeitung kann Grundkenntnisse über Bedeutung und Arbeit der gewählten Organe einer Stadt vermitteln und insgesamt die Rolle der Gemeinden im demokratischen Staat beschreiben.

 Fragen der Verwaltungsreform

Fragen der Verwaltungsreform werden in Form von Interview und Reportage allgemeinverständlich abgehandelt. Die Mitarbeiterzeitung kann hier frühzeitig auf notwendige Veränderungen und mögliche Vorteile hinweisen.

Entwicklung in anderen Städten

Über eine Auswertung von Zeitungszitaten sollen die Mitarbeiterinnen und Mitarbeiter über vergleichbare oder widersprüchliche Entwicklungen in anderen Städten informiert werden, soweit sie einen Bezug zu den eigenen personellen und kommunalen Situationen haben.

 Personalveränderungen

Sehr interessiert sind die Mitarbeiterinnen und Mitarbeiter an Personalveränderungen in der Verwaltung, also daran, wer wo und wann eine neue Aufgabe übernimmt oder wer aus dem Dienst ausscheidet.

 Ehrungen, Jubiläen und Todesfälle

Eine Zusammenstellung informiert über anstehende bedeutsame Geburtstage, Jubiläen und Ehrungen. In einer „Gedenktafel" wird der verstorbenen Mitarbeiterinnen und Mitarbeiter gedacht.

 Die Mitarbeiter kommen zu Wort

Die Angehörigen der Stadtverwaltung sollen in „ihrer Zeitung" mit eigenen Beiträgen – vor allem Leserbriefen, aber auch geeigneten Artikeln – häufig und vielfältig zu Wort kommen. Die Auswahl aus entsprechenden Einsendungen sollte nach dem Grundsatz des allgemeinen Interesses getroffen werden. Durch Wettbewerbe der Mitarbeiterzeitung kann zudem eine weitere Beteiligung erreicht werden, so zum Beispiel durch Foto- und Zeichenwettbewerbe, deren beste Ergebnisse dann veröffentlicht werden.

 Mögliche Beteiligung des Personalrats

Die Mitarbeiterzeitung kann auch die Arbeit der Personalräte verdeutlichen. Ein besonderer Teil kann dem Personalrat die Möglichkeit geben, in eigener Verantwortung die Mitarbeiter direkt anzusprechen. Voraussetzung ist natürlich, daß der Personalrat in einer „Arbeitgeberzeitschrift" vertreten sein möchte.

 Regelmäßige Erscheinungsweise

Ob man eine nur wenige Seiten umfassende „Mitarbeiterzeitung", eine umfangreichere und in unterschiedliche redaktionelle Bereiche gegliederte „Mitarbeiterzeitschrift" oder sogar eine mehrfarbige, reichlich bebilderte „Mitarbeiterillustrierte" herausbringt, hängt von den personellen und finanziellen Möglichkeiten einer Stadt ab. Das Blatt soll regelmäßig, mindestens einmal monatlich erscheinen, da ein vierteljährlicher Abstand keine kontinuierliche und einigermaßen aktuelle Information erlaubt.

 Journalistischen Rat sichern

Auf jeden Fall sollte man sich für die Redaktion einer Mitarbeiterzeitung wie auch immer fachlichen journalistischen Rat sichern.

Der offene Weg in die Verwaltung

Zum freundlichen Mitarbeiter gehört das freundliche Umfeld

Auch die motiviertesten Mitarbeiterinnen und Mitarbeiter werden es schwer haben, das Bild einer bürgerfreundlichen, offenen Verwaltung „in Person" zu verkörpern, wenn sie in einem abweisenden Umfeld agieren müssen. Denn zu einem aufgeschlossenen, informierten, hilfsbereiten und freundlichen Verwaltungsbeamten oder Verwaltungsangestellten gehört ein entsprechendes Milieu, eine passende Umgebung und die notwendige Ausstattung.

Namensschilder an jede Tür und auf jeden Schreibtisch

Von der unbekannten Frau A. oder dem anonymen Herrn B. beraten zu werden, ist nicht so attraktiv wie von einem namentlich vorgestellten Partner. Der Bürger kann ihn mit Namen anreden, er kann ihn identifizieren, zitieren und bei Nachfrage anschreiben, und zwar „ganz persönlich". Deshalb sollte an der Bürotür jedes Mitarbeiters dessen Name stehen, bei größeren Büros jene der gesamten „Besatzung". Auf den Tisch des Mitarbeiters oder der Mitarbeiterin gehört ein Namensschild. Bei Veranstaltungen tragen die Vertreter der Verwaltung und die Repräsentanten der Stadt Namensschilder am Revers. Die Stadt tritt auf diese Art aus der Anonymität heraus und wird „persönlich". Die Schilder sollen mit Vornamen, Nachnamen und einem Funktionshinweis, Titel oder Amt, versehen werden.

Die Visitenkarte nicht vergessen

Visitenkarten für jeden Mitarbeiter, der häufig direkten Kontakt mit Bürgern und anderen Partnern draußen hat, ersparen dem Gegenüber das lästige Aufschreiben von Name und Adresse und sind zudem eine Geste besonderer Aufmerksamkeit. Sie sollten neben dem Namen auch Amt, Dienststellung, Telefon, Telefax, e-mail und gegebenenfalls die Sprechzeiten aufführen.

Hochfrequentierte Verwaltungsstellen zu ebener Erde

Ein offener Weg in die Verwaltung hinein bedeutet aber auch im direkten Wortsinne, daß der gesuchte Partner leicht zu finden ist. Grundsätzlich gilt, daß alle Verwaltungsstellen mit starkem Publikumsverkehr zu ebener Erde und mit möglichst direktem Eingang „an der Straße" untergebracht werden sollten. Große gläserne Türen, die Offenheit signalisieren, sind eine schöne Ergänzung. Zudem sollten die hoch frequentierten Einrichtungen zentral liegen und mit öffentlichen Nahverkehrsmitteln gut erreichbar sein, wenn sie im Rathaus selbst keinen Platz mehr finden konnten.

Im Rathaus
die Orientierung erleichtern

Rathaus-Pförtner sollten nicht nur Kontrolleure sein, sondern auch erläuternde Helfer bei der Wegweisung. Ein ergänzender, kleiner Lageplan, auf dem der „Torwächter" das Zimmer des gewünschten Partners ankreuzt, kann auch in einfachster Form hilfreich sein und Irrwege durch die Rathausgänge ersparen. Was hier in bescheidener Form auch in einer kleinen Stadt den Weg durch das Rathaus erleichtert, sollte in größeren Städten, deren Verwaltungseinheiten an verschiedenen Stellen untergebracht sind, ein größerer Orientierungsplan übernehmen. An die Stelle eines Gebäudeplans tritt hier der Stadtplan, in dem die Ämteradressen mit Hinweisen auf Funktion, Öffnungszeiten und Verkehrsverbindungen gekennzeichnet sind.

Wegweisende Leitsysteme
im Gebäude

Zusätzlich sollten aber auch in den Gebäuden selbst Orientierungshilfen angebracht werden. Wer sich bereits einmal in dem Labyrinth langer Gänge und vieler Treppen verirrt hat, weiß, wie dankbar jeder Besucher für Hinweise auf die einzelnen Sachgebiete zur glücklichen Beendigung seiner Verwaltungsodyssee sein wird. Farbmarkierungen je nach Aufgabe und Verwaltungsgliederung, Orientierungstexte an Gangkreuzungen, Treppenabsätzen und in Fahrstühlen helfen weiter.

An der Informationstheke
begegnen sich Bürger und Verwaltung
auf „gleicher Ebene"

Ist das gesuchte Büro oder Amt erreicht, muß sich der Bürger noch längst nicht willkommen fühlen. Harte, primitive Wartestühle, kalte, häßliche Neonbeleuchtung, abweisende Schalter und überhaupt eine ganz und gar ungemütliche „Behördenatmosphäre" bestätigen seine Auffassung, daß er, der angeblich so wichtige Bürger und Wähler, hinter den Toren der Verwaltung eher wie ein lästiger Bittsteller und Nachfrager behandelt wird.

Der Schalter mit der tief plazierten Durchreiche ermöglicht dem Beamten, dahinter zu sitzen, der davorstehende Bürger aber muß sich niederbeugen, will er etwas fragen. Geradezu ein Symbol obrigkeitlicher Arroganz gegenüber den Menschen, die auf eine Behörde angewiesen sind. Ein solcher Schalter sollte, wo vorhanden, schnellstens abgeschafft werden. Fluggesellschaften und Banken machen vor, wie heute ein „Schalter" für die Bedienung von Kunden aussehen muß: an einer Art Bartheke begegnen sich „Verkäufer" und Kunde auf Gesichtsebene ohne trennende Glasscheibe. Die entwürdigende „Verneigung" vor dem tiefer sitzenden Behördenvertreter würde an einer solchen „Infobar" genauso vermieden werden wie die zumeist unnötige totale Abtrennung vom Bürger „da draußen". Die Kommunen sollten ihre stark frequentierten Dienststellen in moderne Beratungszentren umwandeln.

Den Besuchern die
notwendige Wartezeit „versüßen"

Für die individuelle Beratung und Auskunft sind einzelne Beratungsräume nötig. Wartezimmer von Rechtsanwälten und Ärzten geben Hinweise, wie Wartezeiten, wenn schon nicht verkürzt, so doch „versüßt" werden können. Neue und bequeme Stühle, Bänke, Sessel und Tische, angenehme Leuchtkörper, Zimmergrün, Wanddekoration mit Bildern oder Fotos, die einen Bezug zur eigenen Stadt haben, die aktuelle Lokalzeitung im Zeitungshalter, Informationsmaterial über die Stadt zum Durchblättern oder auch zum Mitnehmen, für die Kinder vielleicht Spielzeug und der besondere Kinderstuhl machen nicht nur Wartezeiten erträglicher, sondern signalisieren zugleich, daß die Stadt den Bürger als Partner achtet. Es ist immer wieder erstaunlich, welche Mittel Städte für repräsentative Veranstaltungen aufwenden und wie wenig verglichen damit für die Gestaltung ihres Service- und Verwaltungsbereichs getan wird.

Bürgerfreundliche
Sprech- und Öffnungszeiten

Wichtig ist neben der Gestaltung bürgeroffener Behördenräume auch das Angebot bürgerfreundlicher Sprechzeiten. Hier ist anzustreben, daß möglichst alle städtischen Einrichtungen zu gleichen Zeiten geöffnet sind. Dies erspart dem Bürger Recherchen nach der jeweiligen Öffnungszeit, gibt die Möglichkeit, gleich mehrere Behördengänge miteinander zu verbinden, und ist auch für die Verwaltung von Vorteil, denn an den sprechfreien Zeiten kann sie die notwendigen internen Arbeiten erledigen. Auch wenn sich gezeigt hat, daß Abendsprechstunden nicht in dem erwarteten Umfang angenommen werden, sollte eine große Stadtverwaltung einmal in der Woche bis 18.00 Uhr geöffnet sein und so vielen Berufstätigen die Möglichkeit zum Behördengang geben. Der Bürger sollte auch die Chance erhalten, soweit irgend möglich, Gesprächstermine außerhalb der Sprechzeiten zu vereinbaren.

Geeignete Publizierung
der Öffnungs- und Sprechzeiten

Die Verbesserung der Direktkommunkation durch gleiche Sprechzeiten, Terminabsprachemöglichkeiten und besondere Beratungsangebote sind wichtiger Teil der Öffentlichkeitsarbeit einer Kommune. So versteht sich von selbst, daß die verschiedenen Angebote zum Kontakt mit dem Partner Stadt: Sprechzeiten, Wegweisungen, Beratungsangebote, Ämterzuständigkeit, Bestandteil jeder Öffentlichkeitsarbeit sind und zusammengefaßt in einer Übersicht, oder speziell auf einzelne Bereiche abstellend, dem Bürger immer wieder zur Kenntnis gebracht werden sollten. Die Möglichkeiten reichen von der einfachen gedruckten Information über Öffnungszeiten der städtischen Einrichtungen mit Erläuterung der jeweiligen Sachbereiche und Ansprechpartner über die Aufnahme der Sprechzeiten in andere städtische Publikationen bis hin zu ihrer wiederholten Veröffentlichung im jeweiligen Lokalblatt. Letzteres ist häufig bereit, im redaktionellen Teil entsprechende Hinweise immer wieder einmal mit aufzunehmen, handelt es sich doch um einen gefragten Leserservice.

(Zu den Möglichkeiten der Online-Dienste, besonders des Internet, siehe S. 187 ff.)

Die besonderen Partner
der Bürgerinnen und Bürger

In großen und kleinen Städten sind Helfer und Ratgeber notwendig, die dem Bürger den Umgang mit Behörden überhaupt, also auch solchen des Staates, erleichtern, ihn an die für seine besonderen Anliegen geeigneten Institutionen vermitteln und an die „richtige Adresse" weiterleiten.

Bürgerberatung und Bürgerinformation
als Einrichtung

So bietet sich eigentlich für jede Stadt die Einrichtung einer „Bürgerberatung und Bürgerinformation" an, mag sie mit mehreren Mitarbeitern ausgestattet sein oder nur durch einen Bürgerberater oder eine Bürgerberaterin verkörpert werden. Nicht die Größe einer solchen Einrichtung ist entscheidend, sondern ihre Offenheit für nahezu jedes Bürgeranliegen, ihre Fähigkeit zum Umsetzen von Anregungen und zum richtigen Reagieren auf Beschwerden, ihre guten Verbindungen zu allen Teilen der Stadtverwaltung und zu anderen Institutionen sowie ihre auf der Unterstützung durch die kommunale Spitze beruhende Durchsetzungsfähigkeit nach draußen und in die Verwaltung hinein. Eine Bürgerberatung, die nicht bei den Bürgern auf solche Weise Vertrauen gewinnt, wird ihren Zweck verfehlen.

Eine zentrale Aufgabe

Bürgerberatung ist eine zentrale Aufgabe, die der kommunalen Spitze zugeordnet sein sollte und im kritischen Einzelfall auch ausreichende Einwirkungsmöglichkeiten in die Gesamtverwaltung hinein haben muß. Nur so wird sie in der Lage sein, Hemmnisse zu überwinden, Verwaltungswiderstände zu beseitigen und ein geachteter Moderator zwischen Verwaltung und Bürger zu werden und zu bleiben.

Auskünfte über
andere Institutionen sind
ebenfalls gefragt

Eine „Bürgerberatung" bleibt in ihrer Arbeit im übrigen nicht auf die die Kommune betreffenden Fragen beschränkt. Ob es um ein Problem der Angestelltenversicherung, eine arbeitsrechtliche Frage, die Festsetzung der Einkommensteuer oder den Wunsch nach einer Vermögensberatung geht: eine gut funktionierende Bürgerberatung wird damit immer wieder konfrontiert werden. Denn die Bürgerinnen und Bürger einer Stadt meinen offensichtlich, daß ihre Stadt für so ziemlich alles zuständig ist oder doch wenigstens auf so ziemlich alles eine Antwort weiß. Zumindest muß die „Bürgerberatung" für eine Vermittlung sorgen, wenn sie nicht selbst Bescheid weiß. Denn ihr Ansehen steht und fällt mit der unentwegten, ungebrochenen Bereitschaft, dem Bürger wie auch immer weiterzuhelfen.

Vieles
ist Routine

Ein guter Teil vor allem der telefonischen Nachfragen kann routinemäßig beantwortet werden und erfordert keine oder nur geringe Nachforschungen. Jahreszeitlich bedingt oder auf Grund ganz bestimmter Ereignisse häufen sich Fragen und Beratungswünsche zu bestimmten Themen. Wenn es schneit, kommen Anrufe wegen des Winterdienstes, wird es im Sommer heiß, fragt man nach den Öffnungszeiten der Schwimmbäder und beginnt der Herbst, nehmen die Beschwerden wegen mangelnder Straßenbeleuchtung zu. Änderungen im Wohngeld oder in der Altenhilfe, im Nahverkehr oder in der Straßenführung, in der Müllabfuhr und bei der Schadstoffsammlung führen zu verstärkter Nachfrage.

Nicht nur die eigenen Bürger
nutzen den Service

Natürlich wird eine solche persönliche Bürgerberatung und ein dazu gehörendes Bürgertelefon nicht nur von den Bürgern der eigenen Stadt genutzt. Jede Stadt, die einen derartigen Service einrichtet, wird feststellen, daß Informations- und Beratungswünsche sehr schnell auch aus dem Umland, aus ganz Deutschland und sogar aus dem Ausland kommen.

Kuriose Beispiele
aus der Praxis

Langweilig wird den Bürgerberatern ihre Arbeit ganz gewiß nicht, denn es gibt kaum etwas, was nicht nachgefragt wird. Wie hoch der Kirchturm oder der Schornstein einer Fabrik ist, mag ja noch eine stadtbezogene Frage sein, aber wenn jemand wissen will, wie der Balljunge beim Golf heißt, ob 1860 München oder der FC Bayern mehr Mitglieder hat, welche Oper zur Einweihung des Suezkanals gespielt wurde, was es kostet, um eine Katze im Zug von Hamburg nach Frankfurt mitzunehmen und welchen Wert die Abschlußzeugnisse der US-Highschools in Deutschland haben, dann hat dies natürlich mit der eigentlichen kommunalen Beratungsaufgabe nichts mehr zu tun. All diese Beispiele, die aus einer Zusammenstellung von „besonderen" Fragen an eine bestehende Bürgerberatungsstelle ausgewählt wurden, sind natürlich nur ein kleiner Prozentsatz verglichen mit den stadtbezogenen Auskunfts- und Beratungswünschen. Sie zeigen aber doch den hohen Bekanntheitsgrad einer solchen Einrichtung und das starke Vertrauen in deren Arbeit.

Bürgerberatungsstelle
entlastet die Verwaltung

Eine Bürgerberatungsstelle bringt im übrigen nicht etwa eine Mehrbelastung der Verwaltung mit sich. Ganz im Gegenteil wird die Fachverwaltung von Routinefragen entlastet. Denn viele Informationswünsche können direkt vom Bürgerberater beantwortet werden und nehmen keine zusätzliche Zeit eines „Spezialisten" in Anspruch. Auch sorgt die Möglichkeit der ständigen persönlichen oder telefonischen Nachfrage für ein Abebben schriftlicher Anfragen, die in den Verwaltungsablauf eingefüttert werden müssen und ihren langwierigen Rundweg machen, bis sie endlich schriftlich beantwortet werden. Neben der allgemeinen Werbewirksamkeit einer Bürgerberatungsstelle, die ja Bürgernähe und Hilfe für den Bürger deutlich sichtbar machen, ist dieser Entlastungseffekt nicht zu unterschätzen.

Die Bürgerberatungsstelle

Angebot und Aufgabe

 Beschwerdestelle

Anregungen für Verbesserungen, Kritik an Unzulänglichkeiten, Hinweise auf Mängel und Beschwerden über Ämter und Mitarbeiter werden entgegengenommen und bearbeitet.

 Kontaktstelle

Nachfragenden Bürgern werden die geeigneten Gesprächs- und Verhandlungspartner in der Stadtverwaltung und auch darüber hinaus vermittelt und die notwendigen persönlichen Kontakte zu Mitarbeiterinnen und Mitarbeitern der Stadt hergestellt.

 Beratungsstelle

Bei den verschiedensten Problemen wird Rat und Hilfe angeboten oder bei schwierigen Fällen der spezielle Partner in der Verwaltung ausfindig gemacht.

 Auskunftsstelle

Über alle die Stadt und soweit möglich auch andere Institutionen betreffende Angelegenheiten werden Auskünfte erteilt.

 Informationsstelle

Allgemeines städtisches Informationsmaterial wird ausgegeben sowie auf Wunsch spezielles besorgt.

 Formularstelle

Die verschiedensten Formulare der Verwaltung sind hier erhältlich und können mit Hilfe der Mitarbeiterinnen und Mitarbeiter ausgefüllt werden.

 Koordinationsstelle

Mitwirkung bei der Koordination der Beratungsarbeit der städtischen Dienststellen insgesamt.

 Imagepflege

In der äußeren Gestaltung der „Bürgerberatung", aber auch durch besondere Werbeaktionen Mitarbeit an einem positiven Stadtimage.

Die Ausstattung der Beratungsstelle

 Gestaltung

Die möglichst zu ebener Erde und zentral gelegene Bürgerberatungsstelle sollte freundlich und attraktiv gestaltet werden, am besten hinter einer „Ladenfront", die bereits von außen den Blick in das Innere ermöglicht. In der Beratungsstelle sollte auf jeden Fall neben dem allgemeinen „Infobereich" auch ein abgeschirmter „persönlicher Beratungsbereich" für notwendige Einzelgespräche vorgesehen werden.

 Verhalten und Outfit

Gerade für das Team einer Bürgerberatung ist die Schulung im Umgang mit Menschen besonders wichtig. Wie man eine Information persönlich zum Bürger transportiert, sich im Konfliktfall verhält, Beschwerden entgegennimmt und in die Verwaltung hinein weitertransportiert, wirkt sich entscheidend auf Glaubwürdigkeit und Ansehen einer solchen Einrichtung aus. Auch das „Outfit" der Mitarbeiterinnen und Mitarbeiter, also ihr äußeres Erscheinungsbild, beeinflußt die Akzeptanz durch die Bürgerinnen und Bürger. Nicht von ungefähr sind ja die Beraterinnen in den Stadtbüros von Fluggesellschaften aber auch Serviceeinrichtungen in schicke „Uniformen" gekleidet. Ein Gleiches wäre durchaus auch bei städtischen Bürgerberatungsstellen denkbar. Zumindest aber sollte auf ein gepflegtes Äußeres und auf modische, aber nicht übertriebene Kleidung Wert gelegt werden.

 Infothek und Dateien

Selbstverständlich ist neben der Auslage aller allgemeinen Informationsschriften der Stadt auch die Einrichtung einer Infothek, an der sich die Bürger selbst aus Adreßbuch und Stadttelefonverzeichnis, Planungskompendien und historischen Werken, Straßenverzeichnis und Firmenadreßbuch, kurzum aus allen über die Stadt verfügbaren Dateien informieren können.

Weiter sollte die Abfrage elektronisch gespeicherter Stadtdaten durch das Beratungspersonal und auch direkt durch die Besucher möglich sein.

 Orientierungsplan und Telefonecke

Auf keinen Fall sollte der große Stadtplan an der Wand vergessen werden, der die Lage der verschiedenen kommunalen Einrichtungen verdeutlicht und um ein entsprechendes Verzeichnis mit den jeweiligen Öffnungszeiten ergänzt ist. Auch eine kleine Telefonecke sollte mit eingeplant werden. Von ihr aus kann der Bürger auf Vermittlung der Bürgerberatungsstelle ungestört mit den zuständigen Sachbearbeitern in der Stadtverwaltung sprechen, Termine ausmachen oder besondere Informationen einholen.

Öffnungszeiten

Eine Bürgerberatungsstelle sollte montags bis freitags möglichst ganztägig bis in die späten Nachmittagsstunden hinein geöffnet sein, um gerade auch den Berufstätigen zur Verfügung zu stehen. In kleineren Städten sollte eine jeweils gleiche Sprechzeit des Bürgerberaters, und zwar nachmittags, vorgesehen werden.

Das Bürgertelefon

Das Bürgertelefon erfüllt ähnliche Aufgaben wie die Bürgerberatungsstelle. Es kann mit letzterer zusammengefaßt oder auch als eigenständige Einrichtung geschaffen werden. Wenn auch grundsätzlich ähnliche Voraussetzungen wie für die direkte, persönliche Bürgerberatung gelten, so gibt es doch Abweichungen. Über ein Bürgertelefon werden häufiger recht einfache und zudem nicht ausschließlich die Kommune betreffende Dinge abgefragt. Viele Leute greifen eher zum Telefon, weil sie den Weg in eine Beratungsstelle scheuen. Auch können die Beschwerdeführer am Telefon oft „ungemütlicher" sein als beim persönlichen Besuch. Sozusagen „anonym" benimmt man sich anders, als wenn man dem Gesprächspartner direkt gegenübersteht.

Bei der Einrichtung eines Bürgertelefons sollte folgendes berücksichtigt werden:

 Leicht zu merkende Nummer

Das Bürgertelefon muß eine leicht merkbare Telefonnummer haben, möglichst kurz und in einer gleichförmigen und rhythmischen Zahlenkombination. Es sollte auf jeden Fall in Direktwahl geschaltet sein, also nicht über die Rathausvermittlung laufen.

 Besonderes Telefon-Signet

Das Bürgertelefon sollte mit einem spezifischen Signet, also einem graphischen Erkennungszeichen verbunden werden. Ein stilisiertes „Rotes Telefon" etwa kann ein solches einfaches Symbol sein. Zusammen mit der Telefonnummer taucht dieses Signet an der Tür der Bürgerberatungsstelle, im Informationsmaterial der Stadt oder auf dem Briefkopf des Bürgertelefons auf.

 Rund um die Uhr auf Empfang

Das Bürgertelefon ist rund um die Uhr auf Empfang: Während der normalen Dienstzeiten mit dem „persönlichen Partner", sonst und vor allem natürlich auch an den Wochenenden mit Aufzeichnung der Anfragen. Ein Ansagetext informiert den Anrufer darüber, daß er seine Fragen und seine Kritik auf Band sprechen kann, wieviel Zeit ihm dafür zur Verfügung steht und daß er eine telefonische oder schriftliche Antwort in angemessener Frist erhält.

 Tägliche Sofortauswertung

Jeden Morgen werden noch vor dem Umschalten auf die Direktantwort die über Nacht oder am Wochenende aufgelaufenen Anfragen abgehört. Ein Auswertungsbogen mit Namen, Adresse und gegebenenfalls Telefonnummer des Anrufers sowie mit einer Kurzfassung der Fragen und Probleme geht an das zuständige Amt mit der Bitte, bis zu einem bestimmten Termin Stellung zu nehmen. Dies natürlich nur in den Fällen, in denen keine direkte telefonische oder schriftliche Antwort durch das Bürgertelefon erteilt werden kann.

Termingarantie für die Antwort

Jedem Anrufer wird eine terminlich festgelegte Antwortgarantie gegeben. Sie sollte bei etwa vierzehn Tagen liegen. Ist diese Antwortgarantie wegen länger dauernder Recherchen in der Verwaltung terminlich nicht einzuhalten, so sollte schriftlich oder per Telefon eine entsprechende Zwischenantwort gegeben werden. Der Erfolg des Bürgertelefons hängt entscheidend davon ab, daß der Bürger sein Anliegen gut aufgehoben sieht und termingerecht Nachricht erhält.

 Zentrale Übermittlung der Auskünfte

Sämtliche Antworten aus den Ämtern sind wieder über das Bürgertelefon an die Anrufer zu leiten. Dies gibt zum einen die Möglichkeit, eine schwer verständliche oder zu fachliche Auskunft noch einmal umzuformulieren oder durch Nachfragen zu ergänzen. Diese Vorgehensweise prägt das Image des Bürgertelefons als einer zentralen, für den Bürger effizienten Einrichtung.

 Nachkontrolle erforderlich

Nach der Weitergabe von Anfragen in die Verwaltung hinein ist eine Nachkontrolle unbedingt notwendig. Soll eine Antwort nicht viele Wochen auf sich warten lassen oder nie gegeben werden, muß die zuständige Stelle in kurzen Zeitabständen „zum Vollzug" aufgefordert werden. Eine „Checkliste" mit den Antwortterminen wird jeden Tag durchgegangen.

 Auswertung für Problemsammlung

Es empfiehlt sich, über einen bestimmten Zeitraum hinweg „Strichlisten" zu führen, mit denen die Hauptthemenbereiche in Zahl und Qualität der Anrufe festgehalten werden. Dies ist nützlich, um einen Überblick über herausragende Probleme zu gewinnen. In ähnlicher Weise sollten auch die Fragen und Beschwerden, die die Bürgerberatungsstelle erreichen, erfaßt werden.

Aufgabenbereiche
einer Bürgerberatung

Für die Einrichtung einer zentralen Bürgerberatung und eines Bürgertelefons ist zumeist ein Ratsbeschluß nötig. Außerdem ist es wegen der notwendigen Kontakte in die Verwaltung hinein angebracht, alle Ämter und Dienststellen über die Aufgaben dieser Einrichtung zu informieren. Im folgenden wird ein entsprechender Textvorschlag gemacht.

1. In der Bürgerberatung/Bürgerauskunft werden direkte Kontakte und Verabredungen mit zuständigen Sachbearbeitern vermittelt. Dadurch wird erreicht, daß die richtigen Partner zusammenkommen und durch Terminabsprache lange Wartezeiten vermieden werden.

2. Es gibt eine Vielzahl gleichlautender Fragen und Anregungen, die entweder aus aktuellem Anlaß oder ständig wiederkehrend auf die Verwaltung zukommen. Hier kann die Bürgerberatung/Bürgerauskunft dem Bürger direkt Antworten geben und insofern die Verwaltung entlasten.

3. Soweit dem nicht besondere Bestimmungen entgegenstehen, werden sämtliche städtischen Formulare vorrätig gehalten und an die Bürgerinnen und Bürger ausgegeben. Auch wird ihnen, soweit es sich nicht um außerordentlich komplizierte Tatbestände handelt, beim Ausfüllen der Formulare geholfen.

4. Über die Stadt, ihre Bürger und das Gemeinschaftsleben werden möglichst viele Informationen angeboten. Der Bürger kann Adreßbücher nachschlagen, sich in einem Verzeichnis über Ziele und Aufgaben der verschiedenen kulturellen Vereinigungen sowie der Sportvereine informieren und die Kontaktmöglichkeiten zu politischen Parteien, Verbänden oder Gewerkschaften erfahren. Dieser allgemeine Informationsservice ergänzt die speziell verwaltungsbezogenen Auskünfte und macht die Beratungsstelle zusätzlich attraktiv.

5. Allgemeines Informationsmaterial wird zur Selbstbedienung ausgelegt. Aufwendigere Broschüren werden auf Nachfrage überreicht. Informationsmaterial anderer Behörden und Institutionen kann in einem begrenzten Umfang mit in die Verteilung aufgenommen werden.

6. Mit einer Bürgerberatung/Bürgerauskunft kann dem Mangel abgeholfen werden, daß die Dienststellen einer Stadtverwaltung nur in begrenztem Maße für den Publikumsverkehr geöffnet sind und die Gesamtverwaltung relativ früh Dienstschluß hat. Eine längere Öffnungszeit der Bürgerberatung zumindest an einem Tage in der Woche bietet Berufstätigen die Möglichkeit, sich Formulare zu besorgen, Auskünfte oder eine Beratung zu erhalten oder sich über die richtige Dienststelle für einen späteren Besuch zu informieren.

7. Das in die Bürgerberatung/Bürgerauskunft eingegliederte Bürgertelefon eröffnet dem Bürger zusätzliche Informations- und Kontaktmöglichkeiten. Durch ein Aufzeichnungsgerät ist es auch außerhalb der Öffnungszeiten für die Entgegennahme von Anfragen und Informationswünschen dienstbereit.

8. Mit Hilfe qualifizierten Personals soll eine derartige Einrichtung nicht nur einfache Auskünfte anbieten, sondern auch und gerade in schwierigen Fällen eine individuelle und sachkundige Information und Beratung gewährleisten.

Kritik wird gefragt

Kommunale Öffentlichkeitsarbeit versucht grundsätzlich, ein positives Bild der Stadt, der Gemeinde oder des Kreises zu zeichnen. Wenn dies mit Sachinformationen und nachweisbaren Leistungen geschieht, werden die jeweiligen Adressaten der „Message" grundsätzlich positiv gegenüberstehen. Werden aber auch Schwierigkeiten und Mängel nicht verschwiegen, präsentiert sich die Kommune in ihrer Öffentlichkeitsarbeit um so glaubwürdiger. Kommunale Öffentlichkeitsarbeit wird gewiß nicht die Kritik an der eigenen Stadt als Hauptinhalt zu den verschiedenen Zielgruppen transportieren. Anlaufstelle für Kritik von Bürgern und Besuchern muß die Kommune jedenfalls sein. Auch die kleinste Stadt sollte deshalb Artikulationsmöglichkeiten für Kritik anbieten und auf geäußerte Kritik reagieren.

 Negativäußerungen ernst nehmen

Bei den „institutionalisierten" kritischen Äußerungen von Parteien und Wirtschaft, Bürgeraktionen und Vereinen geschieht dies ja auch zumeist. Will sich aber eine Stadt bürgeroffen und besucherfreundlich darstellen, dann sollte auch die individuelle Kritik beachtet werden. Sie ist nicht selten Ausdruck allgemeiner Trends.

 Beschwerdemöglichkeiten anbieten

Angebote zum „Meckern" sind ein wichtiges Ventil für den Ärger aus dem Umgang mit Verwaltung und Kommunalpolitikern. Daß man zudem etwas über Stimmungen und Meinungen erfährt und bestimmte Trends ablesen kann, ist ein weiterer positiver Aspekt derartiger Aktivitäten.

 Die Meckerecke

Eine Meckerecke kann im Rathaus, zum Beispiel in der Bürgerberatungsstelle oder im Verkehrsbüro auf Dauer oder zeitlich begrenzt an den „Tagen der offenen Tür" oder in einer Informationsausstellung der Stadt eingerichtet werden. Jeder kann sich aus einem fest installierten Zettelkasten mit Schreibpapier versorgen und darauf seine Kririk äußern, anonym oder auch mit Namen und Adresse. Ein Stehpult mit Schreibunterlage und Kugelschreiber an der Kette gehört neben dem „Meckerkasten", in den dann der „Meckerzettel" geworfen wird, zur Ausstattung. Zudem empfiehlt sich eine graphisch oder karikaturistisch gestaltete Aufforderung wie „… darüber habe ich mich in dieser Stadt schon grün geärgert" oder „Das geht mir bei der Stadtverwaltung auf den Wecker" oder im Hinblick auf Touristen „Das hat mir bei meinem Besuch nicht gefallen". Neben dem Meckern kann auch nach Anregungen „Und das würde ich anders machen" gefragt werden. Wer auch immer seine Kritik namentlich, mit Adresse äußert, sollte auch eine Antwort bekommen.

Touristenbefragung

Bei der Touristenbefragung sollte nicht nur zur Kritik aufgefordert, sondern auch nach Positiverfahrungen und Verbesserungsmöglichkeiten gefragt werden. Nicht allein im Verkehrsbüro besteht die Möglichkeit zur Ausgabe und zum Einsammeln von Fragekarte oder Fragebogen. Auch die Hotels und Pensionen können in die Gästebefragung mit einbezogen werden.

 Bürgermeisterbrief

Auf Beschwerden der Bürger einzugehen, ihre Kritik aufzugreifen und nach Möglichkeit Abhilfe zu schaffen, ist gut für das positive Image einer Kommune. Neben der „Schirmherrschaft" über derartige Aktivitäten kann hier eine auf den Bürgermeister abgestellte „Frage-Antwort-Aktion" wirksam sein. Die Bürger werden aufgefordert dem Bürgermeister Kritik und Anregungen zu schreiben. Er antwortet darauf mit einem „persönlichen" Schreiben oder einer Einladung ins Rathaus zum Gespräch mit den Kritikern.

 Spezielle Kritik

Zu ganz bestimmten Maßnahmen der Stadt und zu besonderen Entwicklungen gibt es oft spezielle Kritik und ein spezielles Informationsbedürfnis. Gezielte und themenorientierte Aktivitäten sind hier gefragt. Über das Bürgertelefon hinaus kann ein besonderes „Meckertelefon" eingerichtet werden, wenn es sich zum Beispiel um die Behinderungen durch eine große Baumaßnahme oder um die Unsicherheit durch die Zunahme von Kriminalität handelt.

 Leserbriefe und Pressekritik

Besonders wichtig sind auch jene Beschwerden, die als Leserbriefe an die örtliche Presse und manchmal darüber hinaus an auswärtige Medien gehen. Sie sollten unbedingt ernst genommen werden, haben sie doch öffentliche Wirkung über den Einzelfall hinaus. Nicht zu vergessen ist die in der Presse selbst geäußerte Kritik. Sie aufzugreifen, ist eine wichtige Aufgabe der Öffentlichkeitsarbeit. Möglicherweise bietet sich auch eine gemeinsame Aktion von Kommune und Lokalzeitung an, mit der die Bürger zur kritischen Äußerung aufgefordert werden. Eine solche Aktivität zeigt, daß die Kommune Vorwürfe und Anregungen ernst nimmt und sich ihnen öffentlich stellt. Kritische Leserbriefschreiber zu kommunalen Themen sollten von Zeit zu Zeit gemeinsam ins Rathaus eingeladen werden und dort die Möglichkeit erhalten mit den zuständigen Fachleuten die Probleme „auszudiskutieren".

Miteinander reden
und einander zuhören:
die Bürgerversammlung

Bürgerversammlungen sollte jede Kommune häufiger anbieten. Sie sind die geeignete Möglichkeit, einander zu informieren und miteinander zu diskutieren.

Diskussion
anstatt Verlautbarungen

Grundsätzlich dürfen Bürgerversammlungen keine Verlautbarungsveranstaltungen sein, auf denen die Spitzen der Stadt die Bürger in langen Fachvorträgen langweilen und das Interesse bereits erloschen ist, bevor die eigentliche Diskussion beginnt. Die Bürger sind nicht bloße Adressaten kommunaler Botschaften, sondern gerade hier kritische Partner, deren Argumente und Fragen ernst zu nehmen und deren Themenwünsche zu respektieren sind. Die Verwaltung gibt Anregungen zur Diskussion und informiert bereits vor der Bürgerversammlung öffentlch darüber, damit sich die Bürger vorbereiten können.

Bürgerversammlungen für die Gesamtstadt
oder einzelne Stadtteile

Bürgerversammlungen in kleineren Städten werden sich wohl immer an alle Bürger wenden. Anders in den mittleren und größeren Kommunen: Hier wird der größere Teil der Bürgerversammlungen in den einzelnen Stadtteilen durchgeführt werden, dort also, wo den Bürger der Schuh direkt drückt und wo er auch sachkundig ist.

Die allgemeine
Bürgerversammlung

Die allgemeine Bürgerversammlung ist thematisch offen und nur durch besonders aktuelle Probleme, Wünsche und Planungen akzentuiert. In ihr werden auch viele „kleine" Fragen behandelt. Entsprechend groß ist der Verwaltungsaufwand bei der Vorbereitung und Durchführung der Veranstaltung, denn es kann ja zu „allem" eine Antwort gewünscht oder eine Anregung gegeben werden. Die Stadt muß dementsprechend stark vertreten sein. Neben der Stadtspitze sind Ratsmitglieder und Amtsleiter gefragt. Diese in regelmäßigen Abständen stattfindende Bürgerversammlung ist die wichtigste direkte Kommunikationsmöglichkeit der Stadtspitze und der Verwaltung mit den Bürgerinnen und Bürgern sowie den verschiedenen Vereinigungen.

Die themenspezifische
Bürgerversammlung

Die themenspezifische Bürgerversammlung kann aus einem besonderen, aktuellen Anlaß oder etwa auch zur Information und Diskussion über eine grundsätzliche Planung durchgeführt werden. Bei einem Umweltskandal in einem bestimmten Stadtbereich zum

Beispiel muß schnell informiert und gehandelt werden. Umgehende Terminierung, thematische Begrenzung und hohe fachliche Qualität der Verwaltung sind in einem solchen Fall notwendig. Die gesamte Verwaltungsspitze braucht freilich nicht aufzutreten, denn der Kulturdezernent wird zum Thema kaum etwas beitragen können. Ähnlich verhält es sich auch bei der nicht aus aktuellem Anlaß veranstalteten Bürgerversammlung, wenn es etwa um Fragen der Stadtentwicklung und Stadtplanung geht. Hier wird sich die Information und Diskussion auf den Bebauungsplan und seine Folgen, das neue Wohngebiet und seine Auswirkungen auf die Anwohner sowie die vorgesehene Verkehrsplanung und ihre Umsetzung konzentrieren.

Die zielgruppenorientierte Bürgerversammlung

Noch immer zu selten genutzt wird die Möglichkeit einer auf bestimmte Zielgruppen abgestellten Bürgerversammlung, auf der man die besonderen Probleme bestimmter Gruppen diskutiert. Eltern können zu einer Bürgerversammlung mit dem Thema „Kindertagesstätten, Kinderspielplätze, Kinderkrippen, Kinderbetreuung" eingeladen werden. Eine Bürgerversammlung nur für Neubürger, auf der deren Probleme angesprochen werden, ist ebenso denkbar wie eine für ausländische Mitbürger zur Diskussion der speziell sie betreffenden Fragen. Wird ein Radwegenetz geplant, können die Radfahrer zu einer Bürgerversammlung eingeladen werden und geht es um den großen, zentralen Sportplatz, so ist eine Versammlung mit den Mitgliedern der Sportvereine hilfreich, um rechtzeitig die Vorstellungen dieser Gruppe mit in die Planung einzubeziehen. Die Liste ließe sich fortsetzen. Wie bei allen anderen Bürgerversammlungen sollte, wenn irgend möglich, der Bürgermeister oder Oberbürgermeister teilnehmen, auch wenn der Fachdezernent die detaillierten Auskünfte geben wird.

Informationsunterlagen für die Bürgerversammlung

Bei allen Bürgerversammlungen besteht die Gefahr von Mißverständnissen und des Aneinander-Vorbeiredens. Der Informationsstand der Bürger und der Verwaltung ist unterschiedlich, das heißt Ausgangspositionen sind verschieden. Zudem ist die „Fachsprache" der Ämtervertreter und manchmal auch des Ratsmitglieds selbst für den interessierten Laien nicht leicht zu verstehen. Deshalb sollte zu Beginn der Veranstaltung an alle Teilnehmer eine Information zu den möglichen Themen oder zum besonderen Thema der Bürgerversammlung verteilt werden. Sie sollte kurz und verständlich formuliert sein und neben dem erläuternden Text die wichtigsten Daten aufführen. Auf diese Information können sich dann bei der Diskussion der Repräsentant der Stadt, aber auch die Bürger beziehen. Die Gelegenheit kann auch zur Verteilung weiterer Informationsmaterials genutzt werden. Ein solches „Infopäckchen" wird gern entgegengenommen. Zu den besonderen Themen können im Saal oder Vorraum in Modellen und auf Tafeln nähere Erläuterungen gegeben werden.

**Zentrale und
fachorientierte
Betreuung**

Die Vorbereitung, Durchführung und Auswertung der allgemeinen Bürgerversammlungen sollte zentral durch die Presse- und Informationsstelle erfolgen, selbstverständlich mit der Unterstützung und Zuarbeit der Fachämter. Dort, wo die Pressestelle für eine solche Koordinierungs- und Umsetzungsaufgabe personell nicht ausreichend besetzt ist, kann auch das zentrale Verwaltungsamt oder Hauptamt einspringen. Bei den themenspezifischen und zielgruppenorientierten Bürgerversammlungen sind die zuständigen Fachämter besonders gefordert. Bei der werbenden Vorbereitung dieser Veranstaltungen, der Erarbeitung von Informationstexten, der Gesamtorganisation des Ablaufs, der Betreuung der Presse und der Umsetzung der Ergebnisse empfiehlt sich jedoch die Beteiligung der für Presse- und Öffentlichkeitsarbeit zuständigen Stelle.

Die Vorbereitung einer Bürgerversammlung

 ### Festlegung von Termin und Ort

Wegen der langen Vorbereitungszeit muß der Termin für eine „multithematische" Bürgerversammlung so früh wie möglich festgelegt werden. In großen Städten ,die vor allem stadtteilbezogene Bürgerversammlungen durchführen, sollte ein Vorlauf von einem halben Jahr ins Auge gefaßt werden. Aber auch kleinere Städte tun gut daran, frühzeitig mit den notwendigen Vorbereitungen zu beginnen. Bei stadtteilbezogenen Bürgerversammlungen sollte sich die Reihenfolge grundsätzlich an einem möglichst gleichen zeitlichen Abstand orientieren. Natürlich ergeben sich auf Grund aktueller Entwicklungen Verschiebungen: der eine oder andere Stadtbezirk muß dann eben vorgezogen oder zurückgestellt werden. Besonders sollte darauf geachtet werden, daß am Abendtermin der Bürgerversammlung nicht gerade ein interessantes Fußball-Länderspiel über den Bildschirm läuft.

 ### Vorbereitende Recherchen

Am Anfang der Vorbereitungen steht die Recherche in der Verwaltung. Sämtliche Dezernate und Ämter erstellen einen aktuellen Problem- und Leistungskatalog für den entsprechenden Stadtbereich. Diese Auflistungen werden vom zentral verantwortlichen Amt miteinander verglichen, abgestimmt und falls nötig nachrecherchiert. Zugleich werden vor Ort bei Vereinen und Bürgergruppen Informationen eingeholt.

 ### Vorherige Ortsbegehung

Eine Ortsbegehung durch Vertreter der Stadtverwaltung bringt direkte Einblicke und ist wichtige Hilfe bei der Vorbereitung. Es empfiehlt sich, daß auch Bürgermeister und Fachdezernenten an einer solchen Begehung teilnehmen. Auf der Bürgerversammlung zahlt es sich in der Diskussion aus, wenn die Vertreter der Stadt Ortskenntnis zeigen und an eigene Eindrücke anknüpfen können.

 ### Gegliederte Themenliste

Aus den Texten der verschiedenen Ämter wird eine Themenliste zusammengestellt, die nach Sachgebieten gegliedert die wahrscheinlichen Diskussionsbereiche ordnet. Sie wird ergänzt durch die detaillierte Darstellung der seit der letzten Bürgerversammlung erbrachten besonderen Leistungen, durch Vorschläge für die Lösung aktueller Probleme und durch einen Abriß der entsprechenden Planungen der Stadt. Ein brennendes Problem kann aus der allgemeinen Gliederung herausgenommen und besonders eingehend vorbereitet werden.

Die gegliederte und getitelte Zusammenfassung ist Unterlage für den Bürgermeister oder Oberbürgermeister und geht auch allen anderen beteiligten Vertretern der Stadtverwaltung zu, die auf der Bürgerversammlung zu dem jeweils von ihnen zu verantwortenden Bereich Rede und Antwort stehen müssen.

Werbung und Einladung

Die Bürgerversammlung wird über die Presse angekündigt. In der Meldung an die Redaktionen sollten nicht nur Ort und Zeit aufgeführt, sondern auch die voraussichtlichen Themen und Probleme kurz erläutert werden.

Vor der zentralen oder auf den Stadtteil begrenzten Bürgerversammlung werden in die entsprechenden Haushalte Handzettel mit der Einladung zur Bürgerversammlung verteilt. Informationsplakate werden an Anschlag- und Werbeflächen ausgehängt. Auch der Einzelhandel sollte angesprochen werden. Er ist meist gern bereit, das Plakat im Schaufenster auszuhängen und die Einladungszettel auszulegen.

Bereits vor dieser Werbeaktion werden die Vereinsvorstände, die Schulleitungen, die Kirchenvorstände und Vertreter einflußreicher Gruppen mit einem besonderen Schreiben zur Bürgerversammlung eingeladen und gebeten, diese Einladung in geeigneter Form auch an die Mitglieder ihrer Vereinigung oder ihren Bekanntenkreis weiterzuleiten, also etwa in das Vereinsblatt aufzunehmen oder im Schaukasten auszuhängen.

 Informationsmaterial für die Teilnehmer

Für die Teilnehmer an der Bürgerversammlung soll einfaches Informationsmaterial vorbereitet werden. Eine Zusammenstellung statistischer Daten über den Stadtteil mit kurzer Erläuterung gibt eine allgemeine Grundlage. Weiter sollte den Bürgern eine Art „Ablaufprogramm" der Bürgerversammlung auf den Platz gelegt werden. Die teilnehmende Presse sollte darüber hinaus Schwarzweißkopien in Frage kommender Pläne und eine Zusammenfassung der erwarteten Hauptthemen erhalten.

Der Ablauf einer Bürgerversammlung

 Auf dem Podium die Vertreter der Stadt

Die Vertreter der Stadt nehmen an einem langen Tisch auf einem erhöhten Podium an der Saalfront Platz. Der Hintergrund kann mit einem großen Stadtwappen oder mit Stadtfahnen dekorativ gestaltet werden. Auf keinen Fall vergessen, den Tisch unten mit einer Stoffbespannung abzudecken, damit man die Beine der am Podium agierenden Personen nicht sehen kann. Nach Möglichkeit mehrere Mikrophone auf den langen Tisch stellen, damit die Vertreter der Stadt jeweils von ihrem Platz aus direkt antworten können. Ein zusätzlich neben dem Tisch frei stehendes Mikrophon ist für ausführlichere Einführungen und Erläuterungen bestimmt.

 Die Presse überblickt alles

Die Presse wird schräg, seitlich vorn plaziert, so daß die Journalistinnen und Journalisten sowohl die Versammlung als auch die Repräsentanten der Stadt sehen können. Die Bürgerinnen und Bürger sind im Saal wie „Zuschauer" in Reihen gegenüber dem Podium oder an Tischen „quer" plaziert. Nach Möglichkeit sollte die Lösung mit Tischen gewählt werden, weil dies eine Bewirtung zuläßt. In einem freien Gang in der Mitte sind zwei bis drei Standmikrophone aufgestellt, von denen aus in Richtung Podium Fragen gestellt werden können. Die Mikrophone mit großen Schildern numerieren, damit sich die Tonaufzeichnung bei der Umschaltung orientieren kann. Die Diaprojektion sollte auf eine Leinwand links oder rechts vom Podium erfolgen.

 Eröffnung der Veranstaltung

Der Bürgermeister eröffnet als Versammlungsleiter die Bürgerversammlung, begrüßt namentlich die örtliche Prominenz und stellt die Repräsentanten der Stadt vor. Insbesondere weist er noch einmal auf die schon verteilten „Regeln" wie Redezeit und Benutzung der Saalmikrophone hin.

 Geordnete Themenfolge

Der Bürgermeister teilt die Themenabfolge mit. Dabei sollten am Anfang Probleme der Planung und des Verkehrs stehen. Sie sind erfahrungsgemäß am meisten gefragt. Aber auch ein Sonderthema, das die Bügerinnen und Bürger aktuell beschäftigt, kann an den Beginn gesetzt werden. Auf Planung und Verkehr können dann Kinder und Jugend, Schule und Sport, Soziales und Gesundheit, Versorgung und Entsorgung, Kultur und Sonstiges folgen. Die Themenaufgliederung verhindert chaotische, langandauernde Diskussionen, gibt der Stadt Gelegenheit zu kurzen einführenden oder abschließenden Darstellungen und erleichtert auch die damit vorstrukturierte Auswertung.

Worterteilung und Veranstaltungsschluß

Zu Fragen und Diskussionsbeiträgen erteilt der Bürgermeister das Wort. Ebenfalls fordert er die Vertreter des Rates oder der Verwaltung zu Erläuterungen und Ergänzungen auf. Der Bürgermeister schließt die Veranstaltung. Sie sollte aber, soweit irgend vertretbar, als „Open-end-Diskussion" geführt werden. Wenn allerdings die Teilnehmer zunehmend den Saal verlassen und die wichtigsten Themen behandelt sind, sollte etwa durch eine „Abstimmung" der noch Anwesenden die Bürgerversammlung beendet werden.

 Auswertung der Bürgerversammlung

Die Auswertung des Tonbandmitschnitts erfolgt zentral durch kurze wörtliche Auszüge der nicht beantworteten Fragen oder durch systematisierte Zusammenfassungen der jeweiligen Auskunftwünsche. Sie werden zur Stellungnahme oder mit der Aufforderung zu einem Antwortenentwurf an die zuständigen Ämter gegeben. Da bei manchen Fragen mehrere städtische Stellen zu beteiligen sind und zudem die Stadt nach draußen als „Gesamtheit" auftreten sollte, wird die endgültige Antwort von dem für die Bürgerversammlungen verantwortlichen Amt verfaßt und als Brief des Bürgermeisters verschickt.

 Öffentlichkeit über Umsetzung informieren

Die Nachbereitung der Bürgerversammlung sollte aber auch gegenüber der Presse sowie den örtlichen Vereinen und Gruppierungen erfolgen. Sie alle werden über umgesetzte Anregungen genauso informiert wie darüber, warum manche der gemachten Vorschläge nicht zu verwirklichen gewesen sind. Hierfür ist ein fixer Termin vorzusehen, zu dem die Stellungnahmen aus der Verwaltung vorliegen müssen. So ist es möglich, zusammengefaßt und verdichtet zu informieren.

Informationszettel zum geplanten Ablauf der Bürgerversammlung

Zu Beginn einer Bürgerversammlung wird der die Veranstaltung leitende Bürgermeister die Bürgerinnen und Bürger über den vorgesehenen Ablauf informieren. Zusätzlich empfiehlt es sich, den Teilnehmern einen Hinweiszettel auf den Platz zu legen. Er kann im übrigen mit einigen Begrüßungsworten des Bürgermeisters verbunden werden, der in einem kurzen Einleitungstext seiner Freude über das Interesse an der Veranstaltung Ausdruck gibt. Hier ein Textvorschlag für den Informationszettel:

Herzlich willkommen
auf der Bürgerversammlung!

Wir freuen uns auf die Diskussion mit Ihnen. Gern informieren wir Sie und beantworten Ihre Fragen. Auch für Kritik sind wir dankbar. Sie kann eine wichtige Hilfe bei unserer Arbeit im Rathaus sein.

Die Bürgerversammlungen bedürfen wie jede Veranstaltung eines bestimmten Rahmens. Hier kurzgefaßt die wichtigsten Regeln. Sie sollen für einen reibungslosen Ablauf sorgen und sicherstellen, daß möglichst viele Themen ausreichend erörtert werden können.

1. Die jeweilige Frage- oder Redezeit ist auf fünf Minuten begrenzt. Dies geschieht, damit möglichst viele Bürgerinnen und Bürger die Möglichkeit zu Fragen und zur Kritik haben, und weil nur so eine lebendige Diskussion anstelle langweiliger Monologe möglich ist.

2. Jeder Teilnehmer kann selbstverständlich den Vertretern der Stadt längere Texte über sein Anliegen überreichen. Er sollte sie aber nicht verlesen, sondern seine Sache frei vortragen.

3. Die gesamte Bürgerversammlung wird auf Tonband mitgeschnitten, damit keine der Anregungen verlorengeht. Dies geschieht aber auch, weil die eine oder andere Frage durch die Vertreter der Stadt nicht an diesem Abend beantwortet werden kann und weitere Nachforschungen erforderlich sind. Deshalb wird gebeten, vor Beginn des eignenen Diskussionsbeitrages vor dem Mikrophon Namen und Adresse zu nennen. Nur so kann auf die Frage, falls nötig, auch eine schriftliche Antwort gegeben werden.

4. Die Stadt hat einige Dias zu Planungen vorbereitet. Ein Dia mit dem Stadtteilplan/ Stadtplan steht ebenfalls zur Verfügung. Umseitig sind diese Dias aufgelistet. Sie stehen auf Abruf für Erläuterungen Ihrer Fragen, Anregungen und Kritik zur Verfügung. Bitte rufen Sie das gewünschte Dia ab.

Gemeinsam
etwas
unternehmen

Die Bürgerversammlung ist eine wichtige Möglichkeit für die Diskussion mit dem Bürger. Eines ist freilich auf ihr nicht möglich: ein Problem vor Ort anschaulich zu machen oder die besondere Leistung der Stadt direkt am Objekt zu erläutern. Mit einem Angebot von Besichtigungen, Führungen und Rundfahrten kann die Kommune noch unmittelbarer mit den Bürgern ins Gespräch kommen. Die Anlässe können, wie der anzusprechende Interessentenkreis, verschieden sein.

– **Besichtigung**
  kommunaler Neubauten

Kommunale Neubauten wie Gemeinschaftshäuser, Kindergärten oder Museen werden direkt nach der Fertigstellung oder aus Anlaß der Eröffung den Bürgern in Führungen vorgestellt.

– **Erläuterung von**
  Planungsvorhaben vor Ort

Planungsvorhaben etwa im Bereich Verkehr, Grün und Wohnungsbau werden bei Rundgängen durch das Planungsgebiet im einzelnen erläutert. Nicht nur mit Modellen und Planzeichnungen, sondern vor allem auch durch montierte „Baukörperbegrenzungen", durch Grundrißmarkierungen und Straßenabgrenzungen können dabei die künftigen realen Dimensionen der Planung verdeutlicht werden.

– **Präsentation**
  von Versorgungs- und
  Entsorgungseinrichtungen

Hier werden etwa die Besichtigung der Kläranlage, der Besuch des Trinkwasserspeichers, die Führung über die Müllverwertung angeboten, verbunden mit Erläuterungen der vorgesehenen Verbesserungen, der Schwierigkeiten und des möglichen Beitrags zum Umeltschutz der Bürger selbst.

– **Blick hinter die Kulissen**

Die Bürger werden eingeladen, einen Blick hinter die Kulissen der Stadt zu tun. Sie können zum Beispiel den Restauratoren im Museum zuschauen, die Kleiderwerkstatt des Theaters besichtigen und sich in der Kelterei des städtischen Weingutes umsehen.

- Der historische
  Stadtrundgang

Auf einem historischen Rundweg durch die Stadt wird den Bürgern die besondere Geschichte der Heimatstadt erläutert. Dabei sollte nicht nur das längst Vergangene präsentiert, sondern auch der Übergang in die jüngere Vergangenheit und Gegenwart gefunden werden.

- Wanderung
  durch das Stadtgrün

Rundwanderungen durch Grünanlagen und Stadtwald sind eine gute Möglichkeit städtischen Natur- und Umweltschutz zu verdeutlichen.

- Ein Rundblick
  über die Stadt

Der Rundblick über die eigene Stadt vom höchsten Turm oder höchsten Gebäude aus wird bei den Bürgern Interesse finden, wenn sie ihre Stadt dann nicht nur optisch als Ganzes wahrnehmen können, sondern ihnen auch historische und planerische Zusammenhänge klar werden. Der Stadthistoriker und der Stadtplaner sind hier gefragt.

Kundige Begleitung

All diese Rundgänge und Rundfahrten sollten kundige Verwaltungsleute begleiten, in Sonderfällen der Bürgermeister oder zumindest die zuständigen Ratsmitglieder die Führung übernehmen. Soweit irgend möglich sollte auch Informationsmaterial verteilt werden.

Besichtigungsangebote
Mittel zur Mitarbeitermotivation

Ein Teil dieser Besichtigungsangebote sollte sich auch an die eigenen Mitarbeiterinnen und Mitarbeiter richten, um sie besser mit „ihrer Stadt" vertraut zu machen, ihnen einen anschaulichen Einblick in die unterschiedlichen Aufgaben der Stadtverwaltung zu geben und so ihre eigene Arbeit in einen größeren Zusammenhang zu stellen.

Wichtige Zielgruppen
zu Informationsbesuchen
einladen

Aber auch wichtige Zielgruppen innerhalb der Stadt und solche von außerhalb können mit derartigen Informationsgängen positiv beeinflußt werden. Die Vertreter des einheimischen Gewerbes zum Beispiel sind vielleicht besonders an den Entsorgungs- und Versorgungseinrichtungen der Stadt interessiert, die Hoteliers und Gastwirte sollte man zu einem historischen Stadtrundgang einladen, denn ihre touristische Kundschaft kommt auch der schönen Altstadt wegen und die Vertreter der Wirtschaft werden vielleicht durch den Blick hinter die Kulissen der Kultureinrichtungen motiviert, Sponsor zu werden.

**Auch bei kritischen Anlässen
sich vor Ort informieren**

Bei einem guten Teil der Besichtigungen wird es sich um positive Anlässe handeln. Aber auch der kritische Besuch im Konfliktfall kann angesagt sein: Etwa wenn eine Planung im Detail geändert wurde oder Beschwerden der Anwohner wegen erheblicher Lärmbelästigungen laut geworden sind. Sich demonstrativ über die Situation zu informieren und vor Ort seine Meinung dazu sagen, steht dem Vertreter der Stadt wohl an.

Willkommen, liebe neue Bürgerin, lieber neuer Bürger

 Integration durch Information

Den Neubürgern ist gemeinsam, daß sie zumeist nur wenig über ihre neue Heimatstadt wissen. Sie stehen ihr oft kritisch gegenüber und haben einen großen Informationsbedarf. Die Integrationszeit durch Information zu verkürzen, heißt zugleich, Vorbehalte oder sogar Vorurteile schneller ab- und eher ein positives Bild der Stadt aufzubauen.

 Der besondere Neubürgerset

Der erste Kontakt des Neubürgers mit der Stadt etwa auf der Meldestelle sollte zur Begrüßung und zum Informationsangebot genutzt werden. Dem Ankömmling wird ein besonderer „Neubürgerset" überreicht, der gegebenenfalls aus einer Neubürgerillustrierten, jedenfalls aus einem Begrüßungsschreiben des obersten Repräsentanten der Stadt, aus speziell auf die Bedürfnisse von Neuankömmlingen zugeschnittenem und aus dem allgemeinen städtischen Informationsmaterial besteht. Das alles wird in einer Neubürger-Begrüßungsmappe verpackt, die außen deutlich sichtbar ein herzliches Willkommen signalisiert.

 Neubürgerillustrierte nur in größeren Städten

Die Neubürgerillustrierte bringt als Aufmacher den Willkommensgruß des „Stadtoberhauptes". Auf die Titelseite sollte ein die Stadt „symbolisierendes" Bild etwa des alten Rathauses, eines bestimmten Denkmals oder Brunnens oder einer Stadtpassage am Fluß plaziert werden. Auf den nächsten Seiten werden dann an einigen Beispielen der besondere Dialekt oder Spracheigentümlichkeiten und folkloristische Besonderheiten vorgestellt. Geschichte, Sport, Kultur und Wirtschaft der neuen Heimatstadt werden in weiteren kurzen, illustrierten Texten präsentiert – und nicht zu vergessen die Freizeitmöglichkeiten, das „Shopping" und die Gastronomie. Ansprechpartner für das Vereinsleben werden benannt, der Stadtservice erläutert und Wege für weitere Informationen gezeigt. Besondere Tips und eine Übersicht wichtiger Einrichtungen schließen das Heft ab.

Eine solche Neubürgerillustrierte muß natürlich stets aktualisiert und die Auflage deshalb auf den Einjahresbedarf abgestellt werden. Für kleinere Städte wird sich der Aufwand kaum lohnen, sind doch die Herstellungskosten nur durch eine entsprechende Auflage zu rechtfertigen.

 Weiteres Infomaterial

Für den Neubürger ist der Fremdenverkehrsprospekt in gleichem Maße interessant wie für den Touristen. Die Bürgerbroschüre mit Erläuterungen städtischer Leistungen interessiert ihn genauso wie seine schon lange ansässigen Mitbürger. Auf keinen Fall sollten der Stadtplan, ein Fahrplan des öffentlichen Personennahverkehrs und eine Zusammenstellung wichtiger Veranstaltungstermine vergessen werden. Informationen über Vereine, Kirchen und öffentliche Institutionen runden das Angebot ab. Schließlich sollte ein kleines Werbegeschenk aus dem Fundus der städtischen Öffentlichkeitsarbeit nicht fehlen.

 Schnupperangebote

Ein besonderes Schnupperangebot berechtigt zeitlich begrenzt zum preislich ermäßigten Besuch städtischer Museen, Theater oder Schwimmbäder.

 Führungen und Rundfahrten für Neubürger

Den Neubürgern werden besondere Führungen und/oder Rundfahrten durch ihre neue Heimatstadt angeboten. Dafür sollte die Mithilfe von Heimatvereinen oder besonders engagierten und kenntnisreichen „Altbürgern" in Anspruch genommen werden. Sind solche Touren nicht zu organisieren, kann vielleicht das Fremdenverkehrsbüro mit modifizierten Stadtrundfahrten einspringen.

 Vereine laden ein

Zu denken ist an eine von der Kommune organisierte Aktion „Vereine laden Neubürger ein". Je nach Anzahl der Vereine sollte eine solche Vereinspräsentation entweder getrennt nach Sparten oder gemeinschaftlich vorgenommen werden.

 Migranten nicht vergessen

Gleiche oder ähnliche Veranstaltungen lassen sich natürlich auch für Migranten durchführen. In Zusammenarbeit mit den entsprechenden örtlichen Vereinigungen kann auch hier eine schnellere Eingewöhnung in die fremde Stadt verwirklicht werden. Auf jeden Fall sollte jede große Stadt einen Wegweiser in den Hauptsprachen der Migranten herausgeben, der alles Wissenswerte über die Stadt besonders über Behörden und Organisationen enthält.

Mach mit beim Stadtwettbewerb

 Bürgerwettbewerb Instrument kommunaler Öffentlichkeitsarbeit

Bürgerwettbewerbe können wirkungsvolle Instrumente der kommunalen Öffentlichkeitsarbeit sein. Die Bürgerinnen und Bürger werden motiviert, sich mit ihrer Stadt intensiver zu befassen. Diese Wettbewerbe haben in ihren verschiedenen Stufen Öffentlichkeitswirkung: Auslobung und Thema, die Vorschläge der Wettbewerbsteilnehmer, das Endergebnis und dessen Verwertung, die Vorstellung und Würdigung der Gewinner bringen öffentliche Resonanz über einen längeren Zeitraum hinweg.

 Werbung für den Wettbewerb

Wenn die Berichterstattung in den Lokalzeitungen nicht ausreicht, müssen Anzeigen mit den Wettbewerbsbedingungen geschaltet werden. Die „Ausschreibung" des Wettbewerbs wird auch im Rathaus an Stellen mit Publikumsverkehr ausgegeben. Ein DIN-A-4-Bogen genügt. Bei Wettbewerben für bestimmte Zielgruppen kann auch deren Hilfe in Anspruch genommen werden.

 Die Jury

Die Auswahl der Preisträger muß durch eine kleine Jury erfolgen, der neben Vertretern der Stadt auch fachkundige Bürgerinnen und Bürger angehören.

 Preise mit Stadtbezug – Überreichung durch den Bürgermeister

Die Preise sollten einen bestimmten Bezug zur Stadt haben: Ein Besuch in der Partnerstadt, das Bild eines einheimischen Künstlers, ein besonderes Produkt des ansässigen Gewerbes sind hier sehr geeignet. Vielleicht kosten sie die Stadt nur wenig, finden sich doch für solche Preise leicht Sponsoren.

Trostpreise soll es neben drei Hauptpreisen auch geben. Geeignet sind hier die kleinen Werbegeschenke, die an anderer Stelle beschrieben werden (s. S. 169 ff.). Eintrittskarten für städtische Einrichtungen können diesen Zweck ebenfalls erfüllen. In kleineren und mittleren Städten und bei einem Thema, das keine Riesenbeteiligung erwarten läßt, können sogar alle Teilnehmer mit einer Anerkennung, einem Kleinstpreis sozusagen, belohnt werden.

Auf jeden Fall sollen die Gewinner und je nach Umfang des Wettbewerbs auch die anderen Teilnehmer zur Preisübergabe in das Rathaus eingeladen werden. Dort wird der Bürgermeister die einzelnen preisgekrönten Arbeiten würdigen.

Vorschläge für Stadtwettbewerbe

 Das schönste Schaufenster

Der Wettbewerb wendet sich an den einheimischen Einzelhandel und fordert dazu auf, Schaufenster mit Bezug auf die Stadt zu dekorieren. Er kann allgemein gehalten sein, ganz bestimmte geschichtliche Ereignisse, spezifische Eigenschaften der Stadt oder eine gewünschte kommunale Aktivität zum Gegenstand haben. Das Wettbewerbsthema kann vom Stadtjubiläum bis zum großen, bevorstehenden Turnfest reichen.

 Die beste Bürgeridee

Gesucht werden Bürgerideen zu ganz bestimmten Themen. „X-Stadt für Gäste" fragt was man machen kann, damit sich Besucher in der Stadt wohler fühlen. Ein solcher Wettbewerb mag für Tourismus- und zentrale Einkaufsstädte interessant sein. „X-Stadt für junge Leute", „X-Stadt für Senioren" oder „X-Stadt für die Kinder" suchen Vorschläge für diese bestimmten Altersgruppen.

 Die tollsten Hobbykünstler

In jeder Stadt gibt es Bürgerinnen und Bürger, die ihre Stadt mehr oder weniger gelungen in Wort und Bild festhalten. Hier kann eine andere Wettbewerbsserie ansetzen. Gesucht wird „Der beste X-Stadt-Film", „Das stimmungsvollste X-Stadt-Bild", „Das schönste Farbdia von X-Stadt" und „Die intressanteste X-Stadt-Geschichte". Bei diesen Wettbewerben, die bei Hobbyfilmern oder Hobbyfotografen, Heimatschreibern oder Heimatmalern Interesse finden, sollte jeweils ein Vertreter der entsprechenden Vereinigung, so sie existiert, oder ein „professioneller" Künstler in die Jury aufgenommen werden.

 Wettbewerb für Stadtwerber

Gute Werbung lebt von Ideen, Einfällen, neuen Wegen. Wettbewerbe können hier Anregungen und umsetzbare Lösungen bringen. Gute Einfälle haben nicht nur die Bürgerinnen und Bürger, sondern natürlich auch die professionellen Werber. In größeren Städten, vor allem auch solchen mit einer respektablen einheimischen Werbewirtschaft und deren Mitarbeitern, wie Graphikern, Textern oder Fotografen, kann sich ein solcher Wettbewerb auch ausschließlich an diese Gruppe richten. Aber auch die Phantasie und Kreativität der Bürger bringen beachtliche Vorschläge. Gesucht werden kann mit einem solchen Wettbewerb eine „Idee für einen X-Stadt-Slogan", also für eine kurze und treffende Aussage zur Besonderheit und Attraktivität der Stadt. Derartige Wettbewerbe liefern nicht selten umsetzbare Anregungen. Es ist schön, wenn die werbenden Aktivitäten einer Kommune mit dem Hinweis versehen werden können, Bürgerinnen und Bürger hätten selbst die „Idee" dazu gehabt.

 Gestaltungswettbewerbe

Die auf die äußere Stadtgestalt bezogenen Wettbewerbe haben eine noch größere Dauerwirkung. Etwa der „Fassadenwettbewerb" mit der Suche nach der am besten renovierten Häuserfassade, der „Vorgartenwettbewerb" mit der Prämierung der schönsten Gärten vor den Stadthäusern, der „Hofwettbewerb" mit der Würdigung der Gestaltung des hinteren Hausbereichs, der „Hausbegrünungswettbewerb" mit der Aufmerksamkeit für die Wein-, Efeu- und Rosenrankgewächse an den Hausfronten und der „Balkonblumenwettbewerb" mit der Auslobung für die schönste Blütenpracht vor den Fenstern. Alle dienen dem Zweck, die Stadt attraktiver zu machen und jene, die dabei mitwirken, zu ehren. Sie sollen möglichst viele Bürgerinnen und Bürger motivieren, an der positiven Gestaltung ihres Umfeldes, ihrer Stadt, mitzuwirken.

Blick hinter die Kulissen der Stadt

Das städtische Krankenhaus lädt zur Besichtigung ein, der städtische Kindergarten macht ein Fest für Kinder und Eltern, die Stadtfeuerwehr präsentiert sich mit einer Einsatzschau und die Müllabfuhr auf dem Marktplatz mit einer Versteigerung „antiker" Stücke aus dem Sperrmüll: alles Veranstaltungen, die dem direkten Kontakt zwischen „Stadtverwaltung" und Bürger dienen und über städtische Leistungen „spielerisch" informieren.

**Isolierte Veranstaltungen
bringen nicht
den gewünschten Erfolg**

Die isolierte Präsentation zu unterschiedlichen Terminen und oft nur gegenüber speziell eingeladenen Gruppen bringt allerdings nicht die Identifizierung mit „der Stadt" als „Ganzem". Ziel kommunaler Öffentlichkeitsarbeit sollte aber sein, in den Teilen stets die Gesamtheit zu vermitteln, und sie umgekehrt in ihren unterschiedlichsten Facetten und Ausdrucksformen sichtbar zu machen.

**Mit „Tagen der offenen Tür"
wird die Stadt
als „Ganzes" angeboten**

Die jährlichen „Tage der offenen Tür" sind in diesem Sinne die Möglichkeit, die Stadt als „Ganzes" zu präsentieren. Sie verbinden an einem Wochenende alle kommunalen Einrichtungen und Angebote zur großen Stadtschau, zur Begegnung von Bürgern und Verwaltung, zum Blick aller hinter die Kulissen. Gegenüber der auf ein Thema konzentrierten Werbekampagne oder der spezifischen Bürgerveranstaltung in einem umgrenzten Bereich wird mit der kommunikativen Zusammenführung von Medien, Themen und Leistungen in den „Tagen der offenen Tür" die Mannigfaltigkeit kommunalen Wirkens demonstriert. Die Bedeutung der Stadtverwaltung und von kommunaler Politik für nahezu alle Lebensbereiche der Bürgerinnen und Bürger „von der Wiege bis zur Bahre", und dies durchaus im Wortsinne, wird anschaulich gemacht.

**Dezentral aber auch
mit zentralen Veranstaltungen**

Die „Tage der offenen Tür" geben Einblick in die verschiedensten Einrichtungen, Betriebe und Ämter einer Stadt und sind insofern von Dezentralität geprägt. Sie sollten aber auch mit mindestens einer zentralen Veranstaltung etwa auf dem Platz vor dem Rathaus oder auf dem Marktplatz verbunden sein. Dort findet ein buntes, stadtbezogenes Programm zusätzlich mit Vorführungen von Vereinen, mit Einsatzübungen der Hilfsdienste, mit Musikgruppen und Chören statt. Und wenn sich der Ansager auch als Talkmaster erweist und die Stadtprominenz oder zuschauende Bürgerinnen und Bürger vors Mikrophon holt: um so besser.

Menschen im Kontakt

Der Bürgermeister lädt zu Beginn oder zum Abschluß alle Bürgerinnen und Bürger ins Rathaus ein. Gelegenheit für ihn und andere Kommunalpolitiker unmittelbaren Kontakt zu pflegen. Gruppen anderer Nationalität können an die „Tage der offenen Tür" ihr eigenes Fest anschließen und sich den deutschen Mitbürgern mit Folklorevorführungen und Spezialitäten der heimatlichen Küche vorstellen. Ein Jugendfest, auf dem Jugendgruppen und Jugendverbände Ausschnitte aus ihrer Arbeit zeigen, kann ebenso mit in das Programm aufgenommen werden wie eine große Sportschau der ortsansässigen Vereine.

Bunte Mischung aus
Ernst und Unterhaltung

Überhaupt sollten „Tage der offenen Tür" kein langweiliges Vorzeigen kommunaler Einrichtungen sein, sondern eine bunte Mischung aus Spaß und Ernst, aus Information und Unterhaltung, aus Hinsehen und Mitmachen. An Buden können sich die Ämter in lockerer Form darstellen: Das Forstamt durch Tannenzapfenwerfen, das Sportamt mit Torwandschießen und das Presse- und Informationsamt mit einem Stadtquiz. Ein Kinderfest sorgt für die „kleinsten Bürger" und deren Spaß. Die einheimische Gastronomie präsentiert an Ständen oder in einem Zelt gemeinsam örtliche Spezialitäten.

Die Bürger
können mitmachen

Die Bürger sind zum Mitmachen aufgefordert. Da kann ein Wettrollen stattfinden, ein Fotowettbewerb um das schönste Foto von den „Tagen der offenen Tür" oder auch ein Wettmalen eines Stadtmotivs. Städtische Einrichtungen werden umfunktioniert: aus der Bürgerberatung wird ein Bürgercafe und die Kindertagesstätte zum Kindertheater. Wer einen Stadtomnibus einmal selbst lenken will, kann dies unter Aufsicht des Fahrlehrers tun, ein anderer auch einmal in die Rolle des Straßenbahnführers vorn im Führerstand schlüpfen.

Einblicke in sonst
verschlossene Bereiche

Auf besonderes Interesse stoßen die Besichtigung von Feuerwachen und Feuerwehren oder eine Fahrzeugschau der Polizei, so sie bei kommunalen „Tagen der offenen Tür" mitmacht. Der Blick „in die Unterwelt" einer Stadt, also in die Kanalisation, oder in größeren Städten ein Gang durch eine der mannshohen unterirdischen Röhren in der Innenstadt wie einst beim „Dritten Mann", das Zuschauen bei der Arbeit des Präparators der naturkundlichen Sammlung oder des Gemälderestaurators im Kunstmuseum gehören zu den Rennern. Der Blick auf die technischen Einrichtungen des Stadttheaters mit einem Gang hinter die Kulissen, verbunden mit einer Stell- und Beleuchtungsprobe, ist ebenfalls sehr gefragt, wird aber nur mit einer vorher abgeholten Teilnehmerkarte möglich sein.

Ein Blick in den Trausaal
und das Bürgermeisterzimmer

Die Bürger sollten an solchen Tagen auch einmal jene Teile des Rathauses besuchen können, die ihnen sonst nur selten oder gar nicht zugänglich sind. Der Trausaal wird bei manchem Erinnerungen wachrufen, das Amtszimmer des Bürgermeisters nur wenigen bekannt sein, der Ratssaal und der Saal für repräsentative Empfänge ein Stück Stadttradition vermitteln.

Auch stadtnahe Einrichtungen
machen mit

Bei den „Tagen der offenen Tür" können natürlich auch stadtnahe und andere interessante Institutionen mitwirken. Eine Hochschule am Ort oder ein wissenschaftliches Institut dürfen sich ebenso anschließen wie die Volkssternwarte oder das Technische Hilfswerk, wenn sie das Programm bereichern. Willkommen sind auch die Vereine und Vereinigungen. Hier gilt ebenfalls als Voraussetzung, daß ein interessanter Programmbeitrag geleistet wird, der sich zudem harmonisch in den Gesamtablauf einfügt.

In jeder Kommune
„Tag der offenen Tür"

Alles in allem sollte jede Kommune die Bürger zu einem derartigen „Stadtfest" einladen. Ob Kleinstadt oder Metropole: das Programmangebot mag unterschiedlich sein, aber jedes Jahr werden einmal die Türen weit geöffnet, damit sich die Bürgerinnen und Bürger anschaulich über Angebote und Leistungen der Stadt informieren und mit den Leuten der Verwaltung und Kommunalpolitik zusammentreffen können. Wenn die Eingeladenen mit eigenen Beiträgen auch noch selbst mitwirken: um so besser.

Die Tage der offenen Tür

„Tage der offenen Tür" stellen an die Kommunen, was Vorbereitung und Durchführung angeht, unterschiedliche Anforderungen. Eine große Stadt wird es nicht leicht haben, die richtige Auswahl aus einer Vielzahl von möglichen Angeboten zu treffen. In einer kleineren Stadt ist dies einfacher. Die Zahl kommunaler Einrichtungen ist geringer und entsprechend schmaler das Programmangebot. Aber gerade deshalb ist die kleine Stadt besonders gefordert. Denn sie muß sich etwas einfallen lassen, soll der Bürger interessiert werden. Sie wird in besonderem Maße die Zusammenarbeit mit Vereinen und Vereinigungen suchen und ehrenamtliche Hefler einbinden müssen.

 Terminfestlegung

Wegen der langen Vorbereitungszeit und um Überschneidungen mit anderen wichtigen Veranstaltungen der Stadt zu vermeiden, muß der Termin frühzeitig festgelegt werden.

Die Zeit der Schulferien fällt von vornherein aus, sollen doch gerade auch Eltern und Kinder als Teilnehmer gewonnen werden. Auch muß eine möglichst wetterstabile Jahreszeit gewählt werden, umfassen doch die „Tage der offenen Tür" viele Außenveranstaltungen. Als geeignet hat sich die Spätsommerzeit vom Ende der Sommerferien an erwiesen.

Ob nur ein „Tag der offenen Tür" veranstaltet oder das Programm für zwei Tage ausgelegt wird, hängt vom Umfang des Programms und der erwarteten Teilnehmerzahl ab. Auf jeden Fall ist ein Wochenende vorzusehen. Durch einen Beschluß des zuständigen Gremiums sollte der Termin beizeiten gesichert werden, auch wenn das Programm noch nicht vorliegt.

 Programmvorbereitung

Die städtischen Ämter und Betriebe und die „externen" Teilnehmer werden mit Fristsetzung aufgefordert, ihre Programmbeiträge zusammenzustellen und bei dem zentral verantwortlichen Amt für Presse- und Öffentlichkeitsarbeit einzureichen. Der letztjährige Programmbeitrag sollte dabei Ausgangspunkt sein und je nach Erfolg und Bedarf ersetzt, erneuert oder auch wiederholt werden. Es hat sich bewährt, wenn Programmanregungen von außen berücksichtigt werden. Der Blick Außenstehender ist manchmal innovativer als der fachlich zwar kompetente, aber nicht auf Außenwirkung abgestellte Sachverstand des Spezialisten. Ein erster Programmentwurf wird mit Anregungen für Änderungen und Ergänzungen an die Ämter und alle anderen Beteiligten zur Gegenprüfung zurückgegeben.

In großen Städten ist ein Abstimmungsgespräch aller Beteiligten auf einer zentralen Zusammenkunft kaum möglich. In kleinen und mittleren Städten kann ein solches Gespräch unter der Leitung des Bürgermeisters nützlich und anregend sein und letzte Hindernisse bei der Programmvorbereitung beseitigen. Abschließend wird das Programm dem Rat zur Beschlußfassung vorgelegt.

Kosten

Während die Beiträge von städtischen Ämtern und Betrieben aus deren Mitteln bestritten werden oder dort zu etatisieren sind, müssen für Werbung, die zentralen Veranstaltungen und das begleitende Unterhaltungsprogramm Mittel in einem entsprechenden Haushaltstitel bereitgestellt werden. Nichtstädtische Einrichtungen und Vereinigungen, die bei den Tagen der offenen Tür mitmachen, müssen dies auf eigene Rechnung tun. Die Aufnahme in das gemeinsame Programm und in die städtische Werbung für die „Tage der offenen Tür" kann man ihnen freilich kaum in Rechnung stellen.

 Programmablauf

Die „Tage der offenen Tür" sollten einen besonderen „Auftakt" und „Abschluß" haben. Auftakt am Morgen kann die musikalische „Ouvertüre" auf dem Platz vor dem Rathaus durch Fanfarenzug oder Stadtkapelle mit Eröffnungsworten des Bürgermeisters oder auch ein „Umzug" der Beteiligten von Feuerwehr bis Müllwagen durch die Hauptstraßen hin zum Rathaus sein. Zum Abschluß kann man Luftballons steigen lassen, eine Abschlußrevue beteiligter Gruppen auf der Bühne vor dem Rathaus veranstalten, das Rathaus illuminieren, vielleicht ein kleines Feuerwerk abbrennen und den letzten Besuchern im Rathaus einen Abschiedstrunk reichen.

In einer kleinen Stadt wird die Programmfolge weniger Schwierigkeiten bereiten, da Überschneidungen selten sein dürften. Wichtig aber auch hier: der Nachmittag bringt den größten Besucherandrang. So sollten Veranstaltungen, die voraussichtlich viele Interessenten finden, auf diese Tageszeit gelegt werden. Umgekehrt können Programmpunkte, bei denen nur wenige Teilnehmerkarten ausgegeben werden können, am Vormittag stattfinden.

Ein kleines Betreuungsteam – in einer kleinen Stadt wenigstens ein Mitarbeiter – sollte den Ablauf der „Tage der offenen Tür" steuernd und helfend begleiten, vor allem die Kommunikation zwischen den Beteiligten auf der Veranstaltungsseite und die Information der Bürger sicherstellen. Dies ist gerade für den „Notfall" wichtig, denn es wird immer wieder zu Pannen kommen und deshalb eine schnelle Programmänderung oder Ergänzung notwendig sein.

 Ankündigung des Programms

Die Bürgerinnen und Bürger müssen möglichst umfassend über die bevorstehenden Tage der offenen Tür informiert werden. In mittleren und großen Städten sollte das umfangreiche Programm gedruckt in alle Haushaltungen gehen.

In kleineren Städten werden Ankündigungsplakate mit dem Angebot, sich das Programm im Rathaus abzuholen, genügen. Auch mag die Veröffentlichung des Programms als Anzeige in der Lokalpresse ein preiswerter Weg sein. Im übrigen kann das Interesse zusätzlich durch Wettbewerbe geweckt werden. So sucht die Stadt zum Beispiel das beste Bürgerfoto vom „Tag der offenen Tür".

Die Vorbereitungsarbeiten werden schon früh von Informationen an die Presse und den lokalen Hörfunk etwa über eine neue Veranstaltung oder über die Ausweitung des Programms gegenüber früher begleitet. Die eigentliche Pressekonferenz sollte aber erst dann stattfinden, wenn das Programm endgültig steht und in den nächsten Tagen an die Haushaltungen verteilt oder im Rathaus ausgegeben werden soll. Grundsätzlich gilt, das Programm nicht zu früh zu veröffentlichen.

 Auswertung

Vorbereitete Zähllisten und die Fixierung von Kontaktpersonen und Kontaktterminen stellen die möglichst schnelle telefonische Ergebnisfeststellung sicher. Sie dient der aktuellen Information der Presse über die Beteiligung der Bürger, das heißt den „Erfolg" der „Tage der offenen Tür".

Grundsätzlich gilt, daß über den nächstjährigen „Tag der offenen Tür" bereits nach dem Ende des diesjährigen nachgedacht werden sollte. Es gilt, die noch frischen Erfahrungen mit Ablauf und Erfolg der verschiedenen Veranstaltungen sofort festzuhalten, damit sie für die Zukunft genutzt werden können. Zu jedem Programmpunkt ist eine Aufstellung anzufertigen mit Zahl der Teilnehmer und der Kapazitätsausnutzung der durch Teilnehmerkarten begrenzten Veranstaltungen wie Rundfahrten, Führungen, Rundgänge und Besichtigungen. Dazu gehören eine Auflistung besonderer Schwierigkeiten und Vorschläge für eine künftig bessere Präsentation. Auf Grund dieser Unterlagen werden im Kontakt mit den einzelnen Mitveranstaltern erste Überlegungen über Änderungen und Ergänzungen angestellt.

Sind die Tage der offenen Tür vorbei, sollte der Bürgermeister den an Vorbereitung und Durchführung beteiligten Mitarbeiterinnen und Mitarbeitern in einem persönlichen Schreiben für ihren besonderen Einsatz danken. Denn auch hier gilt: Die eigenen Leute sind die besten Botschafter nach draußen. Sie sollten auch im Zusammenhang mit den „Tagen der offenen Tür" positiv motiviert werden.

Gruppeninteressen
im Widerspruch

Bürgerinitiativen und Aktionsgemeinschaften gehören als Kritiker zum Beispiel von Stadt- und Verkehrsplanung zu den engagierten Gruppierungen, die Kommunalpolitikern und Stadtverwaltung das Leben oft schwer machen. Denn zwischen ihren Vorstellungen und jenem der Stadtplaner ist nicht in jedem Fall eine Brücke zu schlagen.

Bürgerinitiativen
im lokalen Bereich

Zwar gibt es Bürgerinitiativen auch mit bundesweiten Zielsetzungen. Zumeist jedoch bilden sie sich im lokalen Bereich, wo der Bürger direkt von Entscheidungen der Kommunalpolitik betroffen ist. Sie legen oft zu Recht den Finger auf eine Wunde: unzureichende Information der Bürger über die Absichten der Stadt, mangelnde Berücksichtigung der Anwohnerinteressen oder fehlende Untersuchung möglicher Alternativen. Nicht selten freilich geht es weniger um den besseren Weg für die Stadt als Ganzes als vielmehr um die Wahrung eines „Besitzstandes" nach dem Prinzip „Verschon mein Haus, zünd' Nachbars an".

Vereine und
Bürgergruppen
als Interessenvertreter

Auch die Sport- und Kulturvereine einer Stadt denken zuerst an die Förderung ihrer besonderen Interessen durch die Kommune. Die Radfahrer und Lehrer, Tierschützer und Sozialhelfer, Behinderten und Erzieherinnen mögen wichtige Partner und Anreger bei kommunalen Entscheidungen sein. Nur dürfen ihre Sonderinteressen nicht absolut gesetzt werden.

Minderheitsforderungen
und Gemeinwohl

Damit, daß sich in den Kommunen zunehmend Minderheitsmeinungen und Minderheitsforderungen als für das Gemeinwohl verantwortlich gerieren und sich nicht als Teilöffentlichkeit verstehen, wird kommunale Öffentlichkeitsarbeit zunehmend zu rechnen haben. Diese Zerteilung von Bürgermitwirkung in eine Fülle von Einzelbegehren ist Ausdruck einer gesamtgesellschaftlichen Entwicklung, die immer stärker auf die Durchsetzung individueller Interessen als solcher übergeordneter Art abstellt. Die negative Seite ist die Zentrierung von Aktivitäten auf gruppenegoistische Ziele, die positive das stärker werdende Bewußtsein, im Sinne des mündigen Bürgers auf kommunalpolitische Entscheidungen Einfluß nehmen zu können.

**Trotz Kontroverse
das Gespräch suchen**

Kommunalpolitiker sollten den Aktionsgemeinschaften und Bürgerinitiativen nicht von vornherein negativ gegenüberstehen, sondern sie auch als mögliche Partner sehen. Unbedingt ist das Gespräch, die persönliche Kommunikation, zu suchen. Argumente auszutauschen und einander zuzuhören, ist bereits ein großer Schritt nach vorn.

Akzeptanz vorher prüfen

Grundsätzlich gilt, bei jeder städtischen Absicht oder Planung, die Veränderungen im unmittelbaren Wohn-, Arbeits- oder Erholungsbereich bewirken könnten, von vornherein die Frage nach der Akzeptanz durch die Bürger zu stellen und von daher die entsprechenden Projekte zu überprüfen.

**Informationen
zum umstrittenen Thema**

Stets sollten den Bürgerinitiativen alle möglichen Informationen zum umstrittenen Thema zugänglich gemacht und die kommunalpolitischen Zielsetzungen mit den aus der Sicht der Verwaltung zu erwartenden Vor- und Nachteilen detailliert dargestellt werden. Dies um so mehr, als die Repräsentanten von Bürgerinitiativen zumeist auch fachlich kompetent sind.

**Bürgerinititativen
unterschiedlicher Intensität**

Noch immer können sich die „unteren Schichten" für ihre Interessen schlechter artikulieren als „die weiter oben" und so nimmt es kaum Wunder, daß in bestimmten Wohngebieten bei einem geplanten und die Menschen dort belästigenden Verkehrsausbau keine oder nur eine schwache Initiative entsteht, während in einer Wohngegend mit hohem Akademikeranteil und Einfamilienhauscharakter schon eine kleine vorgesehene Veränderung eine Bürgerinitiative provoziert, die sich auch gut darzustellen weiß.

Öffentlichkeitsarbeit im Planungskonflikt

 Das richtige Timing

Wichtig bei der Öffentlichkeitsarbeit im Planungsbereich ist das „Timing", der richtige Zeitpunkt, zu dem Planungsabsicht und Planungsinhalt in sich schlüssig vorgestellt werden können, aber noch so offen sind, daß sie Änderungen zulassen. Hier wird man von Fall zu Fall versuchen müssen, den richtigen Präsentationstermin zu finden.

 Vermittlung durch Presse, Rundfunk und Fernsehen

Am Beginn einer Planung sollte eine Pressekonferenz mit ausreichend pressegerecht vorbereitetem Material stehen, aus dem die Planungsabsicht erkennbar ist. Auch sollten alle vorbereitenden Untersuchungen soweit irgend möglich presseöffentlich gemacht werden. Denn in der Diskussion mit dem Bürger sind die Medien wichtige Partner für den Planer und nicht nur für die planungsbetroffenen Bürger. In der Auseinandersetzung bedient sich der Kommunalpolitiker der Presseerklärung, des Interviews, des individuellen Pressegesprächs und des Leserbriefs. Den Medien kommt im Planungskonflikt vor allem deshalb eine hohe Bedeutung zu, weil sie vom Bürger nicht selten als unparteiische Instanz angesehen werden.

 Vermittlung durch eigene Medien

Texte und Skizzen zu den beabsichtigten Planungen werden an alle Haushaltungen des betroffenen Bereichs verteilt. Am besten mit einer Rückantwortmöglichkeit, um die Auffassungen der Bürgerinnen und Bürger kennenzulernen. Ausstellungen bei größeren Planungen, Schautafeln bei örtlich begrenzten stellen in vereinfachter und anschaulicher Form die wichtigsten Grundzüge dar. Zur Unterstützung von Diskussionen werden Diaserien angefertigt. Zur Information besonders politisch oder planerisch aktiver Gruppen werden zudem umfangreichere Planungsdokumentationen zusammengestellt.

 Vermittlung durch eigene Veranstaltungen

Zu den Planungsvorhaben werden „vor Ort" Bürgerversammlungen abgehalten. Mit den „Meinungsführern" im Stadtteil wird in einem „Runde-Tisch-Gespräch" diskutiert. Der stadtteilansässige Einzelhandel und andere relevante Gruppen werden zur Diskussion eingeladen. Es finden gemeinsame Begehungen von kommunalen Vertretern und Bürgern des betroffenen Ortsteils statt. Es gibt Hearings und Podiumsdiskussionen mit Experten.

Die Rolle von Bürgerinitiativen

Wie weit die Beteiligung von Bürgerinitiativen bei der Planung gehen soll, wird jeweils vom Planungsthema und von der Intensität der Initiative abhängen. Im einzelnen können sich bei der Zusammenarbeit mit Bürgerinitiativen folgende Schwierigkeiten ergeben:

 Fremdsteuerung

Bei der Steuerung der Bürgerinitiative zugunsten einer politischen Partei oder ihrer engen Zusammenarbeit mit bestimmten politischen Gruppierungen ist die Frage von Bedeutung, ob die Initiative nur themenbezogen mit „Parteien" kooperiert oder ob sie „verlängerter Arm" ist.

 Begrenzte Ziele – keine Verantwortung für das Ganze

Die Bürgerinitiative sieht ihre Ziele nur stadtteilbegrenzt oder inhaltlich reduziert auf ein einziges Problem und ist Hinweisen auf ein „Gesamtinteresse" nicht zugänglich. Ihr fehlt die Gesamtverantwortlichkeit. Sie übernimmt sozusagen keine „Haftung" und steht für eventuelle negative Folgen nicht ein.

 „Florianzprinzip"

Bedenklich ist eine engere Kooperation mit jenen Initiativen, die lediglich die Verlagerung eines unvermeidlichen „Planungsschadens" auf eine andere Gruppe von Bürgern oder in einen anderen Stadtteil zum Ziel haben.

 Grenze zur Gewalt

Die Bürgerinitiative verläßt die Basis der verbalen Auseinandersetzung und setzt an die Stelle von Argumenten zunehmend Aktionen, die an die Grenze der Gewalt reichen.

**Die
häufigsten
Fehler der Öffentlichkeitsarbeit
im Planungskonflikt**

Öffentlichkeitsarbeit kann den Planungskonflikt, der in den unterschiedlichen Vorstellungen der Planer und der von der Planung Betroffenen liegt, nicht vermeiden. Sie kann aber helfen, den Planungskonflikt sachlich auszutragen. Dabei sollten die folgenden, häufig gemachten Fehler vermieden werden:

 Zu spät

Die Öffentlichkeitsarbeit setzt zu spät ein. In der Öffentlichkeit haben sich zu einem Planungsvorhaben bereits bestimmte negative Vorstellungen verfestigt. Das Informationsversäumnis ist nur schwer aufzuholen.

 Zu defensiv

Die Öffentlichkeitsarbeit wird rein defensiv angelegt. Die Stadtverwaltung als Planer sucht die Auseinandersetzung nicht initiativ, sondern reagiert lediglich auf Angriffe, Vermutungen und Unterstellungen.

Hausgemacht

Die Öffentlichkeitsarbeit wird nicht den Fachleuten überlassen. Planungsämter und Baudezernate basteln sich hausgemachte Strategien zurecht. Die Umsetzung schwer faßbarer Pläne in verständliche Graphiken und Texte unterbleibt.

 Ohne Strategie

Die Öffentlichkeitsarbeit setzt ein, ohne daß die jeweiligen Ziele und Mittel definiert sind. Die fehlende Strategie wird durch bloße Geschäftigkeit ersetzt. Zumeist ist die Folge, daß die Öffentlichkeitsarbeit im falschen Zusammenhang und an der falschen Stelle angesetzt wird.

 Fehlende Analyse

Die Öffentlichkeitsarbeit wird begonnen, ohne daß Meinungen und Bedürfnisse der von einer bestimmten Planung betroffenen Bürger ausreichend analysiert worden sind. Methoden der empirischen Sozialforschung werden nur selten und dann oft mangelhaft eingesetzt.

 Keine Alternativen

Es wird nur ein Planungsmodell präsentiert, anstatt Modifikationen beizufügen oder Alternativen aufzuzeigen. Das führt zur Ja-Nein-Haltung der Bürger.

 Mangelnde Vorstellungskraft der Planer

Die Planer gehen ohne ausreichende Vorstellungen von der Auswirkung ihrer Planungen auf die konkrete Situation der Betroffenen in die Diskussion. Von daher wird aneinander vorbeigeredet.

 Scheinbare Offenheit wirkt negativ

Zu negativen Haltungen führt auch eine scheinbare Offenheit der Planung. Den Bürgern wird ein Konzept vorgestellt, mit der Aufforderung, sich an der Diskussion mit Änderungsvorschlägen zu beteiligen. In Wirklichkeit ist aber die Planung in weiten Bereichen bereits durch andere Gegebenheiten determiniert. Sehr bald wird der Widerspruch zwischen der angeblichen Beteiligungsmöglichkeit und der Planungswirklichkeit deutlich.

 Die Grenzen für Änderungsvorschläge deutlich machen

Eine Diskussion, die den Bürgern die Vorstellung vermittelt, es könne nahezu noch alles geändert werden bringt die Gefahr der Überforderung mit sich. Die Bürger wollen dann zum Beispiel den gesamten Verkehr, die ganze Industrie aus ihrem Stadtteil heraushaben. Es wird eine utopische Grundhaltung erzeugt, die bei schließlichem Erkennen der Determiniertheit von Planung zur Frustration und Ablehnung der Kooperation führt.

Öffentlichkeitsarbeit im Umweltschutz

 ### Die Kommune ist zuerst gefragt

Die Kommunen sind mit allen Auseinandersetzungen zu Themen des Umweltschutzes direkter befaßt und gefordert als Bund und Land. Ob zuständig oder nicht: an sie richten sich Kritik und Forderungen zuerst. So hat die Kommune in diesem Bereich schwierige Koordinationsleistungen zu vollbringen und mit einer Vielzahl anderer Institutionen zusammenzuarbeiten. Dementsprechend wird sie auch für Mängel verantwortlich gemacht, die sie nicht verursacht hat.

 ### Offene Information

Gerade beim Umweltschutz ist eine offene und ehrliche Information über noch vorhandene Schwachstellen, eine mögliche Abhilfe, die damit verbundenen Schwierigkeiten und die entsprechenden Verantwortlichkeiten wichtig. In kaum einem anderen Bereich gibt es so viele engagierte und fachlich qualifizierte Bürgergruppierungen und Institute. Es ist grundsätzlich besser, existierende Schwierigkeiten selbst zu verdeutlichen als „ertappt" und der „Verschleierung" bezichtigt zu werden. Eine städtische Publikation etwa unter dem Titel „Was bei uns im Umweltschutz noch zu tun ist" kann informierend und motivierend wirken, wenn sie nicht nur Fehler der Vergangenheit auflistet und notwendige Verbesserungen beschreibt, sondern auch einen Katalog künftiger Umweltschutzmaßnahmen und bereits erreichter Erfolge bringt.

 ### Zentrales Konzept

Umweltthemen können in so ziemlich allen kommunalen Verantwortungsbereichen auftauchen: von der Müllabfuhr bis zur Verkehrsplanung, von der Wasserversorgung bis zur Kläranlage, von der Grünanlage bis zum städtischen Fuhrpark und bis zum Dienstwagen des Bürgermeisters. Ein Problemkatalog mit der Auflistung aller umweltrelevanten Themen ermöglicht eine Gewichtung der Maßnahmen nach Dringlichkeit und Effektivität. Diese Zusammenstellung ist auch die Basis für eine konzeptionelle Öffentlichkeitsarbeit. Auf einem solchen gewichteten, zentralen Konzept aufbauend, sind die Schwerpunkte für PR und Information im Umweltschutz mit dem Ziel zu bilden, Fehlplanungen in der Öffentlichkeitsarbeit zu verhindern.

 ### Beratungsstelle Umweltschutz

Gerade die Öffentlichkeitsarbeit im Umweltschutz muß den Kontakt zur Bevölkerung möglichst direkt suchen und finden. In Fragen der Umweltgefahren sind viele Bürgerinnen und Bürger oft hilflos. In größeren Kommunen mag sich hier ein „Umwelttelefon" rentieren, über das tagsüber Auskunft gegeben und Hilfe vermittelt wird. Auch eine Beratungs- und Informationsstelle kann nützlich sein. Selbstverständlich müssen in dieser Beratungsstelle auch die von Bund, Land und anderen Institutionen herausgegebenen

Informationen zum Umweltschutz erhältlich sein. Gerade hier ist grundsätzlich eine Möglichkeit überregionaler Zusammenarbeit gegeben: Gemeinden, die sowieso in der Abfall- und Abwasserbeseitigung zusammenarbeiten, können eine gemeinsame Beratungsstelle oder ein gemeinsames Umwelttelefon einrichten.

 Konzentriertes Informationsmaterial

Jede, auch die kleinste Kommune sollte gerade zum Umweltschutz lokales Informationsmaterial herausgeben. Auch hier gilt, daß eine Gemeinschaftspublikation als zusammengefaßte Information kostensparender, übersichtlicher und für den Bürger nützlicher ist als alle möglichen unterschiedlichen Prospekte der verschiedenen kommunalen Einrichtungen. Eine derartige umfassende Publikation sollte zum Beispiel als Beilage in der Lokalzeitung an möglichst viele Haushalte gehen. Zusätzlich kann sich die Stadt in besonderen Fällen mit speziellem Informationsmaterial an die Bürgerinnen und Bürger wenden: Etwa über das neue Klärwerk, das Angebot zusätzlicher Schadstoffsammlungen oder die Einrichtung eines Umweltberaters.

 Gezielte Aktionen

Die Besichtigung der neuen Kläranlage an einem „Tag der offenen Tür", der Gang in die unterirdische Welt der Stadtentwässerung, die Demonstration verbesserter Müllverbrennung, kurzum alles, was anschaulich und spannend die Aufwendungen und Leistungen im Umweltschutz verdeutlicht, gehören zu einer attraktiven und damit wirkungsvollen Bürgerinformation. Das Pressefoto, auf dem der Bürgermeister die erste Tonne für Altglas aufstellt, transportiert mehr an kommunalem Umweltengagement zu den Bürgern als ein langatmiger Leistungsbericht. Wer die Qualität des neu gewonnenen Trinkwassers demonstrieren will, kann vor den Bildjournalisten einfach einmal ein Glas „Abwasser" austrinken.

 Die Bürger zum Umweltschutz motivieren

Es ist Aufgabe der Öffentlichkeitsarbeit, die Bürgerinnen und Bürger zu aktivem Umweltschutz zu motivieren. Ein bescheidener Preis für jene Bürger, die sich besonders um die Umwelt gekümmert haben, die Unterstützung von Gruppen, die im Kommunalwald Abfall einsammeln, die Ehrung verdienter Umweltschützer durch Überreichung eines Buches, der Empfang im Rathaus für Umweltgruppen oder auch ein „Umweltbrief" können hier eingesetzt werden. Nicht zu vergessen ist die Zusammenarbeit mit Bürgerinitiativen zum Umweltschutz, denen bei Gelegenheit öffentlich Anerkennung gezollt werden sollte.

Am Umwelttag kann die Kommune besondere Veranstaltungen durchführen: der „Kater Putz" als Symbolfigur wirbt für eine saubere, umweltbewußte Stadt, ein Müllberg auf dem Marktplatz demonstriert, was alles weggeworfen und doch noch für das Recycling brauchbar gewesen wäre, und die Müllfahrzeuge zeigen Aufschriften und Symbole zum Umweltschutz.

Gespräche mit Experten

In Umweltfragen spielen die Äußerungen von Experten eine große Rolle. Da es bei der Deutung bestimmter Ergebnisse oft widersprechende Meinungen gibt, sollte die Stadt zu Umwelt-Experten Kontakt halten und sich deren Rates versichern. Zu aktuellen Umweltfragen kann eine öffentliche Expertendiskussion auf Einladung der Stadt sinnvoll sein: Die Stadt stellt sich der Meinung der Fachleute. Das wird in der Öffentlichkeit sicherlich positiv vermerkt.

Öffentlichkeitsarbeit im Umweltschutz voller Widersprüche

Kommunale Öffentlichkeitsarbeit im Umweltschutz ist sozusagen „dialektisch" angelegt. Wer auch immer und in welcher Form dazu informiert, bewegt sich oft im Spannungsfeld sich widersprechender Anforderungen. Hier kurz einige dieser Widersprüche, die kommunale Öffentlichkeitsarbeit im Umweltschutz nicht gerade erleichtern:

- Sie muß langfristig angelegt werden und darf nicht kurzatmig sein, obwohl sie es mit ständig wechselnden aktuellen Ereignissen und Anlässen zu tun hat.
- Sie muß um Vertrauen werben und Anerkennung suchen, obwohl die Kommunen selbst früher nicht gerade vorbildliche Umweltschutzmaßnahmen durchgeführt haben.
- Sie muß Umweltsünden von Unternehmen und Bürgern bekämpfen, obwohl die Städte vor allem aus finanziellen Gründen die Höchstanforderungen des Umweltschutzes oft selbst nicht kurzfristig erfüllen können.
- Sie muß an einem bestimmten Punkt innehalten und eine zeitliche Fixierung vornehmen, obwohl in diesem Bereich vieles im Fluß ist und morgen schon kritisiert werden kann, was heute noch gilt.
- Sie muß Koordinationsleistungen erbringen und unterschiedliche Informationen zusammenführen, obwohl andere Institutionen, Behörden oder Personen verantwortlich sind und abweichende Interessen vertreten.
- Sie muß Versäumnisse und Fehler der Vergangenheit aufarbeiten, obwohl deren Ursachen nicht durch die Kommune gesetzt wurden.

(Siehe auch im Anhang auf S. 262 „Kommunale Öffentlichkeitsarbeit im Umweltschutz – Entschließung des Präsidiums des Deutschen Städtetages".)

IV

Mittel der kommunalen Präsentation

Nur gemeinsam sind wir stark

**Nötig ist die
zentrale Vorbereitung
kommunaler
Öffentlichkeitsarbeit**

Eine erfolgreiche kommunale Öffentlichkeitsarbeit soll zentral vorbereitet, abgestimmt, gewichtet, gestaltet, umgesetzt und ausgewertet werden. Selbstverständlich müssen dabei Eigeninitiative und Fachkenntnisse der verschiedenen Organisationseinheiten genutzt und diese von vornherein positiv einbezogen und motiviert werden. Dieser Grundsatz einer zentralen Vorbereitung bei Eigeninitiative von und Abstimmung mit den dezentralen Einheiten gilt im übrigen auch für die anderen Bereiche von Information und Werbung einer Kommune.

Nur so ist grundsätzlich sicherzustellen, daß gleiche Beurteilungen und gleiche Ziele hin zu den Adressaten von Öffentlichkeitsarbeit transportiert werden. Nichts ist schlimmer als einander widersprechende Botschaften. Selbst in kleineren Verwaltungen kann es hier sehr oft Differenzen über den richtigen Weg oder die richtige Maßnahme geben. Solange dies untereinander in den zuständigen Gremien ausgetragen, ja sogar zwischen Kommunalpolitikern öffentlich diskutiert wird und seinen Niederschlag in der Presse oder anderen öffentlichen Reaktionen findet, gehört der Widerspruch durchaus zur kommunalen Demokratie und somit zum Bild einer offenen, abgewogenen Entscheidungsfindung. Falsch jedoch ist es, unwissentlich oder absichtlich solche unterschiedlichen Auffassungen in die geronnene Form von Werbeaktivitäten zu bringen und damit letztlich einen Kampf gegeneinander zu führen anstatt eine gemeinsame Öffentlichkeitsarbeit zu konzipieren und umzusetzen.

**Verdeutlichung
unterschiedlicher Auffassungen
und gegensätzlicher Interessen
als Ausnahme**

Keine Regel ohne Ausnahme. Es gibt wichtige, grundsätzliche Themen, die die Bürgerinnen und Bürger in hohem Maße betreffen und die vorhersehbar zu Auseinandersetzungen führen werden. Etwa im Spannungsfeld von Industrieansiedlung und Umweltschutz, Verkehrsangebot und ruhigem Wohngebiet, Neubauviertel und angrenzender alter Bebauung stecken oft Widersprüche, die zu erheblichen Konflikten führen können. Hier soll Öffentlichkeitsarbeit möglichst früh die gegensätzlichen Interessen verdeutlichen und eventuell sogar unterschiedliche Auffassungen von Kommunalpolitikern oder Verwaltung mit nach draußen transportieren. Wenn erhebliche Gruppenwiderstände zu erwarten sind, ist es besser, die Diskussion sozusagen „vorwegzunehmen" mit der Möglichkeit, an ihr eigene Entscheidungen mit zu orientieren oder zumindest die nach der Entscheidung notwendige Öffentlichkeitsarbeit auf dem Diskussionsergebnis mit aufzubauen. An anderer Stelle wird die Notwendigkeit dieser Form von Öffentlichkeitsarbeit am Beispiel verdeutlicht.

Dennoch, auch eine gewollt kontroverse Präsentation erfordert eine rechtzeitige Abstimmung. Gerade in einem solchen Fall muß vermieden werden, daß es durch unabgestimmte Äußerungen nach draußen zu Verfestigungen und Selbstbehauptungsmechanismen von Teilen der Verwaltung oder der Verwaltungsspitze kommt. Nur die rechtzeitige Abstimmung hält die Möglichkeit der Korrektur offen.

Statt Verzettelung
richtige Gewichtung

Aber nicht nur die Ausschaltung von sich widersprechenden Werbeinhalten oder die notwendige Abstimmung bei der Präsentation gegensätzlicher Ansichten oder Lösungsvorschläge erfordern eine zentralisierte Öffentlichkeitsarbeit. Vor allem geht es bei zentraler Öffentlichkeitsarbeit um den sinnvollsten Einsatz der finanziellen Mittel. Selbstverständlich gibt es eine dezentrale kontinuierliche Öffentlichkeitsarbeit, die einer solchen Konzentration nicht bedarf: Die Stadtbücherei wird jedes Jahr einen neuen Angebotskatalog herausbringen, das Bürgerhaus das Wochenprogramm plakatieren und das Schwimmbad geänderte Öffnungszeiten annoncieren. Welche besonderen Akzente aber in der Öffentlichkeitsarbeit gesetzt werden müssen, darf nicht dem jeweiligen Einzelbereich überlassen bleiben. In diesem Jahr mag ein Programm zum Denkmalschutz in der Altstadt im Vordergrund stehen, im nächsten vielleicht der „Grünplan", der neue Park- und Erholungsgebiete schaffen will. Gerade in mittleren oder kleineren Gemeinden mit geringeren finanziellen Möglichkeiten bei dennoch mannigfaltigen Aufgaben ist eine solche Gewichtung und Konzentration notwendig. Eine Verzettelung der Öffentlichkeitsarbeit trägt zu einem eher unklaren Bild bei.

Frühzeitige Koordination
und nicht
isolierte Vorbereitung

Eine frühzeitige Koordination ist auch von der kommunalen Thematik her gerechtfertigt. Es gibt nur wenige isoliert darstellbare Probleme, Leistungen, Vorhaben, Ziele. Will man zum Beispiel etwas über die Wohnsituation nach draußen transportieren, ist es mit der Bestandsaufnahme nicht getan. Die Zukunftsplanungen, bisherige Leistungen oder auch Versäumnisse, historische Anknüpfungspunkte, die soziale Einbindung des Wohnungsbaus und was sonst noch alles mit dem Thema zusammenhängt, gehören mit dazu. Selbst in einem solch speziellen und klar umrissenen Bereich ist Öffentlichkeitsarbeit nicht ohne Einbeziehung von Stadtarchiv, Kulturinstitutionen oder Planungsamt möglich.

Alle Einzelaktivitäten der Öffentlichkeitsarbeit dienen ja auch immer dem Zweck, die Gesamtheit einer Kommune darzustellen. Hier bringt es wenig, wenn eher zufällig und in unterschiedlicher Form einmal von diesem Amt und dann wieder von jenem Betrieb eine werbende Anzeige aufgegeben wird. „Die Stadt" zusammen mit ihren detaillierten Leistungen wird da schon eher durch eine Anzeigenserie, eine Plakatserie, eine Prospektreihe repräsentiert. Eine solche Anzeigenserie etwa in der Lokalzeitung, die zu den verschiedensten Bereichen Aussagen macht und zum Beispiel jeweils am Samstag mit glei-

chem Hauptslogan und differenziertem Nebenslogan erscheint, kann beides transportieren: Gesamtheit und besonderes Angebot.

Richtige
Terminierung

Die Terminierung von Aktionen der Öffentlichkeitsarbeit sollte auf keinen Fall isoliert erfolgen. Bestimmte Aktivitäten sind eindeutig jahreszeitlich gebunden. Eine Publikation
über die kommunalen Freibäder wird nicht unbedingt im November erscheinen. Vermieden werden sollte aber eine Häufung der Termine dadurch, daß rechtzeitig die Reihenfolge der Werbeaktivitäten festgelegt wird. Diese zeitliche Abstimmung gibt zudem die
Möglichkeit, miteinander verbundene Themen gemeinsam zu präsentieren oder sogar
zusammenzufassen. Dabei ist zu beachten, daß je nachdem eine Entzerrung oder eine
Verdichtung von werbenden Aktivitäten der Öffentlichkeitsarbeit sinnvoll sein kann.

Im „Omnibusverfahren"
verschiedene
Botschaften mitnehmen

Isolierte Öffentlichkeitsarbeit versäumt die Möglichkeit, im „Omnibusverfahren" das
eigene Angebot, die eigene Message umfassender zu transportieren. An einem Einzelbei-
spiel mag hier verdeutlicht werden, was gemeint ist: Für einen eng umrissenen Stadtbereich ist die Sanierung beschlossene Sache. Die Stadtplanung gibt eine „Sanierungs-
zeitung" heraus, die an alle Haushaltungen verteilt wird. Darin wird im einzelnen
dargelegt, wo man sich beraten lassen kann, wie die Sanierungsschritte aussehen, warum
die Sanierung nötig ist und ähnliches. Wenn nun schon finanzielle Mittel für Redaktion,
Produktion und Verteilung aufgewendet werden und zudem eine flächendeckende Zu-
stellung sichergestellt ist, dann könnte dieser „Omnibus" ja auch noch ein paar andere
Informationen mitnehmen. Das kann von Kultur bis Grün, von Kindergärten bis zum Ju-
gendhaus, von der Altenwohnung bis zum Seniorenstammtisch, von der Brunnenpflege
bis zur Fassadengestaltung und von Sporteinrichtungen bis zu Volksbildungsangeboten
reichen.

Zentrale Organisation von Öffentlichkeitsarbeit

Unterschiedliche Zuordnung von Öffentlichkeitsarbeit

In kleineren Städten mag es manchmal leicht sein, die Öffentlichkeitsarbeit in einer Hand zu konzentrieren. Es wird aber schon schwierig, wenn es sich etwa um eine „Tourismusgemeinde" handelt. Denn in ihr wird der Fremdenverkehr von einer besonderen Abteilung, einem eigenständigen Büro oder einem speziellen Verkehrsverein organisiert. Die sonstige Öffentlichkeitsarbeit wird, wenn sie in nennenswertem Umfang stattfindet, woanders angesiedelt sein.

Nicht selten werden aber in Mittel- und Großstädten Aufgaben der Öffentlichkeitsarbeit von verschiedenen Organisationsheiten selbst wahrgenommen. Die Skala reicht von der Pressestelle oder dem Presse- und Informationsamt über Wirtschaftsförderung, Verkehrsamt, Kommunalbetriebe bis hin zu den einzelnen kulturellen Einrichtungen. Auch Stadtplanung und Bauverwaltung, Grünamt und Stadtreinigung und viele andere neigen zu eigenen unabgestimmten Selbstdarstellungen.

Anbindung an die Stadtspitze

Eine konzentrierte, richtig gewichtete, professionelle, themengerechte Öffentlichkeitsarbeit bedarf jedoch, wie bereits erwähnt, der zentralen Vorbereitung und Abstimmung. Deshalb sollte die Öffentlichkeitsarbeit grundsätzlich dem Verwaltungschef zugeordnet sein. Und sie sollte zusammenfassend bei einer Stelle, einem Amt angesiedelt werden. Dafür bietet sich die Pressestelle oder das Presse- und Informationsamt an. Die zentrale Organisation der Öffentlichkeitsarbeit ist eine Grundvoraussetzung für eine erfolgreiche Darstellung und Vermittlung der Stadt nach draußen.

Sonderfälle in einer Geschäftsanweisung regeln

Es gibt allerdings besonders herausgehobene Bereiche, die nicht nur in den großen Städten einer eigenen Öffentlichkeitsarbeit bedürfen, ja deren Aufgabe zu einem guten Teil in Öffentlichkeitsarbeit besteht. Dazu gehören vor allem die Fremdenverkehrswerbung und die Wirtschaftswerbung. Wer Touristen oder Unternehmen in die Stadt holen will, muß eine spezifische Öffentlichkeitsarbeit betreiben.

Eine entsprechende Geschäftsanweisung muß hier die notwendigen Regelungen treffen. Sie sollte die generelle Zuständigkeit der kommunalen Spitze und eines Amtes fixieren, die begrenzten Ausnahmen auflisten, zugleich aber diese Ausnahmen einbinden in die allgemeine Öffentlichkeitsarbeit der Stadt.

Arbeitsgruppe für Öffentlichkeitsarbeit

Es empfiehlt sich zudem die Bildung einer Arbeitsgruppe, als Vorbereitungs-, Abstimmungs- und Entscheidungsinstrument, der die Leiter der vor allem mit Öffentlichkeitsarbeit befaßten Organisationseinheiten angehören. Das letzte Wort bei allen größeren Aktivitäten liegt dann freilich beim Rat. Dieser Arbeitsgruppe sollten unter dem Vorsitz des Presseamtsleiters die Chefs der Fremdenverkehrs- und Wirtschaftswerbung, des Kulturamtes und des zentralen Verwaltungsamtes angehören. Je nach Schwerpunktthemen und entsprechend der jeweils besonderen Akzente in den Städten können weitere Amtsleiter hinzugezogen werden.

Der zentrale „Werbeplan" der Stadt

Die Abstimmung der einzelnen Wünsche und Anregungen für öffentlichkeitswirksame Aktivitäten erfordert ihre Zeit. Auch die Vorbereitung von Kampagnen geht nicht von heute auf morgen. Alle Planungen und Vorhaben sind deshalb jeweils für das nächste Jahr in einem ausreichenden Vorlauf in die Arbeitsgruppe einzubringen. Auf dieser Grundlage kann ein zentraler „Werbeplan" erarbeitet werden, in den die Zielsetzungen der kommunalpolitisch verantwortlichen Spitze eingearbeitet sind. Die frühe Sichtung der beabsichtigten Aktivitäten und ihr Vergleich ermöglichen des weiteren eine Gewichtung nach ihrer Bedeutung für die Darstellung der Stadtpolitik insgesamt. Nebensächliches kann ausgeklammert oder verschoben, Notwendiges aktuell und verstärkt umgesetzt werden. Auch sollte der „Werbeplan" bereits Hinweise auf die jeweilige Umsetzung enthalten, also die Form des „Transports" soweit wie möglich aufführen.

Mittelfreigabe

Ohne Aufnahme in den „Werbeplan" darf keine Aktivität der Öffentlichkeitsarbeit vorbereitet und durchgeführt werden. Ausnahmen, die wegen einer unabweisbaren aktuellen Notwendigkeit im laufenden Jahr entstehen, bedürfen der besonderen Zustimmung des zentral verantwortlichen Amtes, der Arbeitsgruppe und der kommunalpolitischen Spitze. Um sicherzustellen, daß eine koordinierte, abgestimmte und themengewichtete Öffentlichkeitsarbeit nicht umgangen wird, ist außerdem festzulegen, daß die Freigabe der Mittel der Zustimmung des zentral verantwortlichen Amtes und im Fall größerer Kampagnen auch zusätzlich der Arbeitsgruppe bedarf. Es sollte auch sichergestellt werden, daß die Auftragserteilung an Werbeagenturen, Texter, Graphiker und überhaupt an alle mit der Durchführung einer Aktion befaßten Auftragnehmer nur durch das für die Öffentlichkeitsarbeit zuständige Amt oder zumindest in genauer Absprache mit ihm erfolgt.

Erfolgskontrolle
nicht vergessen

Öffentlichkeitsarbeit lernt auch aus den positiven Ergebnissen oder Fehlschlägen. Gerade sie hat es ja mit einem in der Wirkung schwer einschätzbaren Produkt zu tun. Deshalb ist die Auswertung von Erfolg oder Mißerfolg wichtig. Die einzelnen zuständigen Ämter sollten nicht nur Belege von Publikationen an die Arbeitsgrupspe oder das Presseamt geben, sondern nach Abschluß der Aktivitäten auch Daten über Verteilung, Nachfrage, Beschwerden und Lob sammeln und auswerten. In ganz besonderen Fällen mag auch eine Wirkungsanalyse angebracht sein. Aus solcher Rückfütterung können Schlüsse auf andere Ansätze und weitere notwendige Aktivitäten gezogen werden.

Das einheitliche
Erscheinungsbild

Stadtwerbung
in ein „Corporate Design"
einbinden

Eine Gemeinde sollte in ihren Werbemitteln auf jeden Fall ein einheitliches Erscheinungsbild anstreben. Dieses Corporate Design ist ein wichtiges Mittel, Einzelprodukte miteinander zu verbinden und auf einen gemeinsamen Nenner zu bringen. Die identitätsstif-
tende Wirkung solcher äußeren Präsentationsformen darf auf keinen Fall unterschätzt
werden.

Auch heute noch kommt es nicht selten vor, daß ein Amtsleiter oder Dezernent nach
eigenem Gusto Prospekte und Plakate gestaltet oder gestalten läßt, eine Schrift heraus-
sucht oder heraussuchen läßt, die Formate festlegt oder festlegen läßt – kurzum eine vielleicht gute und interessante, mit der Gesamtdarstellung der Stadt nach draußen aber in
keiner Weise verbundene Öffentlichkeitsarbeit betreibt.

Stadtwappen
als „Logo" oder „Signet"

Die meisten Gemeinden haben ein geschichtlich vermitteltes Erkennungszeichen, das
Stadtwappen. Für die Öffentlichkeitsarbeit ist dieses historische „Signet" in unveränderter Form oft nicht voll geeignet. Dennoch: Das Stadtwappen kann der sinnvolle Anknüp-
fungspunkt für ein allgemein verbindliches „Logo" sein, das als „Firmenzeichen" alle
„Produkte", insbesondere Veröffentlichungen der Stadt kennzeichnet.

Stadtwappen haben im Laufe der Geschichte Änderungen erfahren. Durchaus auch dem
Zeitgeschmack und der Mode unterworfen, sieht kaum ein Stadtwappen heute noch so
aus, wie zum Beispiel im Mittelalter. Es kann also angebracht sein, das Stadtwappen zu
„modernisieren" und dadurch „logogeeignet" zu machen, also einzubinden in eine moderne gesamtgraphische Darstellung.

Besonders geeignet ist ein Stadtwappen als Logo oder Signet dann, wenn es eine Aussage
zur Gemeinde insgesamt macht oder wenn es durch einen bestimmten Bestandteil bis in
die Gegenwart hinein mit dieser Gemeinde besonders verbunden ist. Oft aber gibt es keinen unmittelbaren Bezug des Stadtwappens zur Stadt, das Wappen gleicht zudem ähnlichen heraldischen Formen anderer Städte oder ist ganz allgemein gehalten. Hier sollte
überlegt werden, ob sich ein herausragendes Kennzeichen der Stadt oder ein ganz besonderer Inhalt nicht besser für ein „Firmenzeichen" eignet. Die Beratung mit dem Histori-
ker, das Gespräch mit einem Werbefachmann und der Rat eines Designers oder Graphikers sollten jedoch einer solchen Entscheidung vorausgehen. Auch empfiehlt es sich, ein
neues Logo in Konkurrenz entwickeln zu lassen, also etwa drei geeigneten Graphikern
einen Entwurfsauftrag zu geben, der bereits mit einigen inhaltlichen Voraussetzungen
verknüpft wird.

**Verknüpfung des Logos
mit weitern
Besonderheiten**

Ob altes Stadtwappen, modifiziertes Stadtwappen oder neues Logo: für sich allein sind diese Zeichen meist nicht aussagekräftig genug. Das Logo ist ja nicht nur Identifikations- und Werbeelement, sondern auch die „Firmenbezeichnung", der Herkunftsnachweis, das Impressum. Es sollte deshalb stets in geeigneter Weise durch den Namen der „Firma", also der Stadt, der Gemeinde, oder des Kreises ergänzt und mit einem treffenden Slogan verbunden werden. Dieser Slogan kann die Hervorhebung einer „einmaligen" Attraktion oder der Hinweis auf eine unverwechselbare Eigenschaft sein. Aber auch wechselnde Ergänzungen können vorgenommen werden. „Neuhausen. Die Stadt. Mit den Burgfestspielen", kann durchaus ergänzt werden durch „Neuhausen. Die Stadt. Mit dem Freizeitangebot", „Neuhausen. Die Stadt. Das Einkaufszentrum", usw. Die serielle Verknüpfung des Grundproduktes „Neuhausen" mit verschiedenen Angeboten und Lebensäußerungen überträgt die Grundidentifikation auf spezifische, aktuelle oder vorgeformte Anmutungen und Ableitungen.

In ähnlicher Weise läßt sich das Grundlogo mit anderen „Signets" verbinden. So etwa mag auf allen Plakaten, Broschüren oder Prospekten des städtischen Theaters neben dem „Grundlogo" auch noch eine Maske (oder die bekannten zwei Masken) auftauchen. Entsprechend beim Schwimmbad Wellenlinien, beim Straßenbau ein Straßenkreuz, bei der Stadtbücherei ein Buch: der Phantasie sind hier lediglich Grenzen durch die jeweilige Funktionsbezogenheit gesetzt.

Ein gemeinsames Logo muß den einzelnen Veröffentlichungsformen anpaßbar sein, also in verschiedenen Ausfertigungen nach Größe und Anordnung vorliegen. Es soll auf der Visitenkarte eines Kommunalbeamten genauso auftauchen, wie auf einem Plakat, den Briefkopf ebenso schmücken wie die Titelseite einer städtischen Broschüre. Allein schon aus diesem Grunde ist es notwendig, einen geeigneten Gebrauchsgraphiker zu beauftragen, wenn man nicht gleich eine Werbeagentur einschaltet.

**Festlegung
verbindlicher
Gestaltungselemente**

Mit einem solchen Logo allein ist es freilich nicht getan. Das gesamte Erscheinungsbild der Stadt in allen Veröffentlichungen muß leicht identifizierbar sein. Das heißt: Festlegung der jeweiligen Formate, Festlegung grundsätzlicher Gestaltungselemente und Festlegung einer bestimmten Typographie.

Die gewählte Schrifttype soll zwar alle Publikationen miteinander verbinden, sie muß jedoch auch ausreichende Differenzierungsmöglichkeiten lassen. Hier empfiehlt es sich, neben einer der „modernen" Schriften zusätzlich eine Antiquaschrift zu wählen, die für bestimmte Veröffentlichungen – etwa historischer Art – doch geeigneter ist. Auf jeden Fall sollte die verbindlich ausgewählte Grundschrift mit der für das Logo verwendeten identisch sein oder zumindest „benachbart".

**Layoutraster
und
Titelgestaltung**

Ein gleicher Layoutraster, der auf die jeweiligen Größen bezogen eine gestalterische Norm setzt und eine auf einen Gestaltungsmaßstab bezogene Anordnung von Text und Bild garantiert, ist ein weiteres Mittel zum einheitlichen Erscheinungsbild. Nicht zu vergessen ist die möglichst gleiche Titelplazierung des verbindlichen Stadtlogos bzw. seine möglichst gleiche Anordnung bei allen Publikationen.

Ein solches einheitliches Erscheinungsbild auch im Detail der verschiedenen Veröffentlichungen und werbenden Maßnahmen ist heute für große und kleine Gemeinden in gleicher Weise ein unbedingtes Muß, stärkt es doch über die Möglichkeit des Wiedererkennens die Identifikation mit der Stadt.

Das Grundlayout
als wichtige Hilfe

Für die Umsetzung eines solchen gemeinsamen Erscheinungsbildes bedarf es eines verbindlichen Grundlayouts mit möglichst detaillierten Hilfen für alle, die in die Öffentlichkeitsarbeit einer Kommune eingebunden sind. Und natürlich ist ein Grundlayout auch den Graphikern und Textern, den Druckereien und Werbeagenturen Leitlinie und Vorlage für ihre Umsetzungsarbeit.

 ### Das Logo

Wichtig ist dabei das Logo als gemeinsames Erkennungszeichen der Stadt nach draußen. Ein solches Logo ist eine attraktive, graphisch gestaltete Kombination zwischen Stadtnamen, einer möglichen Beifügung zur besondere Charakterisierung der Stadt und einem „Signet", also Wappen oder anderem Zeichen, Symbol oder Bild. Es wird als Prototyp fixiert. Von diesem Logo sind reproduktionsfähige Muster in verschiedenen Größen anzufertigen. Festzulegen ist, falls das Logo auch in einer Mehrfarbversion verwendbar sein soll, die Skala der benötigten Druckfarben. Den Nutzern sind Schneidebögen mit Logo-Mustern in drei bis vier verschiedenen Normgrößen sowie Farbmusterbögen mit abtrennbaren Musterstreifen zur Verfügung zu stellen. Das Logo sollte in zwei oder drei Grundversionen angeboten werden, die jeweils auf einen bestimmten Größenbereich abstellen. Denn für ein Logo auf einer Postkarte bedarf es anderer Buchstabenabstände im Verhältnis zueinander als für das Logo auf dem Großplakat. Sinnvoll ist es, das Logo auch in „Negativform", also weiß auf farbigem oder grauem Hintergrund, als Alternative zur „Normalform" anzubieten. Für bestimmte Veröffentlichungen ist diese Version besser geeignet.

Die Plazierung

Dieser „Firmenmarke" einer Stadt kommt als Erkennungszeichen besondere Bedeutung zu. Entsprechend auch ist das Stadtlogo gut sichtbar und gut wahrnehmbar zu plazieren. Es soll bei Broschüren, Prospekten, Kommunalzeitungen etwa auf der Titelseite, und zwar jeweils gleich angeordnet oben oder unten, rechts oder links stehen. Eine Mindestgröße darf dabei nicht unterschritten werden, denn man soll ja dieses Markenzeichen wahrnehmen können. Zu achten ist darauf, daß das Logo auf oder vor einem ruhigen Hintergrund steht und sich von den anderen Gestaltungselementen absetzt, also nicht „untergeht". Es sollte auch das Impressum zieren.

Die Schrift

Mit ständig wechselnden Schriften ist kein einheitliches Erscheinungsbild nach draußen zu transportieren. Deshalb werden alle Publikationen einer Stadt grundsätzlich nur in einer ganz bestimmtem Schrifttype gedruckt. Gewählt werden sollte eine gut lesbare Schrift, die sich auch für Überschriften eignet. Das Logo braucht nicht unbedingt, kann aber ebenfalls auf der einmal grundsätzlich gewählten Schrift basieren. Diese Schrift sollte „solide" und nicht „altmodisch" sein. Daneben empfiehlt sich die Festlegung einer zweiten Grundschrift von „feinerem" und „eleganterem" Charakter. Sie wird nicht so sehr im Informations- und PR-Geschäft verwendet, sondern dient mehr der Repräsentation und der Übermittlung von „weichen" Themen. Einladungen der Stadt, Publikationen aus dem Kulturbereich, historische Texte und städtische Urkunden etwa können in einer derartigen Schrift produziert werden. Aber auch hier gilt: Es hat der gesamte, einmal dafür vorgesehene Bereich nur diese ganz bestimmte Schrift zu verwenden.

Das Format

Neben Logo und Schrifttype sind für ein einheitliches Erscheinungsbild die Gesamtanordnung von Texten, Bildern, Graphiken und Überschriften in den städtischen Veröffentlichungen wichtig. Hier wird Einheitlichkeit durch ein verbindliches Gestaltungsraster erreicht. Grundlage ist das übliche DIN-Format. Innerhalb dieses Formats gibt es zahlreiche unterschiedliche Möglichkeiten etwa von schmalen hohen bis zu quadratisch gleichseitigen Publikationsformaten. Es sollten jedenfalls Grundformate für die verschiedenen Zwecke festgelegt werden, die dann auch einzuhalten sind. Zu berücksichtigen sind dabei Verteilungs- und Versandnotwendigkeiten, die Wiedererkennbarkeit bei „Serien", wie etwa Prospekten im gleichen Themen- und Zielgruppenbereich, und die Gebrauchsnotwendigkeiten, die zum Beispiel für einen kurzen Überblick ein „handliches" Format erforderlich machen.

Der Satzspiegel

Der Satzspiegel mit seinen Spaltenaufteilungen wird sich jeweils dem gewählten Format anpassen müssen. Auch hier sollte, was Seitenränder, Spaltenabstand, Absätze und Zeilenformation angeht für alle Publikationen ein verbindlicher Raster gewählt werden. Selbstverständlich werden dabei Ausnahmen nötig sein und für Plakate etwa ein anderer Maßstab gelten als für die sonstigen Veröffentlichungen. Zu berücksichtigen sind bei dieser Rasterfestlegung auch die Verwendungszwecke. Material, das in Ordnern abgeheftet werden soll, bedarf zum Beispiel eines breiteren linken Randes als ihn der sonstige Raster vorgibt.

Dennoch: Grundsätzlich sind die Vorgaben zu beachten. Es empfiehlt sich im übrigen, entsprechende „Spaltenraster" für die unterschiedlichen Formate und Zwecke als Muster anzufertigen, zu kopieren und bei Bedarf an die Hand zu geben, ergänzt um Hinweise über die geeigneten Anwendungsgebiete und auf den Zusammenhang zwischen Schriftgröße und Spaltenbreite.

Der Rat von Graphikern, Typographen oder PR-Fachleuten ist im übrigen für die Grundsatzentscheidung und das Grundraster sowie das Anfertigen der Muster zu empfehlen.

Sonderbeispiele

Für Plakate, Broschüren und Prospekte reichen die gemeinsamen Gestaltungsgrundsätze aus. In ihrem Rahmen muß sich dann die besondere und individuelle Gestaltung entfalten. Es gibt aber einige Bereiche, in denen die Umsetzung von Stadtlogo und Stadttypographie nicht ganz so leicht ist und deshalb besonderer Beachtung bedarf:

Der städtische Briefbogen

Der Briefbogen der Stadt muß Informationen über den Absender transportieren, den Adressaten aufführen und noch genügend Platz für den eigentlichen „Brief" lassen. Zudem soll dies alles übersichtlich sein. Zu empfehlen ist hier ein besonderes „Maßblatt" für den städtischen Briefbogen, auf dem die Einstellungsabstände für den Computer angegeben und auch Briefkopf, Logo, Anschrift usw. eingegliedert sind. Den Briefkopf sollte das Stadtlogo zieren. Raum ist auch für ein weiteres Zeichen vorzusehen, denn manche kommunalen Einrichtungen – wie etwa ein Zoo oder eine Kindertagesstätte – haben nicht selten eigene „Symbole". Schließlich ist im Briefkopf auch das Amt hervorzuheben. Das alles nimmt einigen Platz weg, und so empfiehlt es sich, die detaillierte Eigenanschrift mit Telefon, Telefax, e-mail und Internet-Adresse unter einer Linie am unteren Seitenrand anzubringen.

 Visitenkarten

Mitarbeiter mit viel Publikumskontakt oder in einer herausgehobenen, kommunikativen Position sollten mit Visitenkarten ausgestattet werden. Das Stadtlogo ist gestalterisch mit einzubeziehen. Neben Amt, Anschrift, Telefon, Telefax, e-mail und Internet-Adresse, wird auch kurz die Funktion angeführt. Ähnlich der Visitenkarte kann eine Begleitkarte angefertigt werden. Sie wird unter dem Text „Freundlich überreicht von ..." oder „Mit den besten Empfehlungen Ihr ..." nicht nur mit Blumensträußen oder kleinen Geschenken übergeben, sondern auch dem erbetenen Informationsmaterial oder den überreichten Unterlagen beigefügt. Das kostet nicht viel, stimmt den Empfänger freundlich, hebt das Selbstwertgefühl des Mitarbeiters und transportiert natürlich auch das „Stadtlogo".

 Stadtschilder

Die Beschriftung von Fahrzeugen und allen „Amtsschildern" sollte in das einheitliche Erscheinungsbild mit einbezogen werden. Zum Beispiel wird die Stadtreinigung auf ihren Fahrzeugen die gleiche Schrift verwenden wie der Bücherbus der Stadtbücherei. Für alle Schilder ist ein gemeinsames Grundraster zu entwickeln, das neben dem Stadtlogo Raum für die jeweilige Aufgabe vorsieht. Nach dem gleichen Muster und Raster sollten auch die zahlreichen „Amtsschilder" gestaltet werden. Das alles mit dem Ziel, die kommunalen Einrichtungen deutlich als Leistungen der Stadt erkennbar zu machen und sie miteinander in Verbindung zu bringen. Das ist ein weites Feld, das bestellt werden kann.

Wie finde ich den richtigen Adressaten?

Die zielgruppenspezifische Ansprache ist wichtig

Interessante Informationen, gut gestaltete Werbemittel, eine überzeugende Präsentation allein garantieren noch nicht den Erfolg von Öffentlichkeitsarbeit. Wichtig ist darüber hinaus, daß die „Message" auch den gewünschten Adressaten erreicht. Auf ihn, den in ganz bestimmter Weise betroffenen und interessierten Bürger, sollte ein Teil der kommunalen Öffentlichkeitsarbeit möglichst zielgenau abgestellt sein. In der Gemeinde ist das Adressatenspektrum, etwa verglichen mit der Bundes- und Landespolitik, wesentlich breiter, hat man es doch in einer Kommune mit so ziemlich allen Bedürfnissen der Bürgerinnen und Bürger zu tun. Themenbeogene Zielgruppenansprache ist also gerade für die kommunale Öffentlichkeitsarbeit wichtig.

Derartige Zielgruppen sind unter qualitativen und quantitativen Aspekten zu sehen und auszuwählen. Themen der Stadtplanung interessieren natürlich besonders Architekten, Bauunternehmer und Stadtplaner unter einem eher professionellen Gesichtspunkt, genau so aber auch die große Zahl der Bürger, auf die die Planung für Verkehrsanbindung und Wohnumfeld, Arbeitsmöglichkeit und Umwelt, Erholung und Freizeit künftig einwirkt.

Die „Fachleute", die in der Öffentlichkeit oft meinungsbildend wirken, wird man jedoch in anderer Form ansprechen müssen als die Bürgerinnen und Bürger schlechthin. Wobei auch hier zu differenzieren ist, denn eine Bürgerinitiative etwa zu einem ganz bestimmten Straßenprojekt kann sich in Sachkunde und Detailwissen auf Grund intensiver Beschäftigung mit dem Thema nicht selten mit den „Experten" messen.

Die Durchmischung von Zielgruppen

Die Zielgruppen sind natürlich nicht immer genau voneinander abzugrenzen. Sie überschneiden sich. Der Facharbeiter mag zugleich im Kleingartenvereinsvorstand sitzen, in der örtlichen Gewerkschaft eine Rolle spielen und in der Bürgerinitiative für eine Umgehungsstraße zur Entlastung seines Ortsteils kämpfen. Der Rechtsanwalt ist womöglich in einem Sportverein besonders aktiv, wirkt als Theaterbesucher in einer Volksbühnenorganisation mit und ist Mitglied in einem Beirat für Fragen der Verkehrssicherheit.

Die Beispiele ließen sich fortsetzen. Jeder gehört in irgendeiner Weise verschiedenen Zielgruppen an, und zwar in unterschiedlicher Mischung. Dies erlaubt neben der detaillierten Ansprache auch stets den Transport anderer Informationen. Denn der Vater lebt nicht nur in seinem geliebten Briefmarkenverein, sondern ist zugleich auch an Schulfragen interessiert, und die Mutter arbeitet nicht nur in einem Diskussionskreis der Volkshochschule mit, sondern kämpft auch für die Einrichtung eines Kinderhorts.

Eine Zielgruppe ist also nicht immer etwas Festgefügtes, denn neben den vorgegebenen Zuordnungen etwa durch Beruf, soziale Stellung oder überragendes Interesse gibt es vielfältige Überschneidungen.

Dominante
Themen
für „Alle"

Das oft sehr ins einzelne gehende und manchmal geradezu „egoistische" Zielgruppeninteresse kann allerdings kompensiert werden durch „dominante" Themen, an denen unabhängig von besonderen Einbindungen und Engagements alle oder zumindest der größere Teil der Adressaten von Öffentlichkeitsarbeit interessiert sind. Hier ist neben, anstatt oder trotz Zielgruppenorientierung eine „Gesamtansprache" an alle Bürgerinnen und Bürger nicht nur möglich, sondern auch der notwendige, richtige Weg.

Solche allgemein interessierenden Themen sind etwa die wachsende Kriminalität in den Städten oder die Wohnungsbaupolitik einer Gemeinde.

Beim Thema Verkehr sind alle Teil der großen „Oberzielgruppe Verkehrsteilnehmer", wenn auch in ganz unterschiedlicher Zuordnung: als Autofahrer, der einen Parkplatz direkt vor dem Haus oder seiner Arbeitsstätte haben will, als Radfahrer, der sich den Radfahrweg wünscht, als Fußgänger, der sich von Autofahrern und Radfahrern bedrängt sieht, als Kind, das es auf dem Schulweg schwer hat, die Straße zu überqueren, und als Berufspendler, der jeden Morgen mit dem Nahverkehrszug zur Arbeit fährt.

Werbung nicht so sehr für, sondern mit Kultur kann sowohl hin zum eigenen Bürger als auch nach draußen, über die Stadt hinaus unabhängig von jeder Zielgruppenorientierung ein guter Ansatz für die angestrebte Positivpositionierung der Stadt sein. Die eigenen Bürger sind stolz darauf, daß ihre Stadt bedeutende Kultureinrichtungen hat. Die Auswärtigen schätzen eine Stadt mit Kulturimage, auch ohne detailliert informiert zu sein.

Neubürger
eine besondere Zielgruppe

Eine besondere Zielgruppe, deren Ansprache sich bei dem Bemühen um ein Positivbild der eigenen Stadt ganz gewiß lohnt, sind die Neubürger. Eine repräsentative Befragung des Instituts für Demoskopie Allensbach in den deutschen Großstädten mit über 100 000 Einwohnern führte zu dem Ergebnis, daß die Neubürger nur zu 61 Prozent gern in der neuen Heimatstadt wohnen, die Altbürger dagegen zu 80 Prozent. Bei den Neubürgern sind die in der neuen Stadt negativ eingeschätzten Faktoren relativ breit gestreut und nicht nur auf einen Aspekt beschränkt. Die mangelnde Vertrautheit mit der neuen Umgebung wird auch im Detail deutlich. Es zeigen sich gehäuft Hinweise auf ganz bestimmte Informationsdefizite und verfestigte Vorurteile als Teile des vorherigen „Fremdbildes" von der weitgehend unbekannten neuen Heimatstadt.

Die Zielgruppe der Neubürger ist mit Öffentlichkeitsarbeit ohne großen Sonderaufwand erreichbar, etwa über die jeweiligen Meldestellen zu Beginn des Aufenthalts. Der Neubürger ist zu diesem Zeitpunkt besonders ansprechbar, da er ein großes Orientierungsbedürfnis hat. Eine Ansprache durch die neue Heimatstadt und Hilfen beim Zurechtfinden sind ein erster Schritt zu einer schnelleren Integration in das Gemeinwesen.

Eine Neubürgerkampagne kann zudem den „Begrüßungseffekt" nutzen. Die freundliche Aufnahme in fremder Umgebung prägt sich ein und bewirkt guten Willen für die Zukunft.

Es ist erstaunlich, daß bislang noch nicht allzu viele Städte die besondere Neubürgeransprache praktizieren.

Weniger
ist oft mehr

Jede Stadt, ob groß oder klein, könnte sich nahezu ununterbrochen auf zahlreichen „Bühnen" der Öffentlichkeit präsentieren. Selbst große Konzerne haben kein so mannigfaltiges Angebot und keine so verschiedenartigen Aufgaben.

Öffentlichkeitsarbeit nicht mit der Streubüchse

Da werden Straßen und Wege gebaut und gereinigt, Kindergärten betreut, Krankenhäuser betrieben, Museen bestückt, Touristen angelockt, Paare getraut und Geburten registriert, Tote beigesetzt und Friedhöfe gepflegt, Müll gesammelt und verwertet, Wasser gereinigt und transportiert, Nahverkehr ausgebaut, Märkte organisiert und vieles, vieles mehr. Und alles könnte beworben werden.

Es wird auch alles beworben. Manches Amt und mancher kommunale Betrieb, mancher Dezernent und manches Ratsmitglied haben eigene kleine Werbetöpfe und machen damit besondere Öffentlichkeitsarbeit, meist ohne sie einzubinden in das angestrebte Gesamtbild der Stadt. Öffentlichkeitsarbeit sollte aber gewichtet und nicht mit der Streubüchse erfolgen.

Konzentrierte Kampagnen

Eine inhaltlich und zeitlich begrenzte Kampagne der Öffentlichkeitsarbeit ermöglicht den konzentrierten Einsatz von Mitteln. Sie ist trotz möglicherweise aufwendiger Einzelteile insgesamt sparsamer, weil effektiver. Sie ist zudem in Inhalt und Form einheitlich gestaltbar.

Eine solche konzentrierte Kampagne kann etwa aus dem „aktuellen" Anlaß eines tausendjährigen Stadtjubiläums, der Einweihung des neuen Rathauses, der Übergabe der langersehnten Umgehungsstraße oder der festlichen Premiere im erweiterten Theaterbau genauso durchgeführt werden, wie zu eher allgemeinen aktuellen Zielsetzungen in Kultur, Verkehr, Wirtschaft und Tourismus. Wichtig ist jedoch, sich eines thematisch fixierten Ansatzes zu bedienen und von ihm ausgehend andere Bereiche mit einzubeziehen.

So wird die Kampagne zum Stadtjubiläum unter diesem Thema laufen und ihre Identität von daher beziehen. Sie wird aber aus diesem aktuellen Anlaß auch die meisten anderen Facetten der Stadt mit transportieren. Die Kulturkampagne einer Stadt, die ein Imagedefizit auf diesem Gebiet ausgleichen will, wird auch das vorzügliche gastronomische Angebot nach dem Theaterbesuch, die ausgezeichnete Verkehrsanbindung der Museen und die kunsthistorisch bedeutende Rolle der Stadt überhaupt mit einbeziehen.

Die am Thema orientierte Kampagne transportiert eine Message eindeutiger, macht sie merkbarer und faßbarer. Eine sorgfältige Vorbereitung und Aufarbeitung des Leitthemas, die richtigen Themenergänzungen und die abgestimmte Medienauswahl für den Transport zum Adressaten sind für ihren Erfolg Voraussetzung.

Öffentlichkeitsarbeit
darf nicht zerfasern

Öffentlichkeitsarbeit darf auf keinen Fall zerfasern. Nicht die bloße Menge bringt den Erfolg, sondern die Themenselektion und Themenverdichtung. Natürlich will jeder seine wichtige Aufgabe herausstellen, seine Leistung besonders präsentieren, seine schwierige Arbeit verdeutlichen.

Nur: draußen ist diese Präsentation vielleicht gar nicht gefragt. Es gibt Leistungen der Verwaltung, die der Bürger als selbstverständlich ansieht, und Angebote, die niemanden „vom Hocker reißen". Mit ihnen kann und sollte keine besondere Kampagne durchgeführt werden. Es gibt Probleme, die klein sind und klein bleiben. Sie brauchen von der Öffentlichkeitsarbeit nicht aufgegriffen zu werden.

Öffentlichkeitsarbeit
selbst gemacht

Klare Regelung
der Verantwortung

Brauchen wir immer eine Agentur? Bei umfangreichen und komplizierten Werbekampagnen mag sie unentbehrlich sein, in der alltäglichen Öffentlichkeitsarbeit vor allem der kleineren und mittleren Städte ist sie jedoch oftmals entbehrlich. Voraussetzung ist freilich, wie bereits oben ausgeführt, eine klare Regelung der Verantwortung für die Vorbereitung und Umsetzung der geplanten Aktionen. In Frage kommen je nach Größe der Kommune ein zentraler Mitarbeiter oder das Amt für Presse- und Öffentlichkeitsarbeit.

Eigengestaltung kommunaler Öffentlichkeitsarbeit wird also nicht dem jeweiligen Fachamt oder einzelnen Experten, wie etwa Bauingenieuren oder Amtsärzten übertragen. Dort sind die notwendigen Unterlagen vorzubereiten und selbstverständlich kommen von dort auch fachliche Anregungen.

Ein fester
Gestaltungsrahmen
gehört dazu

Eine weitere wichtige Voraussetzung für die „selbstgestrickte" Öffentlichkeitsarbeit ist ein vorweg fixierter Gestaltungsrahmen, in den sich die einzelnen Projekte einpassen. Ein für die Gesamtverwaltung verbindliches Grundlayout und ein in allen Bereichen wiederkehrendes „Logo" als Erkennungszeichen und die einzelnen Teile verbindendes Signet geben, wie bereits dargestellt, einen festen Halt und verhindern ein zu weites Auseinanderdriften der jeweiligen Einzelaktionen. Diese Grundlage für die gesamte Öffentlichkeitsarbeit einer Kommune sollte allerdings professionell, das heißt von einer Agentur oder einem besonders geeigneten graphischen Büro (siehe weiter unten), erarbeitet werden.

Unter solchen Voraussetzungen kann sich dann die Öffentlichkeitsarbeit im einzelnen durchaus eigenständig entfalten. Eine zu starke Individualisierung der einzelnen Werbeaktivitäten wird verhindert und für eine jeweils wiedererkennbare Darstellung der Kommune und den fachlichen Rahmen für die Eigenproduktionen ist gesorgt.

Journalisten,
Graphiker, Fotografen und
Kamerateams
als freie Mitarbeiter

Die „selbstgemachte" Öffentlichkeitsarbeit bedient sich durchaus auch einzelner PR-Profis als freier Mitarbeiter: Der Text für eine Broschüre wird im Auftrag von einem dafür geeigneten Lokaljournalisten angefertigt, bei rein werbenden, weniger informatorischen Aktivitäten von einem Werbetexter. Ein Gestaltungsentwurf innerhalb des Grundlayouts kommt von einem Graphiker. Das Bildmaterial liefert ein Werbefotograf oder sonstiger

Berufsfotograf, bei bestimmten aktuellen Publikationen ein Bildjournalist. Die illustrativen Teile steuert der Graphiker, ein Illustrator oder ein Karikaturist bei.

Für Videofilme sollte man sich bei kleineren für das Fernsehen arbeitenden Produktionsfirmen umsehen oder, wenn es sich um einen nicht so umfangreichen Auftrag handelt, auch einmal ein Fernsehteam – Kamera, Ton und Licht – direkt engagieren. Solche Teams arbeiten ganz gern hin und wieder „nebenberuflich", und ihre Preise sind passabel.

Manche Eigenproduktionen erfordern nur geringe Koordinierung. So wird ein Plakat zumeist das Werk eines einzelnen Graphikers sein. Eine Textinformation ohne jegliche Illustration bedarf lediglich des guten Texters, denn die graphischen Zutaten regeln sich nach dem Grundlayout sozusagen von selbst.

Hilfe durch
einen
„Werbeberater"

Die Vergabe an freie Mitarbeiter entlastet die in der Kommunalverwaltung für Öffentlichkeitsarbeit zuständige Stelle nicht davon, die Zielrichtung der geplanten Aktion zu beschreiben, das nötige Informationsmaterial zu sammeln und zu sichten, den gewünschten Transportweg hin zum Adressaten festzulegen und die dafür geeigneten Medien auszuwählen

Ganz ohne Hilfe braucht der kommunale Öffentlichkeitsarbeiter aber auch bei diesen Vorbereitungen nicht zu bleiben. Ohne eine Agentur mit der Gesamtbetreuung einer Werbeaktivität zu betrauen, kann man sie dennoch zur „Beratung" hinzuziehen. Das Beratungshonorar wird nach Stundensatz abgerechnet. Die einzelnen Umsetzungsarbeiten werden dann selbst oder von den beauftragten Textern oder Graphikern durchgeführt. So ist jedenfalls sichergestellt, daß auch bei der eigenständigen Öffentlichkeitsarbeit fachlicher Rat nicht fehlt. Gerade kleinere Agenturen oder auch einzelne PR-Berater, die aus dem Geschäft der Großagenturen ausgestiegen sind und sich selbständig gemacht haben, sind für diese fachlichen Hilfestellungen gut geeignet.

Kommunale Publikationen

Die Kommunen geben zahlreiche Publikationen heraus – zum Beispiel: Fremdenverkehrsprospekte, Faltblätter über Sozialeinrichtungen, Veranstaltungskalender, stadthistorische Werke, Farbbildbände oder Handbücher der heimischen Wirtschaft. Die Informationsbedürfnisse sind in den einzelnen Kommunen ganz unterschiedlich. Hier soll nun versucht werden, einige Bürgerinformationen aufzulisten, die zur „Basisausstattung" einer Kommune gehören sollten.

Daten und Fakten

Der auswärtige Besucher, aber auch der Bürger, der Journalist oder der Ansiedlungsinteressierte können sich umfangreiches Informationsmaterial über eine Kommune besorgen, wenn sie in die Tiefe und Breite gehen wollen. Für den alltäglichen Gebrauch und für die Grundinformation genügt dagegen ein kleines Faltkärtchen mit den aktuellen „Daten, Fakten, Zahlen". Aufgeführt sind die neuesten statistischen Angaben über Bevölkerung, Wirtschaft und Verkehr, über Schule, Kindergarten, Krankenhaus und überhaupt alle wichtigen Einrichtungen. Fehlen dürfen auch nicht Angaben über die Theater und Messen und deren Besucherzahlen, den Sport und seine Einrichtungen, schließlich über die Verwaltungsspitze und den Rat. Die Auflistung der drei bis vier Stadtwahrzeichen und der wichtigsten historischen Bauten braucht ebensowenig zu fehlen wie die Erwähnung von „Einmaligkeiten", also des Ältesten, Kleinsten, Höchsten, was es in der jeweiligen Kommune gibt, sowie von den drei bis vier herausragenden historischen Daten. Im kleinen Format DIN A 6 auf Kartonpapier gedruckt und als Leporello, also wie eine Ziehharmonika gefaltet, läßt sich der ganze Datenschatz bequem in jeder Brieftasche unterbringen und nutzen, wenn von Journalisten oder von wem auch immer einmal Zahlen gebraucht werden. Solch ein kleines Faltblatt braucht nicht viel zu kosten.

Ämterwegweiser

In der kleinen Stadt mag es weniger Orientierungsprobleme im Verkehr mit den Ämtern geben. Aber selbst wenn man dort ein Amt oder eine Dienststelle leichter als in der Metropole finden kann, ist ein Ämterwegweiser, ein Verwaltungsführer oder wie immer das Heftchen heißen soll, eine gern zur Hand genommene Hilfe. Dieser Ämterwegweiser listet nicht nur sämtliche städtischen Dienststellen mit Adresse und Sprechzeit auf und gibt Informationen über deren Aufgaben und die dort erhältlichen Hilfen, sondern informiert auch über andere nichtstädtische Behörden. Schließlich kann der Ämterwegweiser mit genutzt werden, um die Aufgabengliederung der Verwaltung zu erläutern und einige aktuelle Probleme und Absichten der Stadt anzusprechen. Empfehlenswert ist auch, die Anschriften und Sprechzeiten von Kammern und Verbänden sowie anderen wichtigen Institutionen mit aufzunehmen. Entsprechende Fremdanzeigen können die Herstellung eines solchen Wegweisers verbilligen.

Stadttelefonheft

Ganz ähnlich ist die Aufgabe des sogenannten Stadttelefonhefts. Hier sind nicht nur die Behörden und Ämter aufgeführt, sondern alle Sachbearbeiterinnen und Sachbearbeiter mit ihren jeweiligen Telefonanschlüssen. Der Bürger bekommt also den gewünschten Partner der Verwaltung direkt „an die Strippe". Der Wert eines solchen Telefonverzeichnisses ist kaum zu überschätzen. Es hilft der eigenen Verwaltung bei der Innenkommunikation. Es ist aber auch ein wichtiges Arbeitsmittel für alle Unternehmen und Behörden in der eigenen Stadt und darüber hinaus. Wie der Ämterwegweiser muß ein solches Stadttelefonheft regelmäßig auf den aktuellen Stand gebracht werden.

 Vereinsspiegel

Von der Kommune gefördert, stolz auf ihre Stadt und nach außen Repräsentanten des eigenen Gemeinwesens, spielen Vereine in der engeren Heimat eine wichtige Rolle. Sie helfen zum Beispiel, Neubürger in die Gemeinschaft zu integrieren, bieten Bindungen über den familiären Kreis hinaus und erfüllen eine soziale Funktion. Mit einem „Vereinsspiegel" wird nicht nur ihre Arbeit unterstützt. Eine solche Publikation liegt auch im Interesse der Kommune selbst. Ein derartiger Vereinsspiegel gibt einen Überblick über das Vereinswesen in der Stadt, stellt die Angebote der verschiedenen Vereine dar und listet für den Interessierten die Informations- und Anlaufmöglichkeiten auf. Ein Anfragecoupon für eine weitergehende Information durch den in Frage kommenden Verein kann beigefügt werden. Natürlich sollte die Stadt ihr Licht nicht unter den Scheffel stellen und ihre Vereinsförderung kurz darstellen. Auch beim Vereinsspiegel kann es möglich sein, die Finanzierung über einen geeigneten Verlag mit Insertionen zu unterstützen.

 Seniorenzeitung

Seniorinnen und Senioren sind eine wichtige Gruppe in der Bürgerschaft. Seniorenpolitik ist nicht mehr allein Fürsorge für die älteren, hilfsbedürftigen Menschen, sondern Beteiligung an deren Integration in eine lebendige Stadtgemeinschaft. Hinzu kommt, daß gerade die älteren Bürgerinnen und Bürger besonders stark mit ihrer Stadt verbunden und deshalb positive Botschafter derselben sind. Eine Seniorenzeitung in Form eines kleinen bescheidenen „Blattes" mit wenigen Seiten kann die Älteren über das Geschehen in der Stadt und die sie besonders interessierenden Dinge informieren. Eventuell können die Senioren selbst an der Gestaltung und am Inhalt mitwirken und über einen Redaktionsbeirat ihre Interessen und Erfahrungen mit einbringen. Solch eine Seniorenzeitung kann in einem größeren Zeitabstand von etwa einem Vierteljahr erscheinen. Wo es keine stadteigene, direkte Verteilungsmöglichkeit gibt, sollte sie über Apotheken, Arztpraxen, Sozialeinrichtungen, Seniorentreffs oder Altenheime vertrieben werden.

 Behindertenführer

Eine weitere Gruppe, die besonderer Aufmerksamkeit bedarf, sind die behinderten Bürgerinnen und Bürger. Für sie ist es beispielsweise wichtig zu wissen, wo es benutzbare Wege für Rollstuhlfahrer gibt oder wo man mit einem Aufzug an den Bestimmungsort gelangen kann. Hilfreich ist hier ein Behindertenführer, möglichst mit einem speziellen

Stadtplan für Behinderte. In ihm sind alle für die Behinderten gedachten Einrichtungen mit Adresse und Öffnungszeit, die Vergünstigungen für die Behinderten und wie man diesselben in Anspruch nehmen kann sowie die Kontaktstellen und Treffen für diese Gruppe aufgelistet.

 Spezial-Infos

Andere Bürger benötigen aber ebenfalls spezielle Informationen zu ganz bestimmten Fragen. Für sie sollten, sobald ein Bedarf erkennbar ist, Informationsblätter, Prospekte oder Broschüren angefertigt und an sie abgegeben werden. Zu denken ist gerade heute an Wohnungssuchende und Mieter, die auf Information und Beratung angewiesen sind, oder an Bürger, die selbst bauen oder eine Eigentumswohnung erwerben wollen und Informationen über städtische und sonstige Hilfen suchen. Es gibt Eltern, die sich für das Angebot und für die jeweiligen Inhalte von Kindertageseinrichtungen, Kinderferienprogrammen und überhaupt für alles, was die Kinder betrifft, interessieren. Über soziale Hilfen suchen viele Menschen auf die jeweilige Stadt bezogene Informationen. Empfohlen wird hier die Herausgabe einer in Erscheinungsbild und Format einheitlichen Serie von entsprechenden „Spezial-Infos".

 „Stadtzeitung"

Aus einem besonderen Anlaß, etwa zu den „Tagen der offenen Tür", bei einem Stadtjubiläum, zum Jahresabschluß oder regelmäßig zur Ergänzung einer zu knappen kommunalen Berichterstattung etwa der Monopolzeitung vor Ort kann eine von der Stadt herausgegebene „Stadtzeitung" für eine umfassende Bürgerinformation aus dem Rathaus gute Dienste leisten. Natürlich sollte eine solche Zeitung an alle Haushaltungen verteilt werden, denn nur dann lohnt sich der redaktionelle und finanzielle Aufwand. Wenn die Herausgabe einer eigenen „Zeitung" zu schwierig ist, sollte geprüft werden, ob sie nicht die lokale oder regionale Zeitung als Beilage aufnimmt und an ihre Leser transportiert. Bei der selbstproduzierten und selbstverteilten „Zeitung" ebenso wie bei der Beilage in der Ortszeitung kann versucht werden, über einen Anzeigenteil die Kosten zu reduzieren. Auf jeden Fall sollte man sich für die Redaktion und Gestaltung eines derartigen Blattes der Hilfe und Sachkenntnis von „Profis" versichern.

(Zu weiteren Einzelheiten insbesondere zur wettbewerbsrechtlichen Problematik von „Stadtzeitungen" siehe S. 220ff.)

Bürgerinfo kann auch Spaß machen

 Sachinformation ist nötig...

Die sachliche Information muß stets im Vordergrund kommunaler Öffentlichkeitsarbeit stehen. Denn der Kommunalpolitiker, die Kommunalverwaltung und eine Stadt insgesamt sollten nicht in den Verdacht kommen, unseriös zu informieren und zu werben. So wird sich der Informationsprospekt zur Erläuterung von Planungsvorhaben, der Faltplan mit detaillierter Darstellung einer Ortsteilentwicklung oder das Programmheftchen zum Kultursommer der „traditionellen" Darstellungs- und Textform bedienen. Der speziell am Thema interessierte oder vom kommunalen Handeln im Einzelfall betroffene Bürger wird von derartigen Publikationen auch seinen Nutzen haben. Die kommunalpolitische Diskussion wird versachlicht, der Informationsstand der Betroffenen verbessert und Offenheit der Stadtspitze gegenüber den Bürgern demonstriert. Und das ist gut so.

 ... aber auch Originelles ist gefragt

Zumindest für den Transport kommunaler Themen hin zu kommunalpolitisch weniger engagierten Bürgern, bedarf es attraktiverer Ansprechformen und besonders verdichteter Inhalte. Gerade die kleine Werbebotschaft kommt bei vielen in der geeigneten spielerischen oder originellen Form an. Als Anregung seien im folgenden einige „ausgefallene" Transportmittel genannt. Sie können durch eigene Ideen ergänzt werden.

 „Guckis"

Die kleinen bunten Plastikkästchen ähneln jenen Mini-Boxen, in die man ein Dia hineinschiebt, um es dann zu betrachten. Beim „Gucki" ist in dem geschlossenen Kästchen bereits ein kurzer „Film" mit bunten Bildern „eingespannt". Drückt man auf den Knopf, wird mechanisch jeweils das nächste „Bild" transportiert. Vor das Auge gehalten sieht man bei hellem Hintergrund das jeweilige Bildmotiv vergrößert. Natürlich kann man auf diese Weise schöne Farbfotos der Stadt präsentieren. Interessanter ist aber ein kleiner „Trickfilm" mit einer lustigen gezeichneten „Stadtfigur", die in Sprechblasen vor entsprechendem Hintergrund etwas sagt oder eine Abfolge von „Stadtkarikaturen". Die bunten Zeichnungen können dann immer wieder durch zwischengeschobene Texte mit Informationen, Daten und Hinweisen unterbrochen werden. „Gucki" regt den Spieltrieb an, wird in fernöstlichen Billigländern hergestellt und ist „mal was anderes".

 Comics

Comics sind ja eigentlich keine amerikanische Erfindung. Max und Moritz oder der Struwwelpeter sind unsere einheimischen Vorläufer. Besonders junge Menschen „fahren" auf Comics „ab". „Stadtcomics" transportieren etwas über die eigene Stadt. Die jeweilige „Story" kann man sich von den üblichen Comic-Heftchen oder Zeitungscomics abgucken: Der Besuch aus dem Weltraum entdeckt die Besonderheiten und tollen Sachen in der eigenen Stadt, die „Love Story" wird dank hilfreicher Bürger zu einem guten Ende geführt, und das neueste kommunale Vorhaben setzt sich mit Hilfe von Superman gegen alle Widerstände durch. Wichtig ist der richtige Zeichner und richtige Texter. Man kann allerdings auch einen existierenden Comic einfach umtexten und mit Lokalkolorit ergänzen. Bei begrenzter Verwendung nur in der eigenen Stadt, entsprechendem Urhebernachweis und einer „Angebotsseite" für andere Comics ist der Comicverlag eventuell bereit, gegen ein bescheidenes Nachdruckhonorar seine Zustimmung zu geben.

 Daumenkino

Früher einmal war sie „in", die mechanisch bewegte Trommel mit den gezeichneten Einzelphasen, die dann über einen Spiegel die bewegte Figur ergaben. Das war damals, als der Kinematograph noch nicht die Welt erobert hatte. Ähnlich funktioniert das „Daumenkino", in dem die Bewegung durch das schnelle Blättern von Seiten zwischen Daumen und Zeigefinger entsteht. Wie beim richtigen Zeichentrickfilm müssen einzelne Phasen gezeichnet werden. Das Format sollte etwa einem Kartenspiel entsprechen. „Farbfilm" braucht das Daumenkino nicht zu sein. Die Schwarzweißzeichnung genügt. Eine für die Stadt wichtige Person, eine symbolische Figur, ein historisches Ereignis oder ähnliches auswählen und daraus dann eine lustige Szene zeichnen lassen. Auf der Titelseite oder am Schluß werden Textinformationen über die Stadt untergebracht.

 Drehscheibe

Wer kennt nicht die „Drehscheibe", mit der man bestimmte Zahlenwerte oder auch Ereignisse und Daten durch Drehen der „äußeren" hinter der „inneren" Scheibe miteinander in Verbindung bringen kann. Eine solche „doppelte Scheibe" kann auch Daten, Berühmtheiten, Bauten, Geschichte, Leistungen der eigenen Stadt in der jeweils gewünschten Form miteinander zusammenfügen. Das macht Spaß, informiert über Geschichte und Gegenwart und regt den Spieltrieb an.

Kleine Werbegeschenke erhalten die Freundschaft

Öffentlichkeitsarbeit einer Stadt ist nicht nur die geeignete Information von Bürgerinnen und Bürgern, von besonderen Zielgruppen innerhalb und außerhalb der Stadt und von Touristen, sie ist auch Sympathiewerbung. Da kann manchmal ein bescheidenes „Geschenk", ein reizvolles Souvenir oder eine kleine Aufmerksamkeit in der Imagewerbung mehr bewirken als seitenlange Texte.

 Firmenpräsente nicht unbedingt Vorbild

Noch immer verschicken jedes Jahr vor Weihnachten viele Firmen an ihre Kunden entsprechende Werbepräsente. Schon früh im Herbst kommt der Kalender, und es gibt kaum einen Vertreter, der bei seinem Besuch nicht einen Kugelschreiber oder Notizblock hinterläßt. Immer mit einem Firmeneindruck und dem Firmensymbol, versteht sich. Sonst sind diese kleinen Werbegeschenke kaum voneinander zu unterscheiden. Das ist nicht gerade besonders originell.

 Eine Kommune sollte eigene Wege gehen

Werbearbeit einer Kommune sollte hier eigene Wege gehen. Dies ist um so eher möglich, als ja eine große Zahl von Anknüpfungs- und Bezugsthemen gegeben ist. Berühmte Leute, geschichtliche Bauten, kulturelle Leistungen, differenzierte Servicebereiche etwa bieten genug Stoff für eine Idee und deren Umsetzung.

 Der Bedarf an Werbegaben

Eine Kommune braucht derartige kleine Werbegaben in größerem Maße: Die Besuchergruppe aus der Partnerstadt, der Sportverein beim Freundschaftsspiel, die Teilnehmer an der Unternehmertagung, die Aussteller auf der sommerlichen Messe werden im Rathaus empfangen, auf ihrer Veranstaltung begrüßt oder mit einem Brief des Bürgermeisters in ihrem Hotelzimmer wilkommen geheißen. Ein bescheidenes Gastgeschenk tut hier seine Wirkung. Hinzu kommen noch die eigenen Bürgerinnen und Bürger: Die Jubilargruppe, die Neubürger, die Gewinner eines Spiels, die für Verdienste besonders Geehrten – kurzum all jene, denen die Stadt danken oder eine Anerkennung zukommen lassen möchte.

 Auch für andere Zwecke geeignet

Aber nicht nur der Begrüßung von Gästen oder der Ehrung verdienter Mitbürgerinnen und Mitbürger dienen derartige Aufmerksamkeiten. Sie können auch Gewinne bei Bürgerwettbewerben sein, einige sogar bei Veranstaltungen wie etwa den „Tagen der offenen Tür" verkauft werden. Der Erlös wird zur Finanzierung weiterer Öffentlichkeitsarbeit verwendet.

Partner bei der Gestaltung und Produktion

In den meisten Fällen gibt es keine Schwierigkeiten, die entsprechenden Partner für Gestaltung und Produktion zu finden. Manchmal kann man sich an bestehende Spezial-Firmen anhängen. Da nahezu alle „Geschenke" nicht aktuell zu sein brauchen, können sie über Jahre hinweg abgegeben werden. Entsprechend kann die Produktionsmenge angesetzt werden. Die höhere Auflage hat niedrigere Stückkosten zur Folge.

Hier nun einige Anregungen:

 Aufkleber

Sie können in verschiedenen Formen und mit unterschiedlichen Motiven etwa als Autoaufkleber, zum Schmuck der Akten- oder Einkaufstasche, in kleinerem Format als bunter Tupfer für Briefe oder Zukleber bei Geschenkverpackungen vorgesehen werden. Je nachdem kann für die Aussage auf dem Aufkleber der Name der Stadt, eine ihrer Besonderheiten, das Logo oder auch ein aktuelles Thema gewählt werden.

 Streichhölzer

Ein gutes Werbemittel sind Streichholzbriefchen. Über ihre Nützlichkeit hinaus sind sie sogar ein Sammlerobjekt. Streichholzbriefchen sollten in einer „Serie" mit verschiedenen Motiven aufgelegt und auch in kleinen Päckchen abgegeben werden. Sie können auch bei Empfängen und Festen der Stadt mit „serviert" werden. Die Motive müssen von vornherein so ausgewählt und gestaltet sein, daß sie als „Miniatur" wiedergegeben werden können. Die Themenskala reicht von der Geschichte der Stadt über städtische Einrichtungen und Aufgaben heute bis zu Stadtoriginalen und Stadtanekdoten.

 Notizblock

Ein Notizblock läßt sich bei allen Konferenzen und Sitzungen auslegen, einer Mappe mit Informationsmaterial beifügen und auch als „Trostpreis" verwenden. Die Titelseite des DIN-A 5-Blocks bringt einfarbig oder bunt ein Stadtmotiv oder auch verschiedene Stadtbilder. Jede Seite zeigt oben rechts ebenfalls ein interessantes Stadtmotiv vielleicht mit ein paar beschreibenden Worten.

 Ansichtskarten

Im Leporello wie eine Ziehharmonika gefaltet, in einem Päckchen zusammengefügt oder auch einzeln sind bunte Ansichtskarten ein gutes Transportmittel des Stadtbildes nach draußen. Natürlich werden Ansichtskarten sowieso angeboten und verkauft. Deshalb muß die Stadt schon etwas Besonderes bieten. Zum Beispiel eine Nostalgieserie, ein Päckchen mit zeitgeschichtlichen Stadtbildern, eine Zusammenstellung bedeutender Leute oder auch eine Ansichtskarte in Manier der naiven Maler. Die Ansichtskarten werden mit einem kurzen Text versehen, der die Stadt mit Bezug auf das jeweilige Motiv auf diese Weise in Form von Zahlen, Daten, Geschichte, Kultur oder Persönlichkeiten transportiert.

Kugelschreiber

Auf einem Kugelschreiber oder Filzstift ist wenig Platz. Stadtname und ein ganz klares, einfaches graphisches Element müssen genügen. Beim Kugelschreiber oder Filzstift macht sich der Stadtname gut auf der Ansteckhalterung.

 Bastelbogen

Gar nicht so teuer ist ein „Bastelbogen", aus dem sich jeder selbst ein Stück Stadt bauen kann. Der buntbedruckte Bogen aus festem, aber biegsamem Papier kostet kaum mehr als ein Plakat. Die Gebrauchsanweisung wird mit aufgedruckt. Der Phantasie sind keine Grenzen gesetzt: der bekannte Hexenturm oder das mittelalterliche Rathaus oder ein altes Schiffchen mit dem Stadtnamen sind einige Beispiele. Alles, was sich positiv und eindrucksvoll mit der Stadt verbindet, kann als Sujet dienen. Einzige Voraussetzung ist, daß es sich gut für den „Eigenbau" eignet und ein schönes „Modell" abgibt.

 Farbbildband

Ein wichtiges Geschenk vor allem für auswärtige Gäste ist der farbige Bildband mit attraktiven Stadtansichten. Ein Grußwort oder ein Vorwort des Bürgermeisters, ein kurzer Einführungstext und entsprechende Bildunterschriften gehören dazu. Von einem Bildband erwartet der Empfänger die optische Präsentation einer Stadt und keine ausführlichen Beschreibungen. Bildbände brauchen im übrigen nicht immer dick und teuer gebunden „daherzukommen".

 Stadt-Kartenspiel

Mit einem „X-Stadt-Kartenspiel" kann man Freunde gewinnen. Im vergangenen Jahrhundert, beginnend mit dem Biedermeier, wurden Kartenspiele mit Stadtmotiven und berühmten Leuten aus dem Stadtleben herausgebracht. Wo so etwas vorhanden ist, lohnt ein „Remake". Aber auch heute können „Stadt-Kartenspiele" erfunden werden. Ein Quartettspiel wird etwa bekannte Bauten, Plätze, Kunstwerke oder geschichtliche Ereignisse der Stadt einander zuordnen. Ein Skatspiel kann sich bei König, Dame, Bube bekannter Stadtpersönlichkeiten und Stadtfiguren bedienen.

 Puzzle

Ein Stadtmotiv, am besten „das" Stadtsymbol, wird zum Puzzle gemacht. Das bunte Stadtpuzzle wird auf einer Pappscheibe angeordnet und einfach in eine Zellophanhülle eingeschweißt. Ein Beizettel mit Erläuterung und einem informativen Text über Puzzlemotiv und Stadt darf nicht fehlen.

 T-Shirt

Jugendgruppen und Sportler, Touristen und Stadtfans tragen es gern, das besondere Stadt-T-Shirt. Es gibt viele Firmen, die die Produktion von „Werbe-T-Shirts" preiswert anbieten. Oft ist eine Firma daran interessiert, das Produkt zusätzlich selbst auf den Markt zu bringen. Hier ist manchmal ein „Deal" möglich. Jede Person, die mit dem T-Shirt die eigene Stadt „spazieren trägt", wird zum Stadtwerber.

Serviertablett

Originell ist auch das Serviertablett mit lustigen oder historischen Stadtmotiven. Preiswert aus Blech gepreßt und farbig „bedruckt", zum Schutz mit Klarlack überzogen, kann es dekorativer Wandschmuck oder geeignetes Serviergeschirr für den kleinen Drink sein. Zusammen mit „Stadtgläsern" oder „Stadttassen" ist es ein „gehobenes" Geschenk für besondere Anlässe.

 Zinnfigur

Weil für das Stadtimage auch das Heimatgefühl und die Geschichte eine Rolle spielen, kann das „Zinnfigürchen" mit Lokalkolorit ein geeignetes Werbegeschenk sein. Vielleicht gibt es in der eigenen Stadt einen „Zinnfigurenfan", der hilfreich ist. Oder es findet sich in der städtischen historischen Sammlung eine geeignete Zinnfigur für einen Nachguß. Ein Begleittext über die eigene Stadt sollte nicht vergessen werden.

 Besondere Geschenke

Über kleine Werbegaben hinaus benötigt jede, auch die kleinste Stadt repräsentative Geschenke. Für den „Staatsbesuch" oder ein ganz seltenes Jubiläum wird ein solches Präsent individuell und dem Anlaß entsprechend auszuwählen oder anzufertigen sein. Aber auch in anderen Fällen ist ein besonderes Geschenk nötig. Vase, Krug, Kanne, Wandteller oder Leuchter können, vor allem wenn sie Bezug auf die Stadt oder das Umland haben, in einer begrenzten Auflage das Richtige sein. Zu denken ist auch an die Reproduktion eines alten Buches über die Stadt, einer Sammlung von alten Stichen oder eines Dokuments über Stadtprivilegien mit Siegel.

 Geschenkpapier

Damit die „Stadtgeschenke" auch werbegerecht verpackt werden können, legt sich die Kommune eigenes Geschenkpapier zu. Mit Stadtmotiven bedruckt und in der Gestaltung an dem handelsüblichen Geschenkpapier orientiert, sind solche Papierrollen preiswert herzustellen. Aktualität ist nicht nötig, deshalb kann ein Vorrat angelegt werden. Das Papier braucht nicht in Bogen geschnitten zu werden, sondern kann auf der Rolle bleiben.

 Tragetasche

Nicht nur die kleinen Werbepräsente, auch das städtische Informationsmaterial will transportiert werden. Jeder Supermarkt bietet die mit Eigenwerbung bedruckte Tragetasche an. Die Stadt sollte dies ebenfalls tun. Denn jeder Tourist oder Bürger, der mit einer solchen „Stadttasche" unterwegs ist, stellt eine kleine wandelnde Werbebotschaft dar. Für den Transport von Informationsmaterial sollte die Tasche aus festem, umweltfreundlichem Material (Leinen) und nicht zu klein sein. Die Werbebotschaft und der Stadtname sollte die Tragtasche groß und beidseitig schmücken.

Nehmen wir
uns eine Agentur

Was Agenturen
leisten können

Die Werbung hat Instrumente entwickelt, mit denen Anschauungen und Meinungen beeinflußt, Informationen und „Botschaften" besser transportiert und geeignete Zielgruppen ausgesucht werden können. Werbeagenturen und Public Relations-Agenturen bringen viel Erfahrung aus der Verkaufswerbung und oft auch aus der Imagewerbung in die
Öffentlichkeitsarbeit einer Kommune ein, kennen sich in Marktforschung, Konzepterstellung und Umsetzung aus und haben die unentbehrlichen Werbegestalter wie Texter,
Graphiker, Fotografen, Layouter wenn schon nicht im eigenen Hause, so doch bei der
Hand.

Jahresetats
oder begrenzte
Kampagnen

Aber Agenturen haben ihren Preis. So ist erst einmal zu überdenken, in welchem Umfang
sie in der Öffentlichkeitsarbeit einer Kommune eingesetzt werden sollen. Grundsätzlich
zu unterscheiden ist bei einer solchen Entscheidung zwischen einer zeitlich und inhaltlich begrenzten Werkekampagne einerseits und der Vergabe von Jahresetats für die gesamte Stadtwerbung oder einen bestimmten Sektor wie etwa die Fremdenverkehrswerbung, die Bügerinformation oder die Wirtschaftswerbung andrerseits.

Große Wirtschaftsunternehmen vergeben häufig Jahresetats. Die Werbung etwa für eine
Zigarettenmarke oder ein Auto läuft auf diese Weise zentral bei einer Agentur. Der Vorteil: ein auch in der Umsetzung im einzelnen immer wieder auf ein Konzept rückbezoge-
nes Erscheinungsbild der „Marke", koordinierte Werbe- und Informationsmaßnahmen,
aufeinander abgestimmtes Timing der verschiedenen Aktivitäten und für den Auftraggeber nur ein einziger Verhandlungspartner. Ein solcher umfassender Jahresetat muß jedoch schon recht hoch sein, soll eine Agentur die ganze Palette von Werbemöglichkeiten
ansetzen. Dementsprechend gibt es nicht viele Kommunen, die ihre gesamte Werbung
von einer Agentur erarbeiten und umsetzen lassen. Wohl aber haben Kommunen für den
Bereich Wirtschaftswerbung oder Fremdenverkehrswerbung auch schon Jahresetats vergeben.

Anders sieht es bei einer einzelnen, zeitlich und thematisch begrenzten Kampagne aus.
Sie kann jeweils den finanziellen Möglichkeiten angepaßt werden, handelt es sich doch
um eine überschaubare Aufgabe mit einem gemeinsamen Ansatzpunkt für alle Einzelaktivitäten der Kampagne. Die Stadt verpflichtet sich nur für diese eine Kampagne und ist
in allen weiteren Entscheidungen frei. Bei einem Jahresetat, der womöglich mit Verlänge-
rungsoption vergeben wird, ist die Bindung umfangreicher und im fixierten Zeitraum
nicht einfach auflösbar.

Große Werbeagenturen sind für „kleinere" Aufträge nicht unbedingt der richtige Partner. In ihrer Kundenrangordnung rangieren die Millionen-Etats verständlicherweise ganz oben, denn ihr umfangreicher Apparat erfordert entsprechende Großkunden. Der eher bescheidene Einzelauftrag wird so mehr am Rande abgehandelt, wenn er überhaupt zu einem fairen Preis übernommen wird.

Interessant
die kleineren und mittleren
Agenturen

Für die kommunale Öffentlichkeitsarbeit interessanter sind also die kleinen und mittleren Agenturen. Gerade sie haben häufig ein ganz besonderes Interesse daran, zum Beispiel eine Stadt zu ihren Kunden zu zählen. Es ist durchaus eine Empfehlung bei den „privaten" Kunden, wenn die Agentur für die „öffentliche Hand" gearbeitet hat. Kleine und mittlere Agenturen sind oft auf ganz bestimmte Werbebereiche konzentriert. Sie bieten zwar nicht den „Full-Service" der Großagentur, dafür aber manchmal spezielle Erfahrungen und Leistungen.

Die
Public Relations-Agentur
oft besonders geeignet

Besonders zu erwähnen sind hier die Public Relations-Agenturen. Nicht auf die direkte Produktwerbung ausgerichtet, bieten sie eine zielgruppenorientierte PR-Arbeit an. Die Betreuung einer Pressekampagne oder eines regelmäßigen Pressedienstes, einer Veranstaltungsreihe, von Kontakten zu pontentiellen „Stadtfreunden" zum Beispiel sind bei ihnen zumeist besser aufgehoben als in der „normalen" Werbeagentur. Zudem sind nicht nur die mittleren und kleinen, sondern auch die größeren PR-Agenturen überschaubare Einheiten, erreichen sie doch nicht im entferntesten die Megainstitute der Werbebranche.

Den Werbeagenturen im engeren Sinn sind die Besonderheiten kommunaler Öffentlichkeitsarbeit zumeist fremd. Denn Werbung für ein „greif- und kaufbares" Produkt reduziert sich auf wenige attraktive Botschaften und Reize. Werbung für eine Stadt als Fremdenverkehrsort darf das durchaus auch. In der Präsentation gegenüber dem Bürger aber, der, was seine Stadt angeht, in einem gewissen Sinne „fachkundig" ist, reichen reduzierte Slogans allein nicht aus.

Stadtwerbung muß
eine große Produktpalette
transportieren

Seife und Waschmittel, Sonnenöl und Lippenstift, Suppentüte und Gefrierpackung können verbal verkürzt und visuell „aufgemotzt" präsentiert werden. Das Produkt ist eindeutig und eine Erklärung kaum nötig. Animation zum Verbrauch ist alles in der Werbebotschaft. Ein Text von mehr als fünf Worten ist bereits zu lang.

Ganz anders bei der Stadtwerbung. Es gilt, eine große Produktpalette zu transportieren. Sie muß mit dem „Unternehmen" Stadt in positive Verbindung gebracht werden. Sie soll nicht zum „Konsum" angeboten, sondern als „Wert an sich" begreifbar werden. Die Dienstleistungen sollen zudem auch erklärt und erläutert werden. Es gilt, Leistungen herauszustellen, die die Adressaten bislang als selbstverständlich angesehen haben. Müllabfuhr und Straßenreinigung, Nahverkehr und Stadtbeleuchtung, Straßen und Kindertagesstätten sind im Bewußtsein der meisten Bürgerinnen und Bürger eben nur die alltägliche „Pflicht" einer Stadt.

Fähigkeit zu informierender und argumentierender Werbung gefragt

Werbeagenturen nun tun sich hier manchmal schwer mit einer informativen und argumentativen Werbung. Werbetexter mögen kreativ einen zündenden Slogan für die Banane gebären. Einen lesbaren Text, der Informationen über die Müllabfuhr transportiert, können sie deshalb noch lange nicht schreiben. Ähnlich auch verhält es sich mit Teilen der äußeren Gestaltung. Eine witzige Werbefigur zu kreieren fällt der Agentur nicht allzu schwer. Probleme gibt es aber, wenn in einer Zeichnung Bauvorhaben attraktiv und interessant dargestellt werden sollen. Bei der Auswahl einer Agentur sollte also unbedingt auf Beispiele aus diesen „informierenden", „erläuternden", „argumentierenden" Bereichen geachtet werden.

Auftragsumfang und Agenturhonorar

Das Agenturhonorar bemißt sich nach dem Auftragsvolumen und/oder nach dem ausgesetzten Werbeetat. Vor jedem Auftrag und vor jeder „Ausschreibung" ist diese Frage zu klären und zum Bestandteil der späteren Vereinbarung zu machen. Auch ist von vornherein festzulegen, ob Unteraufträge für Layout, Druck, Plakatierung und Verteilung von der Agentur vergeben werden oder direkt von der Kommune nach dem üblichen Verfahren. Auf jeden Fall sollte die Agentur verpflichtet werden, gegebenenfalls solche Drittleistungen im einzelnen nachzuweisen.

Ein Sonderfall ist die Anzeigenkampagne, also etwa eine Insertionsserie zu einem besonders wichtigen kommunalen Thema im Lokalteil der Heimatzeitung oder auch eine bundesweite Aktion für den Tourismusbereich in überregionalen Zeitungen, Illustrierten oder Zeitschriften. In solchen Fällen gewähren die Publikationsorgane auf die Insertion einen Agenturrabatt. Ist das Auftragsvolumen groß genug, so kann die Agentur durchaus damit einverstanden sein, daß ihre Honorierung aus diesem Rabatt erfolgt. Auf jeden Fall aber sollte man sich die Insertionsabrechnung vorlegen lassen.

Die Agenturpräsentation und das Agenturkonzept

Wer dafür sorgen soll, daß sich ein Produkt auf dem Markt durchsetzt und gekauft wird, der muß auch sich selbst gut anbieten können. Dies sollte bei allen Kontakten mit Agenturen klar sein: die „Geschäftspartner" in Sachen Werbung verstehen es, sich gut zu verkaufen. Das fängt mit bunten, magazinartigen Broschüren an, in denen die eigenen Werbeaktivitäten glänzend vorgestellt werden, und endet in der großen Präsentationsschau mit Multimediaeffekten – zumindest bei den größeren Agenturen. Die kleineren müssen bescheidener auftreten. Hier tut es dann auch die Präsentationsmappe mit Kopien und Originalen der bislang betreuten Objekte.

Aber auch beim vorgelegten Agenturkonzept für die Werbekampagne gilt: „Mehr scheinen als sein." Es umfaßt in der Regel zwischen 15 und 30 Seiten, wenn nicht sogar mehr. Das ergibt ein stattliches Heft und läßt auf eine Fülle von Ideen, Vorschlägen und Anregungen schließen. Wer näher hinsieht, entdeckt freilich schnell, daß die größte Schrifttype des Computerdrucks gewählt wurde und auf jeder Seite nur zwischen fünf und fünfzehn Zeilen stehen. Es empfiehlt sich, dieses „umfangreiche" Konzept einmal in Normalschrift abschreiben zu lassen, um die reale Quantität festzustellen. Außerdem kann man auf den dann verbleibenden Seiten die einzelnen Konzeptteile leichter zueinander in Beziehung setzen.

Die Auswahl einer
geeigneten Agentur

Werbekampagnen oder Jahresetats größeren Umfangs sollten nicht ohne die Vorlage eines detaillierten Konzepts der Agentur oder einen Agenturwettbewerb mit Agenturpräsentation vergeben werden.

Die Agenturen werden unter Hinweis auf die beabsichtigte Werbekampagne gebeten, Informationsmaterial und Beispiele ihrer Arbeit einzuschicken. Es ist denkbar, daß sich schon bei der Sichtung dieser Materialien eine Agentur als besonders geeignet herauskristallisiert, weil bereits zum gleichen oder ähnlichen Thema erfolgreiche Werbearbeit geleistet wurde. Es mag aber auch eine Wettbewerbspräsentation notwendig werden. Dafür sollten mindestens drei Agenturen ausgewählt werden. Diesen Agenturen ist die Zielsetzung, der wesentliche Inhalt und der finanzielle Rahmen der Werbekampagne in einem Forderungskatalog mit der Bitte zu übermitteln, ein Konzept zu erarbeiten und dieses in Textform, um Visualisierungen ergänzt, vorzulegen und in einer Präsentation vorzustellen.

Präsentation
und Umsetzung
nicht gleichsetzen

Eine solche Wettbewerbspräsentation vor den Vertretern des Rates, der Verwaltungsspitzen und der beteiligten Ämter ist immer auch eine Schauveranstaltung. Für sie gilt, daß Werber natürlich besonders intensiv für ihr eigenes Produkt werben. Aber man bekommt immerhin einen persönlichen Eindruck vom möglichen künftigen Partner. Manche Agenturen schicken zur Präsentation jene Mitarbeiter, die etwas besonders gut im persönlichen Kontakt „rüberbringen" können. Es ist deshalb ganz wichtig, daß auch jene Agenturmitarbeiter auftreten, die später die Kampagne betreuen sollen. Sonst hat man es später bei der Umsetzung möglicherweise nur mit der zweiten Garnitur zu tun. Bei einer derartigen Präsentation sollte auch stets bedacht werden, daß die dabei gezeigte Kreativität und Professionalität noch nicht unbedingt einen Schluß auf die spätere wirkliche Leistung zuläßt. Der Aufwand für die „große Schau" vor dem möglichen Auftraggeber mag riesengroß und beeindruckend sein. Ob die praktische Umsetzung es dann auch ist, muß sich erst noch zeigen.

Die Agenturauswahl

Der praktische Tip

Die Auswahl einer Agentur für eine Werbekampagne oder auch zur Übernahme des Jahresetats Werbung und Öffentlichkeitsarbeit sowie die entsprechende Umsetzung sollte in den folgenden Schritten geschehen:

 Themenvorschlag

Vorschlag für das Kampagnethema oder die Jahresschwerpunkte Öffentlichkeitsarbeit durch die Arbeitsgruppe Öffentlichkeitsarbeit.

 Beschluß

Beschluß des Rates. Bewilligung der notwendigen finanziellen Mittel.

 Abstimmung und Beteiligung

Beteiligung betroffener Ämter, Detaillieren des Kampagnethemas und Auflistung von Zielgruppen, Kontaktstellen und Ämtern, Zusammenstellung von Vorhandenem und Erarbeitung zusätzlich notwendigen Basismaterials, Abstimmung mit bereits laufender Öffentlichkeitsarbeit und mit anderen Werbevorhaben.

 Zusammenstellung von Agenturen

Zusammenstellung von in Frage kommenden Werbeagenturen auf der Grundlage der Verzeichnisse des BDW (Bund Deutscher Werbeagenturen), der DPRG (Deutsche Public Relations Gesellschaft) oder auch des Branchenverzeichnisses Werbeagenturen.

 Vorauswahl und Bewerbung

Vorauswahl nach gewünschter Agenturgröße und Regionalbezug sowie Unterrichtung der vorausgewählten Agenturen über das Kampagnethema oder die Vergabe eines Jahresetats und Bitte um Übersendung von Informationsmaterial über die bisherige Arbeit der Agentur einschließlich von Arbeitsbelegen sowie um die Angabe von Referenzen.

 Engere Auswahl

Auswahl von mindestens drei Agenturen für eine Wettbewerbspräsentation durch die Arbeitsgruppe unter Einbeziehung der besonders betroffenen Fachämter und entsprechender Beschluß durch den Rat.

 Wettbewerbsaufforderung

Aufforderung an die ausgewählten Agenturen zur Wettbewerbspräsentation unter Zusicherung eines dem Arbeitsaufwand entsprechenden Präsentationshonorars und Übersendung des erarbeiteten Grundmaterials für die Werbekampagne an die aufgeforderten Agenturen. Festsetzung eines Präsentationstermins.

Vorstellung der Konzepte

Konzeptpräsentation vor den Vertretern des Rates der Arbeitsgruppe Öffentlichkeitsarbeit und den besonders betroffenen Fachamtsleitern.

 Entscheidung

Vorschlag der Arbeitsgruppe Öffentlichkeitsarbeit für die Beauftragung der geeignet erscheinenden Agentur und Entscheidung des Rates.

 Fixierung der Zusammenarbeit

Festlegung der laufenden Zusammenarbeit der Agentur mit der zentral für Öffentlichkeitsarbeit zuständigen Stelle, der Arbeitsgruppe Öffentlichkeitsarbeit und den betroffenen Ämtern.

 Freigabe

Freigabe der einzelnen Maßnahmen der Kampagne oder des Werbejahres.

 Bilanz

Schlußbilanz nach Ende der Werbekampagne oder des Werbejahres, insbesondere Wirkungsanalyse.

Einheit von Thema, Werbemittel, Gestaltung und Weg

Oft klappt die Verteilung nicht

Die Produktion von attraktivem Werbe- und Informationsmaterial allein bringt einer Kommune wenig oder nichts. Genauso wichtig ist, daß dieses Material den richtigen Adressaten erreicht. Das klappt oft nicht. Da bleiben Stapel von Broschüren liegen, Stadtzeitungen werden in die Mülltonne und nicht in den Briefkasten gesteckt, veraltete Stadtfilme finden keinen Abnehmer mehr.

Nun wird wohl keine Aktion kommunaler Öffentlichkeitsarbeit jemals die gesamte Zielgruppe erreichen, mag sie noch so professionell, zielgruppenorientiert und aktuell sein und noch so gut transportiert werden. Nichtsdestoweniger sollten stets einige allgemeine Regeln beachtet werden.

Den Werbeträger themenkonform auswählen

Erste Voraussetzung: Nicht jeder „Transporter" eignet sich für die spezifische Werbefracht. So etwa wird bei der Präsentation von Planungsobjekten eine Modellschau, bei der Veranstaltungsankündigung das Plakat, bei der Nahverkehrsaktion der Bus ein passender Werbeträger sein. Allerdings gibt es Werbeträger, die sich für nahezu alle Themen nutzen lassen: Zeitungsanzeigen, Prospekte und Broschüren gehören hierzu.

Die Information dem Werbemittel anpassen

Zweite Voraussetzung: Die Gestaltung und Umsetzung der Information muß werbemitteladäquat erfolgen. Der Stadtfilm muß bunt bewegte Bilder bringen und darf keine Diaschau sein, das veröffentlichte Foto muß die werbende Aussage bringen, die keiner seitenlangen Erläuterung bedarf, die Anzeige muß auffällig gestaltet, richtig plaziert und kurz betextet Blickfang für den Leser sein. Die Stadtillustrierte muß vor allem Bilder anstelle langer „Textriemen" bringen. Es gibt also einen engen Zusammenhang zwischen der Information und der gewählten Ausdrucksform. In der amtlichen Bekanntmachung ist ein raffiniertes Foto deplaziert, in einer städtischen Anzeige mag es der richtige „Eye-Catcher" sein.

Die Botschaft zielgruppenorientiert transportieren

Dritte Voraussetzung: Das Werbemittel und die Gestaltung der Information muß zielgruppenorientiert sein. Will ich junge Menschen ansprechen, so wähle ich die Anzeige in einer Jugendzeitschrift. Richtet sich die kommunale Botschaft an die älteren Leute, ist die Lokalzeitung oder gegebenenfalls die Seniorenzeitung das richtige Medium. Entsprechend sind auch die Informationen selbst gestaltet: jugendgemäß oder seniorengerecht. Zielgruppen lassen sich unter den verschiedensten Gesichtspunkten auswählen und dann ansprechen.

Die Absatzchancen
richtig einschätzen

Vierte Voraussetzung: Um bei Publikationen die Auflagenhöhen festlegen zu können, ist die Zahl möglicher Adressaten nach der vorgesehenen Zielgruppe möglichst genau zu schätzen. Allgemein zugängliche Daten aus Telefonbuch, Adreßbuch oder Statistik, Angaben der als „Unterverteiler" vorgesehenen Ämter, Organisationen und Verbände, abgefragte Anforderungen interessierter Gruppen und Institutionen sind hierbei eine Hilfe. Eine Auflistung aller eigenen Präsentationsmöglichkeiten kommt hinzu. Im übrigen sind Erfahrungen mit thematisch ähnlich gelagerten früheren Aktivitäten zu berücksichtigen.

Die geeigneten
Übermittlungswege
festlegen

Fünfte Voraussetzung: Beim Informationstransport über Fremdmedien sollten Auflagenhöhe der vorgesehenen Presseorgane oder bei Filmwerbung und Ausstellungspräsentation die Besucherfrequenz mit in die Planung einbezogen werden. Bei den Eigenmedien sind vorweg die Transportwege hin zum Adressaten festzulegen. Die Seniorenzeitung geht über die Apotheken, Arztpraxen, Altenheime und Altenclubs an die entsprechende Zielgruppe, der Stadtfilm mit dem Filmdienst an interessierte Gruppen, der Bürgerbrief durch Postversand an alle Haushaltungen und der Neubürgerset wird jedem neuen Ankömmling auf der Meldestelle zur Hand gegeben.

Eigenveranstaltungen
als Verteilungsmöglichkeit
nutzen

Sechste Voraussetzung: Kommunen präsentieren sich auch auf Bürgerfesten, Bürgerversammlungen oder „Tagen der offenen Tür". Die Stadt kommt zu den Bürgern oder die Bürger kommen zur Stadt. Diese Veranstaltungen bieten ideale Verteilungsmöglichkeiten für die in Bild und Wort bereitgehaltene Information und Werbung der Kommune. Gerade bei solchen Anlässen, ist die Bereitschaft groß, sich intensiver über die eigene Kommune zu informieren.

V

Die Kommune im Internet

Rahmenbedingungen

Galten Städte und Gemeinden, die sich vor vier oder fünf Jahren schon im Internet präsentierten, noch als „avantgardistisch", so ist es heute nach dieser kurzen Zeitspanne eher so, daß die Absenz selbst kleinerer Städte und Gemeinden in diesem Medium sehr leicht als ein Zeichen für Rückständigkeit oder Verschlafenheit angesehen wird. Angesichts dieser rasanten Entwicklung kann es heute also keine Frage mehr sein, ob sich eine Kommune im Internet präsentiert, sondern sie lautet vielmehr, wie sie sich darstellt und in welchem Umfang.

Das Internet ist nur – wenn auch ein sehr bedeutender – Teilaspekt der auch im politischen Raum vielgepriesenen Entwicklung der Gesellschaft hin zur Informations- und/ oder Kommunikationsgesellschaft. „Multimedia" ist vielmehr der umfassendere Begriff, der die rasant zunehmenden Möglichkeiten beschreibt, mittels Sprache, festen und bewegten Bildern oder Zeichen miteinander zu kommunizieren, d. h. Informationen zu empfangen oder zu versenden – und dies unabhängig von Ort und Zeit, weltweit und zu erschwinglichen Preisen.

Bei diesem Prozeß spielt das Internet als Transporteur von Informationen eine wichtige Rolle. Es stellt aber an sich keine Anwendung dar. Es ist nur eines neben vielen anderen Netzen, gleichwohl ist es momentan das unkomplizierteste, umfassendste, am einfachsten zu handhabende und preiswerteste Netz mit weltweit z. Z. rund 50 bis 70 Millionen Nutzern. Prognosen gehen davon aus, daß es bis zur Jahrtausendwende etwa 200 Millionen Nutzer des Internets geben wird. Hier taucht auch schon die erste Gefahr der Internet-Nutzung auf: Das Internet droht zu einem Opfer seines eigenen Erfolgs zu werden. „Staus auf der Datenautobahn" sind heute schon ebenso alltäglich wie die Staus auf den Straßen. Bricht man allerdings die sicherlich imposanten Zahlen auf die Verhältnisse in Deutschland herunter, so ergeben sich in dieser Momentaufnahme 1998 schon wesentlich nüchternere Daten. Demnach besitzen z. B. nur 20 % der Deutschen zu Hause einen PC, der nur von 12 % der Besitzer regelmäßig genutzt wird. Von diesen wiederum „loggen" sich nur 2 % einmal pro Woche im Internet ein. Der „typische" Internetanwender verfügt über eine höherwertige Schulausbildung, ist zwischen 30 und 39 Jahre alt und überwiegend männlichen Geschlechts (nur 9 % der Internetanwender sind Frauen). Die 14- bis 17jährigen machen nur 1 % der Internetanwender aus. Allerdings ist es genau diese Altersgruppe, die den Umgang mit elektronischen Medien sozusagen von Kindesbeinen an erlernt und zukünftig den Umgang mit elektronischen Medien zu ihrem Alltagsgeschäft machen wird. Für über die Hälfte der 10- bis 16jährigen ist der Computer inzwischen selbstverständliches Freizeit- und Arbeitsinstrument.

Die genannten Zahlen sind sicherlich angreifbar und sowohl nach oben wie nach unten korrigierbar. Es geht hier wie bei allen anderen quantitativen Angaben dieses Kapitels aber nicht um die Absolutheit von Zahlen, sondern es sollen damit Trends verdeutlicht werden, die im vorliegenden Fall auch erkennen lassen, daß im Ergebnis bisher nur ein sehr kleiner Teil der Bevölkerung über das Internet erreicht wird. Insofern muß davon ausgegangen werden, daß auch langfristig auf die heute üblichen Informationsstrukturen (Printmedien, Hörfunk, Fernsehen, aber auch Informationsveranstaltungen, Diskussionsforen, Individualschreiben usw.) nicht verzichtet werden kann. Auf lange Zeit werden Internet-Angebote, auch interaktive, also solche, bei denen die Bürgerinnen und Bürger mit der Verwaltung in einen gegenseitigen Kommunikationsprozeß eintreten, immer nur ein unterstützendes Angebot sein können. Gleichwohl wird die Zahl derjenigen, die sich dieses neuen Mediums bedienen, zunehmen. Wir stehen um die Jahrtausendwende an der entscheidenden Weichenstellung für das Kommunikationsverhalten der Zukunft zwischen Bürgerschaft und Verwaltung. Daß dieser Prozeß bei der Umsetzung in die alltägliche Praxis nicht mit der technischen Entwicklung, die immer einen Schritt voraus ist, Schritt halten, sondern stets einer Verzögerung unterliegen wird, liegt ebenso auf der Hand.

Adressaten

Diese Überlegungen führen zu der Frage, an wen sich die kommunalen Internet-Angebote richten. Daß sich die Informationsvermittlung bzw. die Kommunikationsbeziehungen ausschließlich auf einzelne Stellen innerhalb einer Verwaltung richten können (Stichwort: „Intranet") und somit nur eine definierte, geschlossene Benutzergruppe in den Informations- und Kommunikationsprozeß einbezogen wird, ist eine Möglichkeit, die der Verbesserung der verwaltungsinternen Ablaufoptimierung dienen kann, die hier aber nicht im Vordergrund stehen soll. Vielmehr wird bei den folgenden Überlegungen davon ausgegangen, daß es zu einer „Außenbeziehung" kommt, d. h. daß die Verwaltung Informationen nach außen gibt und von außen empfängt.

Die Informations- und Kommunikationsbeziehungen, die im folgenden auch mit dem übergreifenden Begriff „Stadtinformationssystem" (synonym auch: „Bürgerinformationssystem") bezeichnet werden sollen, richten sich derzeit im wesentlichen an drei Zielgruppen:

– Bürgerinnen und Bürger
– Tourismus
– Wirtschaft.

Die Zielgruppe *Bürgerinnen und Bürger* zeichnet sich durch eine große Heterogenität aus. So vielfältig wie die einzelnen Interessen, Anforderungen und das Know-how im Umgang mit dem elektronischen Medium sind, so vielfältig ist auch das Informationsangebot. Es reicht von (historischen) Stadtbeschreibungen über Bürgerinformationen mit wichtigen Verwaltungsadressen, Niederschriften von Gemeinderatssitzungen bis zu der Ankündigung von Veranstaltungen, der Angabe wichtiger Telefonnummern oder der Übersicht von Bereitschaftsdiensten und dem Angebot interaktiver Kommunikationsmöglichkeiten. Auf die einzelnen Inhalte wird im folgenden noch näher eingegangen.

Bei der Adressierung an *Touristen* richtet sich das Angebot sowohl an solche, die sich bereits in einer Stadt befinden, wie auch an jene, die erwägen, eine Reise zu unternehmen, und sich vorher informieren wollen. Von der Beschreibung von Sehenswürdigkeiten einer Stadt über die Angabe von Unterkunftsmöglichkeiten und Veranstaltungskalendern reicht das Angebot bei einigen Kommunen sogar bis zur Platzbuchung bzw. Ticketreservierung/-bestellung mit elektronischem Zahlvorgang. Komfortable Informationssysteme zeigen die Lage und die Erreichbarkeit des Veranstaltungsortes mit öffentlichen Verkehrsmitteln oder Parkplätze an und bieten Runduminformationen einschließlich einer kurzen Inhaltsbeschreibung der Veranstaltung, wenn es sich z. B. um ein Theaterstück oder einen Kinofilm handelt.

Bei der dritten Gruppe der Adressaten, der *Wirtschaft*, geht es darum, in der Stadt ansässige Wirtschaftsunternehmen mit umfassenden Informationen zu versorgen, um diese am Standort zu halten. Gleichzeitig sollen aber auch neue Unternehmen für eine Ansiedlung gewonnen werden. Neben der Ausweisung von Industrie- und Gewerbeflächen, der Information über Aus- und Fortbildungseinrichtungen oder dem Hinweis auf Förderungsmöglichkeiten gibt es weitere Angebote. So können Kontaktmöglichkeiten zu einzelnen Dienststellen oder anderen Unternehmen aufgezeigt, Datenbanken mit für die Wirtschaft relevanten Informationen (z. B. Statistik, Umwelt, Immobilien) angeboten oder auch auf elektronischem Wege öffentliche Aufträge ausgeschrieben werden und die dafür benötigten Unterlagen zur Verfügung gestellt werden.

Inhalte

Wie die Betrachtung der Adressatengruppen zeigt, an die sich derzeit im Internet verfügbare kommunale Informationsangebote im wesentlichen richten, sind die Inhalte dessen, was heute bereits angeboten wird, sehr umfangreich und vielschichtig. Im Grunde genommen eignen sich sämtliche Vorgänge, die sich im öffentlichen Leben einer Kommune abspielen und zur Orientierung und Teilnahme der Menschen am gesellschaftlichen, politischen und kulturellen Leben erforderlich sind, für eine Darstellung im Internet. Darüber hinaus können diese durch Interna (Gremienprotokolle, Ratsbeschlüsse, Planungsvorhaben usw.) aus Rat und Verwaltung ergänzt werden, sofern diese nicht einem besonderen Schutzbedürfnis (Datenschutz, „Amtsgeheimnis") unterliegen. Der folgende Überblick nach H. Kubicek, Bremen, verdeutlicht die Fülle möglicher Informationsangebote:

- Veranstaltungen (Ausstellungen, Feste, Kinoprogramm, Konzerte, Messen, Kongresse, Sport, Theater, Oper, Veranstaltungsorte, Veranstaltungskalender [passiv], Veranstaltungskalender [aktiv], Veranstaltungstips und -kriterien);
- Sehenswürdigkeiten (Allgemeines zur Stadt, Ausflugstips, Museen, Galerien, Parks, Stadtgeschichte, Stadtplan, Stadtrundgang, Zahlen, Daten, Fakten);
- Hotel- und Gaststättenführer (Hotelführer, Kneipenführer, Gaststättenführer);
- Wichtige Adressen (Ärzte, Krankenhäuser, Behördenwegweiser, Bibliotheken, Bildungseinrichtungen, Touristeninformationen, Schwimmbäder, Städtepartnerschaften, Vereine und Initiativen);
- Verkehrsinformationen (Baustellen, Eisenbahnen, Flughäfen, ÖPNV);
- Medien (Fernsehen, Rundfunk, Zeitungen);
- Wetterinformationen (Meßwerte, Vorhersagen);

- Umweltinformationen (Abfallentsorgung, Umweltbelastungen);
- Sportinformationen (Spielergebnisse);
- Stadtplanung (Bauvorhaben);
- Mitteilungen (Bekanntmachungen, Schwarzes Brett, Stadtnachrichten, politische Informationen).

Diese Vielfalt birgt aber auch gleichzeitig wieder die Gefahr, des Guten zuviel zu tun und die Nutzer mehr zu verwirren oder gar zu frustrieren (wenn man nämlich das, was gesucht wird, nicht auf Anhieb findet), als zu informieren. Insofern kommt es wesentlich darauf an, die angebotenen Inhalte z. B. nach Sachgruppen oder Themenschwerpunkten zu gliedern.

Es muß also darum gehen, die Erwartungen, die sowohl die Erzeuger der Information (Informationsproduzenten) als auch die Nutzer (Informationsverwerter) an das Informationssystem stellen, in Einklang zu bringen. Der Erzeuger möchte, daß seine Informationen möglichst gut „rüberkommen", der Nutzer möchte sein Informationsbedürfnis zielsicher, schnell und umfassend befriedigt wissen. Gute Stadtinformationssysteme zeichnen sich deshalb dadurch aus, daß erkennbar wird, welche Hauptfunktionen ein solches System denn erfüllen soll. Für den Bereich der Städte, Gemeinden und Kreise können derzeit im wesentlichen drei System-Typen ausfindig gemacht werden, nämlich:

- Informationssysteme,
- Kommunikationssysteme,
- Transaktionssysteme.

Bei den *Informationssystemen* werden für bestimmte Zielgruppen Informationen auf Abruf angeboten. Hier wird die Information als zweckorientierte Wissensvermittlung verstanden.

Bei den *Kommunikationssystemen* können Bürgerinnen und Bürger mit der Verwaltung und vice versa in einen Informationsaustausch eintreten, der beispielsweise so aussehen kann, daß Anregungen, Mitteilungen, Beschwerden usw. aus der Bürgerschaft an die Verwaltung gerichtet und diese von dort auf gleichem Wege beantwortet werden.

Die bekanntesten *Transaktionssysteme*, Vorgänge also, bei denen eine Handlung ausgelöst wird, sind heute das Telebanking und das Teleshopping. In der öffentlichen Verwaltung gibt es bereits erste Pilotprojekte, komplette Verwaltungsabläufe auf elektronischem Wege zu bewerkstelligen. Dazu wird z. B. ein elektronisch von der Verwaltung zur Verfügung gestelltes Formular für eine Kfz-Anmeldung vom Antragsteller ausgefüllt und ebenfalls zur weiteren Bearbeitung auf dem gleichen Wege wieder an die zuständige Verwaltungsstelle zurückgesendet. Dort wird der Vorgang bearbeitet, letztlich bis zur Zuteilung des entsprechenden Kennzeichens und der dazugehörigen Papiere. Diese Art der Erledigung von Verwaltungsvorgängen, wie sie in einem in etwa vergleichbaren anderen Pilotprojekt auch aus dem Bereich des Einwohnerwesens bekannt ist, befindet sich z. Z. noch im Versuchsstadium und ist entweder auf bestimmte Personengruppen beschränkt (Kfz-Händler) oder noch von Medienbrüchen gekennzeichnet (persönliches Erscheinen zum Leisten einer Unterschrift). Mit der Weiterentwicklung elektronischer Signaturmöglichkeiten werden aber auch diese z. Z. noch technischen, organisatorischen und rechtlichen Unsicherheiten unterliegenden Verfahren an Bedeutung gewinnen.

Organisation

Trotz dieser Perspektiven, die eine völlig veränderte Struktur und Organisation von Verwaltungsabläufen erkennen lassen, erfüllen kommunale Internet-Angebote heute – und sicher auch noch auf lange Zeit – überwiegend Informationsfunktionen. Insofern ist es nicht verwunderlich – und auch folgerichtig –, daß der Internet-Auftritt der Städte, Gemeinden und Kreise innerhalb der Verwaltungsgliederung organisatorisch in den meisten Fällen beim Presse- und Informationsamt bzw. bei der Pressestelle inhaltlich koordiniert und verantwortet wird. Dies bedeutet nicht, daß die einzelnen Fachämter aus ihrer Verantwortung für die inhaltliche, aktuelle und rechtzeitige Informationsbereitstellung entlassen werden – im Gegenteil, diese zeichnen in erster Linie verantwortlich für das, was aus ihrem jeweiligen Zuständigkeitsbereich in die Intenet-Präsentation übernommen werden soll. An einer „zuständigen Stelle", die naheliegender Weise das Presse- und Informationsamt ist, sollten aber schon im Interesse eines einheitlichen Erscheinungsbildes der Stadt „die Fäden zusammenlaufen" (siehe dazu im einzelnen: „Leitsätze zur städtischen Presse- und Öffentlichkeitsarbeit 1998" des Deutschen Städtetages, Ziffer 7, S. 232). Hier gilt es, Medienkompetenz aufzubauen und für die einzelnen Teile der Verwaltung zur Verfügung zu stellen. „Medienkompetenz aufbauen" bedeutet aber nicht nur, gute Kenntnisse des elektronischen Mediums und seiner technischen Entwicklung zu haben und die Mitarbeiterinnen und Mitarbeiter der Verwaltung an die neuen Techniken heranzuführen, sondern insbesondere auch die Informationen für eine Präsentation im Internet aufzubereiten, Inhalte und Angebote zu strukturieren und damit auf die Informationen einen nutzerorientierten Zugriff zu ermöglichen. Dies setzt eine zentrale Koordinationsarbeit voraus, wobei es insbesondere darauf ankommt, auf die Aktualität der dezentral zu pflegenden Datenbestände und Informationsangebote zu achten. Nur weniges ist für einen Internet-Nutzer frustrierender, als bei der Abfrage des aktuellen Theaterspielplans die Termine des abgelaufenen Monats oder gar der vergangenen Saison vorzufinden.

Der erfolgreiche Auftritt einer Kommune im Intenet setzt weiterhin voraus, daß sich verwaltungsintern organisatorisch einiges bewegt. So muß festgelegt werden, wer innerhalb einer Verwaltungseinheit für die Informationen, die ins Internet eingestellt werden sollen, verantwortlich ist, wer wann was an wen zur Verfügung stellt und wer kontrolliert, daß die veranlaßten Maßnahmen auch tatsächlich ausgeführt werden (Erfolgskontrolle). Die organisatorischen Maßnahmen, die bei transaktionsrelevanten Kommunikationsvorgängen via Internet zu treffen sind – und diese sind nicht unerheblich und betreffen z. B. Regelungen, wie auf elektronischem Wege gestellte Anträge vom Eingang bis zum Ausgang von wem, in welcher Zeit und auf welche Art und Weise behandelt werden – können hier noch nicht vertieft werden. Nur so viel: Der klassische Dienstweg ist nicht elektronisch, d. h., in diesem Bereich ist eine verwaltungsinterne Neuorganisation erforderlich, will man die neuen Medien effektiv einsetzen.

Technik

Organisation geht immer noch vor Technik. Aber ganz ohne Technik kommt natürlich auch der Internet-Auftritt einer Kommune nicht aus. Deshalb müssen in enger Abstimmung mit den Verantwortlichen für Datenverarbeitung und Telekommunikation, mancherorts schon in einem „Amt für Informationstechnologie" zusammengefaßt, sowie dem/der Datenschutzbeauftragten einer Kommune, die technischen Parameter für die Internet-Präsentation geklärt werden. Zu klären sind unter anderem vor allem Fragen des „Firewalls", also der technischen Verhinderung, daß Unbefugte auf elektronischem Wege von außen in die Daten- und Netzinfrastrukturen einer Kommune eindringen können, die Anbindung an vorhandene interne und externe Datenbanken, die Auswahl des Providers, also desjenigen, der den Anschluß an das weltumspannende Internet technisch realisiert, oder die zu treffenden technischen und organisatorischen Regelungen zur Wahrung des Datenschutzes.

Eine weitere zentrale Bedeutung nimmt die Frage ein, wer und auf welche Weise Zugang zum Informationsangebot der Kommune haben soll. Hier ist zunächst zu unterscheiden nach Zugangsmöglichkeiten für die eigenen Mitarbeiterinnen und Mitarbeiter einerseits sowie dem Zugang zu den von der Stadt bereitgestellten Informationen für die Bürgerinnen und Bürger andererseits.

Bei der ersten Gruppe, den Mitarbeiterinnen und Mitarbeitern der Verwaltung, wird zu klären sein, ob grundsätzlich an jedem PC-Arbeitsplatz ein Internet-Zugang ermöglicht werden soll oder ob nur ausgewählte Arbeitsplätze (wenn ja, nach welchen Kriterien?) in diesen „Genuß" kommen sollen. Je nachdem, wie diese Frage beantwortet wird, sind mehr oder weniger umfangreiche Konsequenzen hinsichtlich der technischen Anbindung zu beachten.

Was den Zugang der Bürgerinnen und Bürger zu den Informationen, die von der Kommune im Rahmen eines Stadtinformationssystems zur Verfügung gestellt werden, angeht, so wird häufig der Einwand vorgebracht, daß nur diejenigen von solchen Informationssystemen profitieren könnten, die im Besitz eines eigenen PCs (Home-PC) sind. Da dies letztlich auch eine die soziale Situation des einzelnen berührende Frage sei,würde der Entwicklung einer „Zwei-Klassen-Gesellschaft" – PC und damit Information-Besitzende einerseits und „Informations-Habenichtse" andererseits – Vorschub geleistet. Dem versuchen die Städte dadurch zu begegnen, daß sie öffentlich zugängliche „Informations-Kioske" an häufig frequentierten Plätzen aufstellen. Foyers von Rathäusern, Bibliotheken, Vorhallen von Sparkassen und anderen öffentlichen Einrichtungen oder auch wettergeschützte separate Standorte auf belebten Plätzen sind beliebte Aufstellungsorte für solche Kioske, die sich durch einfache Bedienbarkeit (Benutzerführung) auszeichnen und in aller Regel auch einen behindertengerechten Zugang ermöglichen.

Das Stichwort „Benutzerführung" leitet über zu einem weiteren wichtigen, inhaltlich-organisatorischem Aspekt: dem Auffinden der Information. Gemeint ist der Zugang, unter welchem Namen das Informationsangebot einer Kommune im Internet aufzufinden ist. Im allgemeinen erreicht man unter http://www.stadtname.de sein Ziel. Viele Städte und Gemeinden verfügen aber aus den unterschiedlichsten Gründen nicht über eine derartige Adresse, sei es, daß sie über den Server einer anderen Einrichtung an das Internet angeschlossen sind oder der Name der Kommune bereits durch eine Privatperson oder einen sonstigen Dritten belegt ist. Bekannt sind die gerichtlichen Verfahren, bei denen z.B. die Stadt Heidelberg erfolgreich auf eine „Räumung" ihres durch einen privaten Dritten belegten Namens geklagt hat, in gleicher Angelegenheit die Städte Frechen oder Hürth aber unterlegen sind. In solchen Fällen, aber auch generell ist es daher begrüßenswert, wenn beispielsweise über weiterführende Verweise wie die Homepage „kommon" des Deutschen Städtetages (http://www.kommon.de) über sogenannte „Links" zu der Information der jeweiligen Stadt „weiterverbunden" wird. Auf der Homepage „kommon" befinden sich die Namen der Städte, die ihr „offizielles", also ein von der jeweiligen Verwaltung autorisiertes Angebot in das Internet einstellen. Klickt man einen der Namen an, wird der Nutzer automatisch zu der Homepage der jeweiligen Kommune geleitet. Es gibt im Internet zwar ein Vielfaches der auf der „kommon" verzeichneten kommunalen Angebote. Diese sind dann aber meistens von Privatpersonen, Institutionen oder sonstigen Einrichtungen ohne ausdrückliche Genehmigung oder Kenntnis der jeweiligen Stadtverwaltung eingestellt worden.

Recht

Die beiden zuletzt genannten Aspekte, Rechtsstreitigkeiten um den Namen oder Einstellen „nichtautorisierter" Informationen führen zum Thema „Rechtsfragen" im Internet. Unter dem rechtlichen Aspekt wirft die Internet-Nutzung zunächst mehr Fragen auf als beantwortet werden können. Einige davon sind bereits gestreift worden, so z.B. die Frage (der Wirksamkeit) einer elektronischen Unterschrift. Technische Lösungen bezüglich dieses Problems werden zwar bereits angeboten, in der Praxis gibt es aber noch erhebliche Schwierigkeiten bei der Umsetzung. So sind – abgesehen von einigen Ausnahmen – die PC-Arbeitsplätze hierfür noch nicht hard- und softwaremäßig ausgestattet und die Anwender noch nicht mit Chipkarten für die elektronische Unterschrift versehen. Des weiteren muß auch noch das gesamte Rechtsinstrumentarium, die Verwaltungsvorschriften und die Verfahrensabläufe auf solche neue Verfahren eingestellt bzw. an sie angepaßt werden. Diese gehen bei bestimmten Verwaltungsvorgängen, bei denen eine Unterschrift erforderlich wird, noch vom persönlichen Erscheinen des/der Antragsteller/in aus, weil sie zu Zeiten erlassen worden sind, als von einer gerichtsfesten Wirksamkeit einer elektronischen Unterschrift noch niemand zu sprechen wagte.

Der zweite bereits angesprochene Problemkreis betrifft die Fragen der Identität und Authentizität. Wer stellt wie sicher, daß die Informationen, die im Rahmen eines Stadtinformationssystems angeboten werden, auch tatsächlich von demjenigen stammen, der vorgibt, die Information produziert zu haben? Mit anderen Worten: Wie kann eine Kommunalverwaltung als Urheberin eines Stadtinformationssystems gewährleisten, daß unter dem Logo der Stadt keine von dieser nicht autorisierten Informationen eingestellt werden? Hier sind Fragen des Urheberrechts ebenso angesprochen wie die der Verbindlichkeit von Informationen. Die Frage der Haftung, wenn einem Internet-Nutzer aufgrund unrichtiger Angaben im Stadtinformationssystem ein Schaden entsteht, ist ebenso ungeklärt wie die, was passiert, wenn z. B. unter Vorspiegelung falscher Tatsachen Geschäftsprozesse (z. B. Bestellvorgänge) initiiert werden und hieraus negative Konsequenzen erwachsen.

Weitere ungeklärte Fragen wie die der Fristwahrung bei elektronischer Einreichung von Vorgängen, Unklarheiten bei Archivierung und Dokumentation elektronischer Vorgänge, Einhaltung von Formvorschriften, Wirksamkeit von auf elektronischem Wege veranlaßten Verwaltungshandeln usw. bieten eine Fülle von Problemen, die im Zusammenhang mit der elektronischen Information und Kommunikation noch aufzuarbeiten sind.

Kosten

Bei aller Begeisterung über die neuen Möglichkeiten, mittels Internet die Transparenz des Verwaltungshandelns zu steigern, die Kommunikation mit den Bürgerinnen und Bürgern in neue Bahnen zu lenken, das Informationsangeot einer Kommune attraktiver zu gestalten und unbegrenzt durch Zeit und Raum verfügbar zu machen, für die eigene Verwaltungsleistung Nutzen aus dem Internet zu ziehen und selbst ein Teil der aufkommenden Informationsgesellschaft zu werden, dürfen die damit im Zusammenhang stehenden Kosten nicht außer acht gelassen werden. Das Kostenargument ist sicherlich immer auch ein „Totschlag-Argument". Aber die Kosten dürfen nicht dafür herhalten, den Zug der Zeit zu verpassen und wichtige Entwicklungen auf dem Informationssektor zu versäumen. Die Teilhabe an der Informationsgesellschaft kostet Geld. Dieses muß zur Verfügung gestellt werden. Die Kunst wird sein, die verfügbaren Mittel sinnvoll einzusetzen und daraus größten Nutzen zu ziehen.

Soll die Internet-Präsentation einer Kommune nicht ein „Flop" werden, und sollen die in diesem Kapitel angesprochenen Punkte wirksam umgesetzt werden, so können die damit verbundenen Aufgaben sicherlich nicht nebenbei „miterledigt" werden, sondern bedürfen der professionellen Handhabung. Angefangen von der inhaltlichen Aufbereitung bis zur äußeren Gestaltung gehört die Internet-Präsentation in die Hände von Fachleuten. Diese kosten Geld und müssen, so sie nicht aus eigenem Personalbestand rekrutiert werden können, „eingekauft" werden. Darüber hinaus dürfen die nicht unerheblichen finanziellen Aufwendungen für Erstinvestitionen (z. B. Einrichtung multimedialer Arbeitsplätze, Anschluß- und Providerkosten, sicherheitstechnische Maßnahmen usw.) und die laufenden Betriebskosten (Telekommunikations-Verbindungskosten, Gebühren und Entgelte) nicht außer acht gelassen werden. Insbesondere auch die Aktualisierung der Datenbestände, die Pflege von Programmen, Wartungs- und Servicedienste werden permanent und spürbar zu Buche schlagen. Vor diesem Hintergrund ist es eine Binsenwahrheit, daß bei allem Engagement und aller Unterstützung eines fortschrittlichen Verwaltungshandelns die Dinge immer in eine vernünftige Kosten-Nutzen-Relation zu bringen sind.

Der Begriff „vernünftige Relation" läßt genügend Spielraum, trefflich darüber zu streiten, in welchem Verhältnis die Kosten zum Nutzen stehen. Dies ist von den Gegebenheiten in der einzelnen Kommune abhängig, und die Frage muß auch dort entschieden werden. Festzuhalten und sicher ist aber, daß die Möglichkeit, Kommunen im Intenet zu präsentieren und die damit realisierbar gewordenen Informations- und Kommunikationsmöglichkeiten zu nutzen, von den Städten, Gemeinden und Kreisen als Chance ergriffen werden muß.

Praxishinweise

Zur praktischen Anschauung folgen noch einige Hinweise auf Beispiele kommunaler Internet-Präsentationen, die allgemein als gut gelungen anerkannt sind. Die Auflistung erhebt weder einen Anspruch auf Vollständigkeit, noch drückt sie eine Rangfolge aus. Es wird auch nicht ausgeschlossen, daß es je nach individuellem Empfinden noch „viel bessere" Beispiele gibt oder dem Nutzer die Auswahl gänzlich oder in Teilen nicht zusagt:

http://www.aachen.de

http://www.aalen.de

http://www.bottrop.de

http://www.bremen.de

http://www.duesseldorf.de

http://www.gelsenkirchen.de

http://www.hameln.de

http://www.kiel.de

http://www.magdeburg.de

http://www.mannheim.de

http://www.muenster.de

http://www.nuernberg.de

http://www.trier-online.de

VI

Stadtmarketing

Was versteht man
unter Stadtmarketing?

Stadtmarketing ist ein langfristiges Führungs- und Handlungskonzept des Stadtmanagements (Rat und Verwaltung im engeren Sinn). Es befaßt sich mit den direkten Beziehungen der Stadt zu ihren Partnern oder Zielgruppen, und zwar sowohl nach außen (Bürger, Unternehmen, Touristen, Vereine, Verbände usw.) als auch nach innen (Mitarbeiter der Verwaltung).

Für das Stadtzentrum oder die Innenstadt hat sich der Begriff City Marketing herausgebildet. Er bedeutet die Gestaltung und Darstellung des Erlebnisraumes Innenstadt.

Im Grunde hat es Marketingaktivitäten im kommunalen Bereich schon immer gegeben: Städte betreiben Fremdenverkehrswerbung und Wirtschaftsförderung, werben für Messen und Ausstellungen, feiern Stadtfeste und Jubiläen, halten Bürgerversammlungen ab und betreiben Presse- und Öffentlichkeitsarbeit. Allerdings entstammen diese Aktivitäten bisher meist keiner Gesamtkonzeption und sind häufig nicht aufeinander abgestimmt. So kam die Bestandsaufnahme des Deutschen Instituts für Urbanistik zum Stadtmarketing in deutschen Städten 1995 zu dem Ergebnis, daß sich bisher nur ein (eher kleiner) Teil der Städte und Gemeinden mit einem ganzheitlichen Konzept befaßt.

Daß erst in den letzten Jahren auch für Städte Marketingkonzepte entwickelt wurden, liegt u. a. darin begründet, daß das Stadtmarketing bei vielen Kommunalpolitikern und Mitarbeitern der Verwaltung starken Vorbehalten begegnet nach dem Motto: „Das Rathaus ist ja wohl kein Kaufhaus."

Die Vorbehalte der Kommunen gegenüber dem Marketinggedanken stützen sich im wesentlichen auf zwei Gründe. Der erste Grund liegt in der häufig sehr verkürzten Sicht von Marketing. Für manche ist Marketing hauptsächlich Werbung, andere setzen Marketing mit aggressiven Verkaufsmethoden gleich, wieder andere verbinden mit dem Marketingbegriff Manipulation oder „Über-den-Tisch-ziehen" gemäß dem Spruch: „Marketing ist, wenn man Hühnern die Füße platt klopft und sie als Enten verkauft." Diesen Vorbehalten begegnete das Marketing anfangs auch im erwerbswirtschaftlichen Bereich, als der Begriff nach dem zweiten Weltkrieg aus den USA übernommen wurde. Inzwischen sind bei den Unternehmen diese Vorbehalte ausgeräumt, und Marketing ist zu einem etablierten und wichtigen Teilbereich der Unternehmensführung geworden.

Der zweite Einwand lautet, das Marketing sei nur auf die kommunalen Unternehmen, nicht aber auf den Stadtrat und die Stadtverwaltung übertragbar. Inzwischen ist der vorteilhafte Einsatz der Marketinginstrumente auch in nichterwerbswirtschaftlichen Organisationen wie Museen, Theatern, Hochschulen, Krankenhäusern, Kirchen und politischen Parteien nachgewiesen. Daß Marketing nicht ans Erwerbsprinzip gebunden ist, zeigt auch der erfolgreiche Einsatz bei Sozialkampagnen, z. B. für den Umweltschutz, die Integration von Behinderten oder gegen Drogenmißbrauch und Aids. Hierfür beginnt sich der Begriff Social Marketing durchzusetzen.

Eine Stadt braucht
eine Gesamtkonzeption

Wir leben in einer Zeit des Umbruchs, der großen historischen Veränderungen von politischen, wirtschaftlichen und gesellschaftlichen Rahmenbedingungen. Beispiele hierfür sind die deutsche Wiedervereinigung, der Zusammenbruch der UdSSR, die Europäische Union, die Öffnung Osteuropas und Chinas sowie der wirtschaftliche Strukturwandel. Diese veränderten Rahmenbedingungen stellen neue Anforderungen auch an die Städte und machen eine Neuorientierung des Handelns notwendig. Die Städte müssen sich mit folgenden Situationen auseinandersetzen:

- Der nationale und internationale Konkurrenzkampf der Städte um die Ansiedlung von Unternehmen, um wissenschaftliche Einrichtungen, qualifizierte Arbeitskräfte, kaufkräftige Konsumenten, Touristen, Kongresse, Kultur- und Sportveranstaltungen nimmt zu. Insbesondere innerhalb der Europäischen Union wird sich der Wettbewerb zwischen den Kommunen und Regionen noch deutlich verschärfen.

- Der wirtschaftliche Strukturwandel, Innovationen in der Transport- und Kommunikationstechnologie sowie der Wertewandel führen zu veränderten Anforderungen an einen Standort: Die klassischen Kriterien der Standortwahl, wie die regionale Ausstattung mit Ressourcen und die unmittelbare Nähe zu Märkten, haben an Bedeutung verloren, während weiche Standortfaktoren an Bedeutung gewinnen, wie Ausbildungs- und Forschungsstrukturen, Kulturangebot, Wohn- und Freizeitwert von Städten und Regionen.

- Das Image einer Stadt wird zu einem Maßstab kommunalpolitischen Erfolgs. Städte brauchen ein positives Image, um Industrie anzusiedeln, Umlandbevölkerung an die Stadt zu binden, regional und überregional bedeutsame Veranstaltungen durchführen zu können, bei den Bürgern ein „Wir-Gefühl" zu schaffen und so mehr Mitgestaltung des städtischen Lebens zu erreichen.

- Die verschärfte Haushaltslage zwingt zu mehr Effizienz und zur Neufestlegung der Prioritäten. Der Bürger erwartet kompetente Stadtorgane, die moderne Managementmethoden beherrschen, die z. B. ganzheitlich planen und sich nicht mit Insellösungen zufriedengeben. Professionalität und Gesamtkonzeptionen sind also gefragt. Fachkompetente Bürger sind zunehmend bereit, an einer Gesamtkonzeption mitzuarbeiten.

Was gehört zu einer
Gesamtkonzeption?

Ebenso wie ein Unternehmen im Rahmen der Unternehmenskonzeption in seinem Leitbild den Unternehmenszweck, die langfristigen Ziele und die Führungsrichtlinien festlegt, so gehört zu einer Stadtkonzeption vor allem das Stadtleitbild (einschließlich Verwaltungsleitbild). Danach erst wird das Stadtmarketing-Konzept entwickelt. Stadtmarketing ist folglich ein Teil der Stadtkonzeption. Von der Stadtentwicklungsplanung unterscheidet sich die Stadtkonzeption durch die bewußte Einbeziehung aller relevanten Bevölkerungsgruppen in die Konzepterstellung.

Eine Stadtkonzeption bedeutet die Gesamtsicht einer Stadt: ihre Einbindung in die Region und in das Gesellschaftssystem, ihre politischen Vorgaben, ihre Vision für die Zukunft, ihre Ziele, Strategien und Maßnahmen für die einzelnen Aktivitätenfelder. Das Stadtleitbild formuliert die Grundorientierung für das strategische und operative Verhalten. Als „realistische Utopie" stellt es den angestrebten Stadtentwicklungspfad für die Zukunft dar und enthält allgemeine Oberziele für die einzelnen Aktivitätenfelder. Das Stadtleitbild liefert also die Oberziele für das Stadtmarketingkonzept. Unter diesem Begriff wird ein umfassender gedanklicher Entwurf verstanden, der sich am Stadtleitbild orientiert und grundlegende Handlungsrahmen (Strategien) sowie die notwendigen operativen Handlungen (Maßnahmen) hinsichtlich der Beziehung zwischen der Stadt und ihren Zielgruppen in einem schlüssigen Plan zusammenfaßt. Dabei dient die Stadtidentität gleichsam als gemeinsames Dach für die einzelnen Marketingaktivitäten.

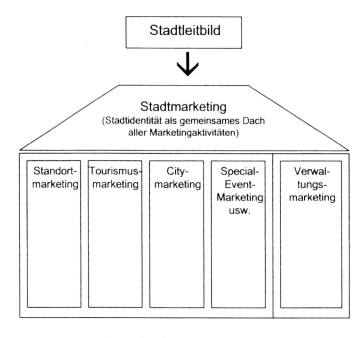

Abb. 1: Das Stadtmarketingkonzept

Da die Aktivitäten des Stadtmarketing immer kundenorientiert sind, unterscheidet man z. B. das Standortmarketing (Stadtmarketing für die Zielgruppe Investoren, ansiedlungswillige Unternehmen und Organisationen), das Tourismus-Marketing, das City- oder Innenstadt-Marketing, das Special-Event-Marketing (z. B. für die EXPO 2000 oder für besondere kulturelle Veranstaltungen). Hier bietet sich eine Zusammenarbeit mit dem privaten Sektor an. Daneben gibt es das Verwaltungsmarketing: zum einen in Richtung Bürgerinnen, Bürger (Bürgerbüro, Bürgergespräch), zum anderen in Richtung Mitarbeiter (z. B. Verwaltungsleitbild) und Politiker.

Abb. 2: Entwicklungsprozeß der Stadtkonzeption

Wie entwickelt man eine Stadtkonzeption?

Bei der Entwicklung einer Stadtkonzeption können fünf Phasen unterschieden werden: die Anschubphase, die Situationsanalyse, die Leitbildphase, die Formulierung von Teilzielen, Strategien und Maßnahmen sowie die Umsetzung und Kontrolle (siehe Abbildung 2).

Die Anschubphase

Der Anstoß zum Prozeß der Stadtkonzeption kann von jeder Interessengruppe kommen. Meist beginnt die Gruppe, die unter Problemdruck steht, z. B. der Handel. In ersten Vorgesprächen müssen die wichtigsten Akteure für das Projekt gewonnen werden, z. B. der (Ober-)Bürgermeister, die Organisation der Gewerbetreibenden, die Kammern, die Gewerkschaften, der Stadtrat und die Stadtverwaltung.

Wichtig ist, daß die Stadtspitze voll hinter dem Projekt steht und daß eine Person mit besonders großem Engagement gefunden wird, die das Projekt leitet. Da dieser Projektleiter in unterschiedlichen Positionen im Organigramm der Stadt steht, findet man die Stadtkonzeption/das Stadtmarketing auch an unterschiedlichen Stellen angesiedelt: beim Amt für Wirtschaftsförderung, beim Hauptamt, bei der Öffentlichkeitsarbeit, bei einem Dezernenten oder dicht beim Stadtoberhaupt als Stabsstelle oder als Projektorganisation. Wird eine solche Stelle neu eingerichtet, so sollte sie möglichst dicht am Stadtoberhaupt angesiedelt sein, denn die Stadtkonzeption ist eindeutig Chefsache.

Im Stadtrat ist das Projekt zu diskutieren und ein entsprechender Beschluß zu fassen. Auch die Mitglieder der Leitbildkommission und der Arbeitsgruppen sind entsprechend zu berufen. Soll eine Imageanalyse durchgeführt werden, empfiehlt es sich, die Fragebogen im Stadtrat zu diskutieren und „abzusegnen".

Den Abschluß der Anschubphase bildet die Auftaktveranstaltung. Diese soll möglichst viele Menschen erreichen. Der Oberbürgermeister verschickt persönliche Einladungen an alle Bürgermeister, Stadträte, Dezernenten und Amtsleiter, alle Mitglieder der Arbeitskreise, alle Organisationen, Institutionen, Verbände und Vereine in der Stadt. Die Bürger werden durch die Medien eingeladen. Ziel der Auftaktveranstaltung ist, eine Initialzündung zu bewirken, eine Aufbruchstimmung und Lust zum Mitmachen zu erzeugen.

Die Situationsanalyse

In der zweiten Phase wird die Ausgangssituation untersucht. Dabei ist darauf zu achten, daß die Analyse zwei Forderungen erfüllt: Sie muß ehrlich und gründlich sein.

Zu ermitteln sind die Stärken und Schwächen der Stadt, die zukünftigen Chancen und Risiken, die Wettbewerbsvorteile und -nachteile im Vergleich zu ihren benachbarten Städten oder Regionen, das Image der Stadt, das Stadterscheinungsbild, die erwartete Entwicklung der Region in den nächsten fünf bis zehn Jahren. Dazu sind folgende Untersuchungen notwendig: Imageanalyse (Selbstbild und Fremdbild), Einzelhandelsgutachten, Verkehrsanalyse, Analyse des Wirtschaftsstandortes, regionalwirtschaftliche Analyse, Analyse der Stadtverwaltung.

Ziel der Imageanalyse ist es, das Vorstellungsbild der Stadt in der Öffentlichkeit zu ermitteln, d. h. die Einstellungen und Meinungen relevanter Zielgruppen der Stadt zu erfahren. Wichtige Zielgruppen sind in diesem Zusammenhang die Einwohner, die Umlandbewohner (Einwohner des Einzugsgebietes) die Berufseinpendler, die Meinungsbildner (Persönlichkeiten aus Politik, Kultur, Medien), die Touristen, die Vereine sowie die Unternehmer bzw. Manager. Häufig ist auch das Image der Stadt bei Personen im übrigen Bundesgebiet interessant (Fremdbild).

Eine fundierte Imageanalyse ist repräsentativ und basiert auf persönlichen Befragungen mit strukturierten Fragebogen. Die Auswahl der Stichprobe muß so erfolgen, daß aus dem Ergebnis der Teilerhebung möglichst sicher auf die Verhältnisse der Grundgesamtheit geschlossen werden kann. Eine Stichprobe ist repräsentativ, wenn sie in der Verteilung aller interessierenden Merkmale der Gesamtmasse entspricht, d. h. ein zwar verkleinertes, aber sonst wirklichkeitsgetreues Abbild der Gesamtheit darstellt. Die Größe der Stichprobe richtet sich nicht nach der Einwohnerzahl einer Stadt, sondern nach den Gliederungswünschen, die an die Befragungsergebnisse gestellt werden. Ist man zufrieden mit Aussagen wie: „Die Einwohner sind mehrheitlich der Meinung...", dann mag eine Stichprobe von 300 Personen ausreichen. Wird eine differenzierte Aussage nach Altersgruppen, Stadtteilen usw. gewünscht, gilt als Richtgröße für die Imageanalyse eine Stichprobe von 700 bis 1000 Einwohnern, 300 bis 400 Umlandbewohnern und 200 bis 300 Berufseinpendlern.

Die Auswahl der zu befragenden Einwohner kann nach dem Zufallsprinzip erfolgen: aus der Einwohnermeldedatei wird jede x-te Adresse der Einwohner über 15 Jahre gezogen. Zu berücksichtigen ist, daß trotz speziell geschulter Interviewer und guter Presseankündigung mit vergleichsweise hohen Ausfällen zu rechnen ist. Weniger aufwendig ist die Vorgehensweise nach dem Quotenauswahlverfahren. Die Stichprobe muß dieselbe Struktur haben wie die Grundgesamtheit, damit sie repräsentativ ist. Folglich erhält jeder Interviewer einen Quotenplan, auf dem Anzahl und statistische Merkmale der zu befragenden Personen verzeichnet sind.

Bei Umlandbewohnern erfolgt die Auswahl der Orte des Einzugsbereiches zusammen mit der Stadtverwaltung und den Kammern. Danach wird die Zahl der Interviews pro Ort entsprechend der Einwohnerzahl unter Berücksichtigung einer Mindestzahl pro Ort festgelegt.

Die Auswahl der Einpendler kann auf unterschiedliche Weise erfolgen. Meist werden in Zusammenarbeit mit den Kammern Unternehmen verschiedener Größen und Branchen ermittelt, in denen dann die zu befragenden Einpendler nach dem Zufallsprinzip ausgewählt werden.

Die Vereine können schriftlich befragt werden. Da selten eine Rücklaufquote von mehr als 40 % erreicht wird, ist es ratsam, alle Vereine um ihre Stellungnahme zu bitten (Totalerhebung).

Imageanalysen sind auch Frühwarninstrumente, die signalisieren, wo präventive Maßnahmen dringend erforderlich sind. So sagten z. B. 26 % der Jugendlichen einer mittelgroßen Stadt, daß ihr Verhältnis zu Ausländern schlecht bzw. außerordentlich schlecht sei, und bekräftigen ihre Aussagen mit beachtlichen Verbalinjurien. Der Oberbürgermeister reagierte sofort, veranstaltete persönlich in den Stadtteil-Jugendzentren Diskussionsabende zum Thema Ausländer, der Gemeinderat verstärkte die Jugendarbeit, erhöhte die Zahl der hauptamtlichen Mitarbeiter in den Jugendtreffs und richtete ein Stadtteil-Familienzentrum in einem Brennpunkt ein.

Eine Imageanalyse zeigt subjektive Wahrnehmungen der Bürger, ihre Meinungen und Empfindungen. Daher können die Ergebnisse auch nicht aus offiziellen Statistiken wie dem Mikrozensus entnommen werden. Die Sorge mancher Ratsmitglieder, nach Veröffentlichung der Ergebnisse der Imageanalyse müsse man sich nach den mehrheitlichen Wünschen der Bürger richten und könne davon abweichende politische Entscheidungen nicht mehr treffen, ist unbegründet. Zeigt die Imageanalyse unterschiedliche Ansichten auf, kann die Stadtleitung sich argumentativ damit auseinandersetzen. Dazu muß sie aber die Meinung aller Bürger, auch der schweigenden Mehrheit, genau kennen und nicht nur die Ansichten der wenigen, die ihre Meinung unaufgefordert per Leserbrief oder im Gespräch kundtun.

Imageanalysen sind von schriftlichen Bürgerbefragungen zu unterscheiden, bei denen meist die Repräsentanz wegen zu geringer Rücklaufquoten problematisch ist und die keine Spontanreaktion ermitteln können.

Analysen des Wirtschaftsstandortes werden in der Regel von den Kammern in regelmäßigen Abständen durchgeführt. Die meisten Städte verfügen über Einzelhandelsgutachten die sich mit dem Kaufverhalten, der Kaufkraftbindung und dem Kaufkraftpotential, den Standorteigenschaften, den Präferenzen für Einkaufsgebiete, der Verschiebung von Umsatzanteilen usw. beschäftigen.

In der regionalwirtschaftlichen Analyse wird die wirtschaftliche Verflechtung der Stadt mit ihrem größeren Umfeld untersucht. Sie wird meist im Auftrag des Wirtschaftsministeriums oder der IHK von spezialisierten Instituten durchgeführt.

Die Verkehrsanalyse befaßt sich mit dem Individualverkehr, dem öffentlichen Nahverkehr, dem ruhenden Verkehr, dem Fahrradverkehr und der Fußgängersituation. Auch werden Grunddaten erhoben, die dazu dienen, ein Verkehrsberuhigungskonzept zu entwickeln (Geschwindigkeitsmessungen, Strukturerhebungen städtebaulicher Art usw.).

Die Leitbildphase

Das Stadtleitbild, auch Stadtphilosophie oder Leitlinien genannt, beschreibt den angestrebten Entwicklungspfad für die Zukunft. Er basiert auf den Elementen historische Kraft, aktuelle Stärken, gesellschaftlicher Zukunftstrend und Ziele für die nächsten fünf bis zehn Jahre (siehe Abbildung 3). Das Leitbild sollte eine „realistische Utopie" sein, d. h., der angestrebte Entwicklungspfad soll sowohl realitätsbezogen sein als auch die Möglichkeiten der Zukunft mit einbeziehen. Auch Städte brauchen Visionen, müssen Vorstellungen darüber entwickeln, was die Stadt in Zukunft sein will und sein kann. In diesem Zusammenhang wird gern an den Satz von Antoine Saint-Exupéry erinnert: „Wenn Du ein Schiff bauen willst, dann trommle nicht Männer zusammen, um Holz zu beschaffen, Aufgaben zu vergeben und die Arbeit einzuteilen, sondern lehre die Sehnsucht nach dem weiten, endlosen Meer."

Als Navigationshilfe auf der Fahrt in die Zukunft bietet das Leitbild Orientierung für zukünftiges Handeln der Politiker, der Verwaltung, der Unternehmen, Verbände, Vereine, privater Initiativen usw. Auch soll es bei den Bürgern insgesamt eine Diskussion über die Zukunft der Stadt in Gang setzen, um auf gemeinsamer Basis möglichst viele für eine Mitarbeit im Sinne einer aktiven Bürgergesellschaft zu gewinnen. Auswärtigen bietet das Leitbild Einsichten in die gewünschten Entwicklungsschwerpunkte der Stadt.

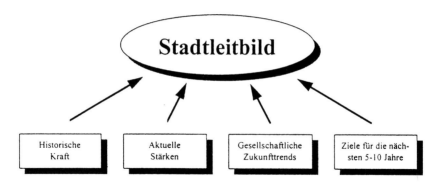

Abb. 3: Elemente des Stadtleitbildes

Wichtig bei der Entwicklung des Stadtleitbilds ist die Beteiligung aller wesentlichen gesellschaftlichen Gruppen. Hierfür hat sich die Arbeitskreismethode bewährt. Bei der Auswahl der Arbeitskreismitglieder ist darauf zu achten, daß nicht ausschließlich Funktionsträger, sondern auch andere Meinungsbildner, Querdenker und Visionäre einbezogen werden. Die Schwierigkeit besteht darin, möglichst viele am Stadtgeschehen Beteiligte mitwirken zu lassen und dennoch die Mitgliederzahl so gering zu halten, daß effektives Arbeiten möglich ist.

Den Leitbild-Prozeß haben zahlreiche Städte wie folgt organisiert: Der (Ober-)Bürgermeister setzt in der Verwaltung eine Steuerungsstelle ein, der Mitarbeiter der Verwaltung zur Koordination der Arbeitsabläufe angehören. Dann beruft er die Leitbildkommission aus Vertretern gesellschaftlich relevanter Gruppen sowie der politischen Parteien. Auch die Leiter von sechs Fach-Arbeitskreisen, deren Mitglieder ebenfalls berufen werden, gehören der Leitbildkommission an. Die Fachkreise können beispielsweise lauten: Wirtschaft, Einkaufen/Stadtgestaltung/Verkehr, Umwelt, Soziales/Wohnen/Gesundheit, Bildung/Kultur/Freizeit und Politik/Verwaltung oder Highlights/Tourismus.

In der Leitbildkommission werden die Untersuchungsergebnisse der Analysenphase möglichst vorurteilsfrei diskutiert. Es werden die Stärken und Schwächen der Stadt ihren zukünftigen Chancen und Risiken gegenübergestellt. Daraus ergibt sich, wo das Entwicklungspotential der Stadt liegt, wo in der Region die günstigste Positionierung und Profilierung für die nächsten Jahre gesehen wird. Ziel ist ein individuelles, unverwechselbares Profil der Stadt.

Ein Stadtleitbild muß konsensfähig sein. Konsens kann am ehesten erreicht werden, wenn in der Arbeitsgruppe alle Interessengruppen, die die Geschicke dieser Stadt nachhaltig beeinflussen, vertreten sind. Auch sollten die vier Konzeptbausteine historische Kraft, gegenwärtige Stärken, gesellschaftliche Zukunftstrends und Ziele für die nächsten fünf bis zehn Jahre von den Mitgliedern der Leitbildkommission in ähnlicher Weise eingeschätzt werden. Nur wenn ein gemeinsames Selbstverständnis erreicht wird, können sich Mehrheiten mit einem derartigen Zukunftsentwurf identifizieren.

Folgende Vorgehensweisen haben sich bewährt:

Die Leitbildkommission erarbeitet das Leitbild in etwa sechs Sitzungen, danach tagen die Fach-Arbeitskreise, um auf der Grundlage des Leitbildes Strategien und Maßnahmen zur Erreichung der Ziele zu entwickeln.

Jede Gruppe arbeitet nach festgelegten Regeln (z. B. keine Killerphrasen, keine Parteipolemik), wird moderiert und setzt moderne Moderationstechniken ein.

Die Endfassung des Leitbildes geht entweder direkt zur Verabschiedung in den Rat oder wird zuerst in den Stadtteilen auf Bürgerversammlungen diskutiert, damit eventuelle Ergänzungen noch aufgenommen werden können. Mustergültige Stadtleitbilder sind z. B.: in Aalen, Rüsselsheim und Wolfsburg verabschiedet worden.

Die Maßnahmen

Die von den Fach-Arbeitskreisen erarbeiteten konkreten Maßnahmen werden in ein Raster eingetragen. Sie sind mit Prioritäten zu versehen, da die Mittel meist nicht ausreichen, um alle wünschenswerten Aktivitäten gleichzeitig in Angriff zu nehmen. Bei den Maßnahmen sollte vermerkt werden, wem die Initiative hauptsächlich nützt, wer sie in welchem Zeitraum ausführen soll und welche Kosten zu erwarten sind.

Zu den Marketing-Maßnahmen im Bereich des Gesamterscheinungsbildes einer Stadt gehört auch das Gestaltungshandbuch, das genaue Vorgaben hinsichtlich Schrifttypen, -größen, Plazierung von Signets, Logos und Slogans enthält. Dies bedeutet keinesfalls Monotonie, sondern unterstützt einen durchgängigen Wiedererkennungseffekt.

Die Umsetzung und Kontrolle

Umsetzungsreife Maßnahmen sollten an jeder Stelle des Prozesses sofort realisiert werden. Beispiele sind präventive Maßnahmen in der Jugendarbeit, Moderatorentraining, ein neues Messekonzept, ein Technologiepark, ein Mentorensystem für Jungunternehmer.

Alle Maßnahmen sind daraufhin zu überprüfen, ob eine Partnerschaft mit privaten Trägern möglich ist (Public Private Partnership). Einige Städte haben auf diese Weise das Stadtmarketing und auch das City Management aus der Verwaltung ausgegliedert und in die Rechtsform eines Vereins oder einer GmbH überführt.

Eine Sonderform stellt das private Sponsoring dar. Sponsoring ist die Zuwendung von Finanz-, Sach- oder Dienstleistungen von einem Unternehmen an die Stadt gegen Rechte der kommunikativen Nutzung der Stadt oder ihrer Aktivitäten auf der Basis einer vertraglichen Vereinbarung.

Ein effizientes Stadtmarketingkonzept braucht regelmäßige Planfortschritts- und Zielerreichungskontrollen, durch die eventuelle Abweichungen ermittelt und Plankorrekturen rechtzeitig eingeleitet werden können. Während sich beispielsweise beim Produktmarketing die Erfolge am Umsatz und Gewinn unmittelbar ablesen lassen, sind Erfolgskontrollen im politischen Bereich schwieriger und auch nicht immer erwünscht. Dennoch ist die Kontrolle ein notwendiger Bestandteil des Prozesses Stadtkonzeption. Meßkriterien sind noch zu entwickeln bzw. zu verfeinern.

Die Stadtkonzeption ist ein fortwährender Prozeß und somit nie abgeschlossen. Einige Städte wollen deshalb die Leitbildkommission über die Phase der Entwicklung der Stadtkonzeption hinaus – etwa in Form eines Beirats – weiter beibehalten. Sie soll die Umsetzung beratend begleiten und die ständige Aktualisierung der Stadtkonzeption gewährleisten.

Motivierung der Verwaltung im Sinne eines Marketing nach innen

Da das Bild einer Stadt ganz wesentlich von den Mitarbeitern der Stadtverwaltung geprägt wird, ist diesen im Rahmen der Stadtkonzeption besondere Aufmerksamkeit zu widmen. Jeder Mitarbeiter ist ein wichtiger Multiplikator. Eine Untersuchung der Informationswege von der Stadtverwaltung zum Bürger in einer mittelgroßen Stadt ergab, daß mehr als die Hälfte der Einwohner über 30 Jahre sich persönlich bei Mitarbeitern der Stadtverwaltung im Rathaus über Aktivitäten der Stadt informieren.

Damit das Stadtleitbild auch in der Stadtverwaltung gelebt wird, müssen ein entsprechendes Betriebsklima und eine angemessene Führungskultur gegeben sein. Mitarbeiter, die sich mit der Stadtkonzeption und ihren Zielen identifizieren, sind viel eher leistungsbereit und bürgerfreundlich. Um das Kreativitätspotential der Mitarbeiter zu erschließen, wird in den Unternehmen häufig, in nichterwerbswirtschaftlichen Organisationen selten und in Stadtverwaltungen bisher erst in Ansätzen eine Vorgehensweise gewählt, die sich an die Standards der klassischen Organisationsentwicklung anlehnt: Betroffene werden zu Beteiligten gemacht.

Die Mitarbeiterbefragung wird als Motivationsinstrument in der privaten Wirtschaft schon seit langem genutzt, in Behörden und Verwaltungen erst in den letzten Jahren. Ziel einer Mitarbeiterbefragung ist es, die Meinung der Befragten zu ihrem Arbeitsplatz bei der Stadtverwaltung zu ermitteln, um Verbesserungen zielgerichtet in Gang setzen zu können.

Als erstes wird der Fragebogen mit dem (Ober-)Bürgermeister, den Dezernenten und dem Personalrat abgestimmt. Themenbereiche sind: Einstellungen zur Arbeit, Beurteilung der Arbeitsinhalte, des Arbeitsplatzes, des unmittelbaren Vorgesetzten, Verhältnis der Mitarbeiter untereinander, Weiterbildungs- und Aufstiegsmöglichkeiten, Lohn/Gehalt und Sozialleistungen, Informationspolitik.

Dabei empfiehlt sich eine Totalerhebung, d. h., jeder Mitarbeiter erhält einen Fragebogen mit einem gemeinsamen Anschreiben des Oberbürgermeisters und des Personalratsvorsitzenden. Wichtig ist die glaubhafte Zusicherung der Anonymität, zum einen durch Beifügung eines Umschlags mit der Adresse des auswertenden Instituts (das sich vorzugsweise nicht am selben Ort befindet) und zum anderen durch Hinweis auf die aufgestellten Wahlurnen (zu denen nur der Personalratsvorsitzende einen Schüssel hat). Daß die Sorge der Mitarbeiter hinsichtlich der Anonymität besonders bei der ersten Befragung groß ist, zeigt in der Praxis die hohe Zahl der direkt an die Institute gesandten und mehrfach versiegelten Fragebogen.

Die Rücklaufquote liegt bei der ersten Befragung erfahrungsgemäß zwischen 40 und 65 %. Sie erhöht sich, wenn die Befragung auf einer Personalversammlung vorher angekündigt und erläutert wurde.

Die Ergebnisse werden auf einer gesonderten Informationsveranstaltung oder auf der nächsten Personalversammlung vorgestellt. Sinnvoll ist es, während dieser Versammlung bereits die Hauptproblemfelder zu benennen und in eine Rangreihe zu bringen. Häufige Problemfelder sind: interner Informationsfluß, Vorschlagswesen, Ansehen der Verwaltung in der Öffentlichkeit, Gestaltung des Arbeitsplatzes, Störungen bei der Arbeit, Fort- und Weiterbildung, flexible Arbeitszeiten, leistungsgerechte Bezahlung. Auf der Personalversammlung kann dann gleich zur Teilnahme an den ersten zwei bis drei Qualitätszirkeln aufgerufen werden.

Qualitätszirkel sind kleine Gruppen (fünf bis neun Mitarbeiter), die sich regelmäßig treffen, um Probleme am Arbeitsplatz zu erörtern und Lösungen zu erarbeiten. Die acht Grundmerkmale sind: freiwillige und regelmäßige Teilnahme, gleiche Hierarchieebene, Arbeit während der Arbeitszeit, Identifikation und Analyse von Problemen am Arbeitsplatz, Entwicklung und Umsetzung von Lösungsvorschlägen. Die Arbeit des jeweiligen Qualitätszirkels ist beendet, wenn der Verbesserungsvorschlag umgesetzt wurde.

Grundgedanke der Qualitätszirkelarbeit ist, daß die Mitarbeiter in ihrem Arbeitsbereich aufgrund ihrer täglichen Auseinandersetzung mit den Alltagsproblemen die eigentlichen Experten sind. Viele Mitarbeiter haben ihr Kreativitäts- und Problemlösungspotential bisher noch kaum genutzt. Die Vorgesetzten sind oft so überlastet, daß ihnen für viele Problem(chen) die Zeit fehlt, sofern sie dies überhaupt kennen. Es lohnt sich, auch kleinere Probleme anzugehen, denn summiert stellen viele kleine Schwachstellen ein erhebliches Fehler-, Kosten- und Unzufriedenheitspotential dar.

Die Mitglieder der Qualitätszirkel wählen einen Leiter aus ihrer Mitte, der die Arbeitsgruppe moderiert. In einem Training werden die Leiter in der Moderationsmethode geschult. Zum gewählten Thema – zu den zuerst bearbeiteten Themen gehören meist Verbesserung des Vorschlagswesens und interne Information – werden nach der Ursachenanalyse alternative Problemlösungen erarbeitet und diese der Lenkungsgruppe vorgetragen.

Die Lenkungsgruppe besteht in der Regel aus dem Oberbürgermeister, interessierten Dezernenten, dem Leiter des Hauptamtes und des Personalamtes, dem Vorsitzenden des Personalrats und dem Berater/wissenschaftlichen Begleiter der Stadtkonzeption. Diese entscheiden, ob ein Vorschlag des Qualitätszirkels umgesetzt werden kann, und besprechen mit den Mitgliedern des Qualitätszirkels die Vorgehensweise.

Qualitätszirkel eignen sich hervorragend als Instrument der kontinuierlichen Verbesserung der Kommunalverwaltung, denn sie beteiligen die Mitarbeiter am Entwicklungsprozeß. Eine weitere gute Möglichkeit, die Mitarbeiter aktiv zu beteiligen, ist die Erarbeitung des Verwaltungsleitbildes (siehe dazu z. B. das Verwaltungsleitbild der Stadt Friedrichshafen im Anhang, S. 267 ff.). Ergebnisse eines solchen Prozesses sind eine hohe Identifikation der Mitarbeiter mit ihrer Aufgabe sowie die Verbesserung der Effizienz der Abläufe durch Stärkung der Mitgestaltung und Eigenverantwortung. Dies führt zu einer wesentlichen Erhöhung der Produktivität, zu Kosteneinsparungen und zu größerer Arbeitszufriedenheit.

Grenzen
und Nutzen einer Stadtkonzeption

Für eine Stadtkonzeption gibt es kein Patentrezept. Jede Stadt muß ihr eigenes maßgeschneidertes Konzept selbst entwickeln und ihren individuellen Weg mit den vorhandenen Personen, geographischen Gegebenheiten und finanziellen Mitteln gehen. Als permanenter, gemeinsamer, offener Lernprozeß ist eine Stadtkonzeption auch nie abgeschlossen. Sie ist eine wichtige Investition in die Zukunft und zuweilen ein mühsamer Weg.

Die Stadtkonzeption kann und will die kommunale Politik nicht ersetzen. Sie unterstützt den Rat und liefert Entscheidungshilfen in Form von Strategien und Maßnahmen zur Verwirklichung der Leitideen. Die Entscheidungen treffen immer die Politiker.

Voraussetzungen für den Nutzen einer Stadtkonzeption ist die Bereitschaft zum langfristigen Denken, zur Offenheit, Bürgerorientierung und Verwaltungsmodernisierung. Die Erwartungen dürfen nicht kurzfristig dimensioniert sein, etwa auf eine Wahl hin. Auch muß der Prozeß professionell angegangen werden, damit er nicht im Sande verläuft, sondern den gewünschten Erfolg bringt. Dabei haben die Information, Qualifikation und Motivation der Verwaltungsmitarbeiter einen hohen Stellenwert. Denn in diesem Prozeß der Organisationsentwicklung ist häufig der Weg das Ziel.

Der Hauptnutzen einer Stadtkonzeption liegt in der planmäßigen Profilierung der Stadt zur besseren Behauptung im Wettbewerb, der besseren Ausrichtung der Dienstleistungen am Bedarf der Zielgruppen, dem effizienteren Ressourceneinsatz durch stärkere Zielorientierung und ganzheitlichen Ansatz sowie in der Identifikation und Mitarbeit der Bürgerinnen und Bürger im Sinne einer aktiven Bürgergesellschaft.

VII

Rechtliche Aspekte der kommunalen Presse- und Öffentlichkeitsarbeit im einzelnen

Presserecht

Anwendbarkeit der Landespressegesetze auf Veröffentlichungen im Rahmen kommunaler Presse- und Öffentlichkeitsarbeit

Es muß betont werden, daß alle kommunalen Veröffentlichungen im Rahmen der Presse- und Öffentlichkeitsarbeit als „amtliche Druckwerke" zu qualifizieren sind. Unter „amtlichen Druckwerken" im Sinne der Landespressegesetze sind nämlich solche zu verstehen, die von einer öffentlichen Behörde selbst oder in deren Auftrag für amtliche Zwecke hergestellt werden und dies auch zu erkennen geben.

Den zurückhaltenden Auffassungen, daß nur „Gesetz- und Verordnungsblätter, Ministerialblätter, Amtsblätter der Regierungen" oder „ausgedruckte Haushaltspläne, sonstige Verkündungsblätter, amtliche Formulare", bezogen auf die kommunale Praxis: nur „Amtliche Bekanntmachungen", „amtliche Zwecke" indizierten, kann hinsichtlich der kommunalen Presse- und Öffentlichkeitsarbeit nicht gefolgt werden. Auch ein kommunaler Haushaltsplan in Prospektform, die bunteste oder gar „popigste" Broschüre über ein kommunales Jugendzentrum dienen „amtlichen Zwecken" der Kommune. Die kommunale Selbstverwaltung muß sich bei ihrer Presse- und Öffentlichkeitsarbeit nicht zuletzt aus Gründen der Effizienz auch auf moderne Formen der Darbietung stützen. Die Qualität der Veröffentlichung als „für amtliche Zwecke bestimmt" wird dadurch nicht in Frage gestellt.

Dem Erfordernis, nach dem das amtliche Druckwerk selbst über die Herausgeberschaft der kommunalen Behörde Auskunft geben muß, wird bei den Publikationen im Rahmen der Presse- und Öffentlichkeitsarbeit etwa mit dem Vermerk „Herausgegeben vom Presseamt der Stadt..." regelmäßig Genüge getan.

Aus dem Gesagten ergibt sich also, daß auf die Veröffentlichungen der Kommunen im Rahmen ihrer Presse- und Öffentlichkeitsarbeit die Landespressegesetze keine Anwendung finden (siehe z. B. § 7 Abs. 3 Ziff. 1 Landespressegesetz NW). Insbesondere unterliegen sie nicht der Impressumspflicht, weiter sind die Kommunen von der Pflicht entbunden, für sie einen verantwortlichen Redakteur mit besonderen persönlichen Anforderungen zu benennen und im Zusammenhang mit ihnen Gegendarstellungen abzudrucken. Keine Anwendung auf diese Veröffentlichungen finden ferner die Bestimmungen über die besondere Haftung des verantwortlichen Redakteurs, die Verjährung von Pressestraftaten, die strafprozessuale Beschlagnahme der gesamten Auflage, die vorläufige Sicherstellung der gesamten Auflage, den Schutz des Redaktionsgeheimnisses und über das Anbieten bzw. die Ablieferung von Pflichtexemplaren.

Keine Rathaus„presse"

Wenn sich die Kommunen, was nicht selten vorkommt, auch hinsichtlich ihrer amtlichen Veröffentlichungen presserechtlichen Ordnungsvorschriften unterwerfen, so entspringt diese Übung keinem Rechtszwang. Insbesondere kann diese freiwillige Unterwerfung nicht dazu führen, daß städtische Veröffentlichungen in die Nähe der „freien Presse" gerückt werden oder gar auf diese Weise „Begründungen" für „Pressefreiheit" der Stadt oder der mit Bürgerunterrichtung beschäftigten Dienstkräfte gewonnen werden. Es wäre eher zu befürchten, daß z. B. eine auf parteipropagandistische Abwege sich begebende – horribile dictu – Rathaus„presse" leichteres Spiel hätte, unter dem Mantel streng beachteter presserechtlicher Formen, nicht zuletzt mit großzügiger Erfüllung z. B. der Gegendarstellungspflicht, amtliche Propaganda zu betreiben. Gerade die Verwischung der scharfen Trennungslinie zwischen „amtlichem Druckwerk", das sich ja als solches zu erkennen geben muß, und „freier Presse" hat zu unterbleiben. Den Bürgerinnen und Bürgern könnte nämlich anderenfalls um so schwerer begreiflich gemacht werden, warum sich die im presserechtlichen Gewand auftretenden kommunalen Publikationen, nicht zuletzt die Bürgerillustrierten und wie Zeitungen aufgemachte Amtsblätter, von Verfassungsrechts wegen etwa parteipolitisch streng neutral zu verhalten haben, während gegen die deutliche Parteinahme z. B. der Lokalzeitung rechtlich nichts einzuwenden ist.

Ebensowenig wie kommunale Publikationen Teil der „freien Presse" sind, dürfen die Kommunen bei ihren Bürgern den Eindruck erwecken, als gehörten ihre amtlichen Veröffentlichungen zur „freien Presse". Schon allein der Sammelbegriff Rathaus„presse" ist trotz der Anführungszeichen geeignet, den Bürger irrezuführen. Angebracht ist vielmehr ein Terminus wie „Rathausinformationen".

Die Landespressegesetze sind lediglich für den bezahlten Anzeigenteil etwa einer städtischen Bürgerillustrierten anzuwenden. So unterliegt der Anzeigenteil der Impressumspflicht. D. h., für ihn müssen Name und Anschrift des Druckers wie des Verlegers angegeben werden. Insbesondere hat der Verleger einer Bürgerillustrierten für den Anzeigenteil, der ein periodisches Druckwerk im Sinne der Landespressegesetze darstellt, einen „Verantwortlichen" zu benennen, der mit Namen und Anschrift aufgeführt werden muß. Für diesen „Verantwortlichen" gelten die Vorschriften über den verantwortlichen Redakteur entsprechend, insbesondere haftet er für den Anzeigenteil presserechtlich und strafrechtlich in vollem Umfang. Z. B. ist er für den Fall, daß eine Veröffentlichung im Anzeigenteil einer Bürgerillustrierten einen Gegendarstellungsanspruch auslöst, passiv legitimiert, d. h., er kann entsprechend verklagt werden.

Kommunale Selbstverwaltung und Informationsrecht der Presse

Nach den Landespressegesetzen besteht ein Auskunftsanspruch der Presse gegenüber Behörden, also auch gegenüber den Behörden der kommunalen Selbstverwaltung. Auskunftspflichtig sind nur die Behörden als solche, also nicht einzelne Amtsträger oder Behördenteile, wie Dezernate, Abteilungen, Referate oder Dienststellen. Welcher Behördenvertreter die Auskunft erteilen muß, regelt der Behördenleiter amtsintern. So kann sich z. B. der kommunale Hauptverwaltungsbeamte die Befugnis zur Auskunftserteilung selbst vorbehalten und daneben den Pressereferenten entsprechend „beauftragen", was ja in aller Regel geschieht.

Das genannte Informationsrecht ist ein Privileg der Presse gegenüber dem einzelnen Staatsbürger, dem ein solches allgemeines Auskunftsrecht nicht zusteht. Nach Art. 5 Abs. 1 Satz 1 GG darf sich der einzelne nur aus „allgemein zugänglichen Quellen" unterrichten.

Nur die Presse im personellen Sinn kann von der Kommune Auskünfte verlangen. Dazu gehören alle Personen, die an der Gestaltung des geistigen Inhalts von Presseerzeugnissen berufsmäßig mitwirken. Das sind insbesondere die sogenannten „Presseleute", wie Verleger, Verlagsdirektoren, Herausgeber, Redakteure, Berichterstatter, Journalisten, Korrespondenten, Pressephotographen, Pressezeichner, Korrektoren, Volontäre usw. Auch der sogenannte „freie Journalist", der vertraglich an kein bestimmtes Presseunternehmen gebunden ist, gehört zur Presse, da er ebenfalls an der inhaltlichen Gestaltung von Presseerzeugnissen mitwirkt. Allerdings muß er in geeigneter Form nachweisen, daß er regelmäßig für Publikationsorgane journalistisch arbeitet. Das kann z. B. durch Vorlage des Presseausweises des Deutschen Journalistenverbandes geschehen. Schließlich sind hier auch jene Personen zu nennen, die beruflich für Hilfsunternehmen der Presse, wie Nachrichtenagenturen, Pressekorrespondenzen und ähnliche Unternehmungen journalistisch tätig sind. Selbstverständlich haben auch Journalisten von Hörfunk und Fernsehen gegenüber der kommunalen Selbstverwaltung einen entsprechenden Informationsanspruch.

Nach herrschender Auffassung deckt sich der Begriff „Presse" im Rechtssinne nicht mit dem Pressebegriff des Sprachgebrauchs, der nur Zeitungen und Zeitschriften als Presse versteht, sondern geht weit darüber hinaus und umfaßt alle auf mechanischem oder chemischem Wege hergestellten Massenvervielfältigungen geistigen Inhalts, insbesondere die Anzeigenblätter, die gesamte Buchpresse, aber auch Flugschriften, Plakate, Schallplatten usw. Auch was Veröffentlichungen im Internet und anderen Online-Diensten angeht, wird inzwischen die Meinung vertreten, daß auf sie als in „sonstigen Vervielfältigungsverfahren" hergestellte Erzeugnisse die Landespressegesetze anwendbar sind. Eine kleinliche Beschränkung des Kreises der auskunftsberechtigten Presseangehörigen entspricht nicht der Pressefreiheit. Allerdings sind solche Personen, die einem Journalisten bei dessen Arbeit lediglich „behilflich" sind, nicht mehr zur Presse zu rechnen. Ausgenommen sind auch jene Presseangehörigen, die ausschließlich bei der technischen Herstellung und der Verbreitung eines Presseerzeugnisses mitwirken.

Die Auskunftspflicht der Kommunen ist inhaltlich dadurch begrenzt, daß in den Landespressegesetzen auf die öffentliche Aufgabe der Presse Bezug genommen wird. Das hat zur Folge, daß ein kommunales Presseamt Auskünfte nur über Angelegenheiten von besonderem öffentlichen Interesse zu geben hat. Dazu zählen „Vorgänge, an deren Erörterung (den Bürgerinnen und Bürgern) ein nicht nur auf Neugierde oder Sensationslust beruhendes, sondern ein durch ein echtes Informationsbedürfnis und durch ein Streben nach Meinungsbildung gerechtfertigtes Interesse zuzubilligen ist" (Manfred Rehbinder). Damit sind auch dem sogenannten „Ranking-Journalismus" die Grenzen aufgezeigt (siehe hierzu die Beschlüsse von Hauptausschuß und Presseausschuß des Deutschen Städtetages im Anhang, S. 263).

Eingeschränkt wird die Auskunftspflicht gegenüber der Presse auch dort, wo ein privates schutzwürdiges Interesse verletzt werden könnte, Vorschriften über die Geheimhaltung einer Auskunft entgegenstehen oder durch eine Auskunft die sachgemäße Durchführung eines schwebenden Verfahrens, vereitelt, erschwert, verzögert oder gefährdet werden kann.

Die Gegendarstellung

Zu einer Gegendarstellung berechtigt sind einzelne natürliche Personen, Personenvereinigungen wie etwa Gesellschaften des bürgerlichen Rechts und Handelsrechts, Stiftungen, Vereine usw. und schließlich Behörden, Gerichte, Anstalten, gesetzgebende Körperschaften und ähnliche Institutionen. Gegendarstellungen können nicht nur gegenüber Veröffentlichungen im redaktionellen Teil gefordert werden, sondern auch bei nichtgeschäftlichen Anzeigen, wie etwa Wahlkampfanzeigen. Auch kann ein Gegendarstellungsanspruch nicht nur gegenüber Wortberichten erhoben werden, sondern auch bei Bildern, worunter Fotos, Zeichnungen, Pläne, Skizzen, Tabellen usw. fallen.

Kein Gegendarstellungsanspruch besteht bei wahrheitsgetreuen Berichten über die öffentlichen Sitzungen der gesetzgebenden oder beschließenden Organe des Bundes, der Länder, der Gemeinden und der Gemeindeverbände sowie der Gerichte. Dabei ist hier unter wahrheitsgetreu nicht etwa wortgetreu zu verstehen, sondern lediglich die sinngemäße Wiedergabe, ohne daß der Bericht in einem wesentlichen Punkt falsch, unvollständig, entstellt oder verzerrt ist.

Die formellen Voraussetzungen einer Gegendarstellung

Bei der Abfassung einer Gegendarstellung muß folgendes beachtet werden:

– Die Gegendarstellung muß in Schriftform erfolgen.

– Die Gegendarstellung muß von dem Betroffenen unterzeichnet sein. Bei Telegrammen oder Fernschreiben muß die Identität des Betroffenen als Einsender feststellbar sein. Das in einem Begleitschreiben geäußerte Abdruckverlangen braucht nicht unbedingt von dem Betroffenen selbst, sondern kann auch von einem Beauftragten – etwa einem Rechtsanwalt – unterzeichnet sein.

– Bei juristischen Personen des Privatrechts und des öffentlichen Rechts muß die Gegendarstellung von dem jeweiligen gesetzlichen Vertreter unterzeichnet sein.

– Der Adressat der Gegendarstellung braucht nicht unbedingt der verantwortliche Redakteur oder der Verleger sein. Es genügen auch Name oder Firma des Presseunternehmens.

– Der Deutsche Presserat sieht etwa 14 Tage als Frist für Überlegungen und Nachforschungen des Betroffenen als ausreichend an. Die meisten Pressegesetze der Bundesländer setzen als äußerste gesetzliche Frist drei Monate, die für besondere Umstände des Einzelfalls gilt.

– Der rechtzeitige Zugang der Gegendarstellung, dessen Zeitpunkt auch für den Ablauf der Frist entscheidend ist, muß durch den Betroffenen sichergestellt werden. Es empfiehlt sich deshalb Übersendung durch Boten oder per Eil-Einschreiben.

Soweit in Kürze die äußeren formellen Voraussetzungen. Sie sind deshalb von besonderer Wichtigkeit, weil Gegendarstellungen immer wieder wegen formaler Mängel zurückgewiesen werden, insbesondere weil überhaupt eine Unterschrift fehlt oder weil es sich nicht um die Unterschrift des Anspruchsberechtigten handelt. Besonders wichtig für Behörden und politische Institutionen ist es, immer zu klären, wer im Sinne des Gegendarstellungsrechts der gesetzliche Vertreter und damit der für die jeweilige Institution Berechtigte ist. Eine Frage, die bei einem Gegendarstellungsanspruch einer Person, die von der Presseveröffentlichung betroffen ist, nicht auftaucht.

Allerdings kann sich als „betroffen" im Sinne des Gesetzes und damit als anspruchsberechtigt nur die Person oder Institution sehen, auf die sich eine Tatsachenbehauptung individuell und erkennbar bezieht. Es kommt dabei nicht darauf an, ob der Betroffene überhaupt erwähnt worden ist. Es muß aus dem beanstandeten Artikel lediglich erkennbar sein, daß sich die Veröffentlichung auf ihn bezieht. Die Anspruchsberechtigung muß nicht nachgewiesen werden, wenn sie aus dem Zusammenhang hervorgeht. Wenn durch eine Veröffentlichung mehrere Personen betroffen sind, so hat, wenn eine Gegendarstellung durch eine dieser Personen erfolgt ist, jeder andere der Betroffenen nur mehr einen berechtigten eigenen Anspruch auf eine weitere Gegendarstellung, wenn er neue Tatsachen geltend machen kann.

Die inhaltlichen Voraussetzungen

Des weiteren wird die Gegendarstellung durch die folgenden Voraussetzungen inhaltlich eingegrenzt:

– Eine Gegendarstellung ist ausdrücklich auf tatsächliche Angaben zu von der Presse aufgestellten Tatsachenbehauptungen beschränkt. Als Tatsachen anzusehen sind Vorgänge, Zustände oder Eigenschaften, die wahrnehmbar in Erscheinung getreten und dem Beweis zugänglich sind. Dazu kann auch die Darstellung von inneren Vorgängen gehören – etwa die Schilderung von Beweggründen – soweit sie äußerlich in Erscheinung treten. Tatsachen brauchen nicht nur Vergangenheit und Gegenwart betreffen, sie können sich auch auf die Zukunft beziehen, wie zum Beispiel im Falle von Planungsvorhaben. Schließlich kann eine Tatsachenbehauptung auch darin liegen, daß etwas Wesentliches verschwiegen wird und dadurch ein irreführender Eindruck entsteht.

– Ein Gegendarstellungsanspruch besteht auch gegen von der Presse verbreitete Gerüchte tatsächlicher Natur, also gegenüber Tatsachenbehauptungen, die in der entsprechenden Presseveröffentlichung als nicht ausreichend verbürgt bezeichnet oder mit einem Vorbehalt versehen wurden.

– Die beanstandete Tatsachenbehauptung muß von der Presse nicht selbst aufgestellt worden sein. Es besteht ein Gegendarstellungsanspruch gegenüber dem Presseorgan auch bei der Wiedergabe von Behauptungen Dritter, also etwa der Veröffentlichung entsprechender Meldungen von Nachrichtenagenturen oder auch bei Leserbriefen.

– Eine Gegendarstellung kann nicht in beliebiger Länge verlangt werden, sie muß vielmehr einen angemessenen Umfang haben. Obwohl hier die Landespressegesetze etwas differieren, wird allgemein gefordert, daß eine Gegendarstellung nur im Umfang des beanstandeten Teils einer Presseveröffentlichung erfolgen kann. Zusätzlich zu diesem angemessenen Umfang der Gegendarstellung selbst muß dem Betroffenen weiterer Raum für die Bezugnahme auf die vorhergehende Presseveröffentlichung – Überschrift, Datum, Ausgabe – und für eine kurze Wiedergabe der durch ihn beanstandeten Tatsachenbehauptung gegeben werden.

Grundsätzlich bleibt festzustellen, daß es auf die objektive Wahrheit der von der Presse aufgestellten Tatsachenbehauptung ebensowenig ankommt wie auf die objektive Wahrheit der Gegendarstellung.

Über Gegendarstellungsforderungen wird von den Gerichten ohne Beweisaufnahme über den Wahrheitsgehalt entschieden. Lediglich wenn eine Gegendarstellung offensichtliche Unwahrheiten enthält, die allgemein bekannt sind, kann sie wegen mangelnden berechtigten Interesses abgelehnt werden.

Verpflichtungen bei der Veröffentlichung

Für das Presseorgan, von dem nach diesen Grundsätzen eine Gegendarstellung verlangt wird, bestehen bei der Veröffentlichung eine Reihe von Verpflichtungen:

– Die Gegendarstellung muß im gleichen Teil des Presseorgans – also etwa im Lokalteil oder im Feuilleton – abgedruckt werden, in dem der beanstandete Beitrag veröffentlicht wurde. Beim Abdruck ist außerdem eine vor allem der Größe nach gleiche Schrift zu verwenden. Das Landespressegesetz des Saarlands enthält jetzt für die Plazierung der Gegendarstellung verschärfte Vorschriften.

– Die Gegendarstellung muß in der nächstfolgenden, für den Druck noch nicht abgeschlossenen Nummer erfolgen. Abgeschlossen ist eine Nummer mit dem Umbruch oder mit dem Layout.

– Die Redaktion darf eine Änderung der Gegendarstellung, etwa durch neue Formulierungen oder Hervorhebungen nicht eigenmächtig vornehmen, es sei denn, der Einsender hat dies in die Entscheidung der Redaktion gestellt.

– Die Gegendarstellung muß mit dem Namen des Betroffenen veröffentlicht werden.

– Einleitende oder abschließende Bemerkungen zu einer Gegendarstellung sind in der gleichen Nummer nur zulässig, wenn sie keine Wertung und Meinung enthalten und sich lediglich auf tatsächliche Angaben beschränken. Insbesondere ist eine Unterbrechung der Gegendarstellung durch Kommentierung unzulässig.

– Lehnt das Presseorgan die Gegendarstellung ab, weil es der Auffassung ist, daß sie formal und inhaltlich nicht den hier aufgeführten Anforderungen entspricht, so muß die Gegendarstellung dem Betroffenen zurückgeschickt werden.

Mit dieser Ablehnung braucht es nicht sein Bewenden zu haben, vor allem dann nicht, wenn der Betroffene gute Gründe dafür hat, daß seine Gegendarstellung den rechtlichen Anforderungen entspricht. Der Gegendarstellungsanspruch kann dann im Verfahren der einstweiligen Verfügung geltend gemacht werden. Der Antrag auf eine einstweilige Verfügung darf nicht schuldhaft verzögert werden. Zuständig ist das Landgericht, in dessen Bezirk sich der Sitz des Verlagsunternehmens oder seiner Niederlassung, der Wohnsitz des Verlegers oder des verantwortlichen Redakteurs befinden.

Weitere Einzelheiten zum Thema Gegendarstellung können der einschlägigen Literatur entnommen werden.

Gibt es für den kommunalen Pressereferenten einen Grundrechtsschutz nach Art. 5 GG?

Dienstliche Äußerungen

Dienstliche Äußerungen von Angehörigen des öffentlichen Dienstes werden rechtlich nicht diesen selbst, sondern jener juristischen Person des öffentlichen Rechts zugerechnet, deren Beamte oder Angestellte sie sind. Bezogen auf die kommunale Bürgerunterrichtung heißt das: Die grundrechtsunfähige Kommune – was Art. 5 Abs. 1 GG angeht – spricht oder schreibt „durch" die Beamten und Angestellten ihres Presseamtes als Organverwalter oder „durch" ihren Verwaltungschef als Organ selbst, die sich hinsichtlich dieser unmittelbar der Kommune zuzurechnenden dienstlichen Äußerungen dann ebenfalls nicht auf die Grundrechte des Art. 5 Abs. 1 berufen können.

Diese verhältnismäßig klare Rechtslage wird in der Praxis immer wieder verkannt. Vor allem jene kommunalen Pressereferenten, die aus dem „Journalismus" kommen, unterliegen dem Irrtum, sie hätten lediglich den Arbeitgeber gewechselt und seien, was ihre dienstliche journalistische Arbeit angeht, nach wie vor der Grundrechte des Art. 5 Abs. 1 GG teilhaftig. Diese falsche Einschätzung der verfassungsrechtlichen Situation macht sich insbesondere dort breit, wo kommunale Pressereferenten im Impressum etwa städtischer Bürgerillustrierten oder Imageillustrierten als „Chefredakteure" – bezeichnenderweise mit bloßem Namen ohne Angabe der amtlichen Funktion – erscheinen. Dieses pressemäßige Dekor ändert nichts an der Tatsache, daß sich kommunale Pressereferenten insbesondere auch insoweit nicht auf das Grundrecht der Pressefreiheit berufen können.

Private Äußerungen

Problematischer ist die Beantwortung der Frage, inwieweit sich ein mit Bürgerunterrichtung befaßter kommunaler Bediensteter auf Art. 5 Abs. 1 GG berufen kann, wenn er sich als „Privatmann" äußert. Dabei ist zunächst zu unterscheiden zwischen privaten Äußerungen „bei Gelegenheit des Dienstes" und solchen „außerhalb des Dienstes".

Private Äußerungen
bei Gelegenheit des Dienstes

Was den zuerst genannten Fall angeht, so kann sich ein mit Bürgerunterrichtung befaßter kommunaler Bediensteter auch hier nicht auf Art. 5 Abs. 1 GG berufen. Das ergibt sich aus folgenden Überlegungen: Wie auch immer vorgebrachte Äußerungen von „Sprechern" einer Kommune beispielsweise bei einer Pressekonferenz oder einem „Journalisten-Frühschoppen" werden bei den Adressaten stets den Eindruck erwecken, es handele sich um amtliche Erklärungen. Auf diese tatsächliche Beurteilung seitens der Informationsempfänger kommt es aber entscheidend an. Der mehr oder weniger formale Hinweis, diese oder jene Bemerkung zu kommunalpolitischen oder allgemein (partei)politischen Sachverhalten sei „persönliche" oder „private Ansicht", ist unerheblich, denn diese einschränkenden Floskeln werden in der Praxis insbesondere von Journalisten keinesfalls mehr ernst genommen. Sie verhelfen den kommunalen Sprechern höchstens zu einer rechtlich irrelevanten Dementi-Chance, diese oder jene Bemerkung sei ja gar nicht als offizielle Verlautbarung der Stadt, der Gemeinde oder des Landkreises zu werten gewesen, sondern habe lediglich die private Ansicht des kommunalen Sprechers wiedergegeben.

Private Äußerungen außerhalb des Dienstes zu kommunalen Themen der eigenen Gebietskörperschaft

Was private Erklärungen „außerhalb des Dienstes" zu kommunalen bzw. kommunalpolitischen Themen der eigenen Gebietskörperschaft angeht, so wird sich beispielsweise der kommunale Pressesprecher auch hier der ständigen Vermutung ausgesetzt sehen, daß er sich als Sprecher etwa einer Stadt insoweit eigentlich „immer im Dienst" befindet. Um dies an einem Beispiel zu verdeutlichen: Gesetzt den Fall, ein Presseamtsleiter hat sich in einem in seiner Freizeit verfaßten Zeitungsartikel, der ausschließlich unter seinem Namen erschienen ist, für die Vorstellungen zur Industrieansiedlung einer bestimmten Ratsfrakion engagiert, so kann er sich einer Beanstandung seines Verwaltungschefs gegenüber, solche Parteinahme zu unterlassen, nicht auf die Grundrechte des Art. 5 Abs. 1 GG berufen; ebensowenig für den Fall, daß er die gleiche Meinung auf einer Versammlung „seiner" Partei oder auch nur im privaten Stammtischgespräch vertreten hat, und deshalb von seinem Dienstvorgesetzten gerügt worden ist.

Private Äußerungen außerhalb des Dienstes zu allgemein (partei)politischen Themen

Außerhalb der kommunalen Thematik, die eigene Gebietskörperschaft betreffend, zu der ein mit Bürgerunterrichtung befaßter kommunaler Bediensteter „dienstlich", „bei Gelegenheit des Dienstes", aber auch „außerhalb des Dienstes" eben nur mit „einer Zunge" sprechen darf, können sich kommunale Sprecher hinsichtlich ihrer „privaten allgemein (partei)politischen Äußerungen außerhalb des Dienstes" durchaus auf den Grundrechtsschutz nach Art. 5 Abs. 1 GG berufen. Allerdings müssen ihre Erklärungen an der Mäßigungs- und Zurückhaltungspflicht gemessen werden, wie sie in den für Gemeindebeamte geltenden Landesbeamtengesetzen und für Angestellte des öffentlichen Dienstes etwa im normativen Teil des Bundes-Angestelltentarifvertrages zum Ausdruck kommen.

So gilt z. B. für einen beamteten Pressereferenten einer nordrhein-westfälischen Stadt als Einschränkung seiner Meinungsäußerungsfreiheit im Sinne von Art. 5 Abs. 2 GG § 56 des Beamtengesetzes für das Land Nordrhein-Westfalen: „Der Beamte hat bei politischer Betätigung diejenige Mäßigung und Zurückhaltung zu wahren, die sich aus seiner Stellung gegenüber der Gesamtheit und aus der Rücksicht auf die Pflichten seines Amtes ergeben." Ein städtischer Pressereferent, der nach BAT angestellt ist, muß sich, was seine allgemein (partei)politischen Äußerungen außerhalb des Dienstes angeht, nach § 8 Abs. 1 Satz 1 des Bundes-Angestelltentarifvertrages entgegenhalten lassen, daß er sich so zu verhalten habe, wie es von Angehörigen des öffentlichen Dienstes erwartet werde. Das heißt: Er hat die mit seiner Stellung im öffentlichen Dienst verbundene Pflicht, bei politischen Äußerungen maßvoll und zurückhaltend zu sein.

Letztlich können sich aber auch jene kommunalen Pressereferenten, deren Anstellungsverhältnisse auf Sonderverträgen beruhen, nicht uneingeschränkt auf die Grundrechte des Art. 5 Abs. 1 GG berufen, wenn sie sich „außerhalb des Dienstes" allgemein (partei)politisch betätigen. Die Einschränkung im Sinne von Art. 5 Abs. 2 GG ergibt sich hier aus dem allgemein anerkannten arbeitsrechtlichen Grundsatz, nach dem den öffentlichen Dienern bei ihren politischen Meinungsäußerungen Mäßigung und Zurückhaltung auferlegt ist.

Die Ergebnisse

Es ist also festzuhalten, daß sich die mit Bürgerinformation befaßten kommunalen Bediensteten hinsichtlich dienstlicher Äußerungen nicht auf die Grundrechte nach Art. 5 Abs. 1 GG stützen können. Dasselbe gilt für „private Äußerungen außerhalb des Dienstes", soweit der Gegenstand der Äußerung der kommunalen Thematik zuzurechnen ist, von der die dienstliche Tätigkeit des kommunalen Sprechers beherrscht wird.

Was allgemein (partei)politische Äußerungen eines mit Bürgerinformation befaßten städtischen Bediensteten angeht, so stehen diesem die Grundrechte nach Art. 5 Abs. 1 GG grundsätzlich zur Seite; Einschränkungen ergeben sich allerdings nach Art. 5 Abs. 2 GG durch das Gebot der Mäßigung und Zurückhaltung, dem öffentliche Diener bei ihrer allgemein (partei)politischen Betätigung unterliegen. Dieses Gebot kann seine Grundlagen in den Landesbeamtengesetzen haben, in der Generalklausel von §8 Abs. 1 Satz 1 BAT oder in dem entsprechenden allgemein anerkannten arbeitsrechtlichen Grundsatz.

Wettbewerbsrecht

Im folgenden soll der Frage nachgegangen werden, ob und inwieweit der kommunalen Presse- und Öffentlichkeitsarbeit wettbewerbsrechtliche Schranken entgegenstehen. Dieses Problem erhält immer mehr praktische Bedeutung, nicht zuletzt wenn man die sogenannten etwa wöchentlich erscheinenden „Rathauszeitungen" einiger Städte und wie Zeitungen aufgemachte städtische Amtsblätter im Auge hat. Stellvertretend für alle anderen kommunalen Publikationen müssen insbesondere die „Rathauszeitungen" Gegenstand wettbewerbsrechtlicher Betrachtungen sein – zunächst was ihren amtlichen (redaktionellen) Teil angeht, sodann hinsichtlich ihres Anzeigenteils.

Der amtliche (redaktionelle) Teil der „Rathauszeitungen"

Dem amtlichen (redaktionellen) Teil einer „Rathauszeitung" könnten Schranken entgegenstehen, die sich aus einer der Generalklauseln des Gesetzes gegen den unlauteren Wettbewerb (UWG) ergeben. Nach § 1 UWG kann nämlich auf Unterlassung und Schadensersatz in Anspruch genommen werden, wer im geschäftlichen Verkehr zu Zwecken des Wettbewerbs Handlungen vornimmt, die gegen die guten Sitten verstoßen.

Die Grundsätze des UWG, insbesondere das Verbot sittenwidriger Handlungen nach § 1 UWG sind Bestandteile auch des öffentlichen Rechts. Des weiteren gehört die Beachtung der Grundsätze des lauteren Wettbewerbs zu den Amtspflichten derjenigen, die hoheitliche Maßnahmen durchführen. Ein entsprechender Verstoß würde hoheitliche Handlungen rechtswidrig machen.

Diese mittelbare Anwendung von § 1 UWG auf die schlicht-hoheitliche kommunale Presse- und Öffentlichkeitsarbeit ist aber nur möglich, wenn letztere den Tatbestandsmerkmalen des § 1 UWG entspricht. Für den vorliegenden Beispielsfall ist zu fragen, ob die Verbreitung kommunalen Informationsmaterials mittels einer „Rathauszeitung" „im geschäftlichen Verkehr" und „zu Zwecken des Wettbewerbs" erfolgt, schließlich, ob diese Verwaltungshandlung „gegen die guten Sitten" verstößt.

„Geschäftlicher Verkehr" im Sinne von § 1 UWG steht im Gegensatz u. a. zu amtlicher Betätigung, d. h. zu Hoheitsakten einschließlich schlicht-hoheitlicher Verwaltung. Folgt man dieser Auffassung, so ist ohne weiteres einsichtig, daß die schlicht-hoheitliche städtische Informationsarbeit mittels einer „Rathauszeitung" nicht als „geschäftlicher Verkehr" im Sinne von § 1 UWG anzusehen ist. Grundsätzlich informiert nämlich die „Rathauszeitung", wie alle anderen städtischen Publikationen auch, aus dem spezifischen Wissensstand der kommunalen Selbstverwaltung heraus, vor allem um den Verfassungsauftrag der objektiven und umfassenden Bürgerunterrichtung zu erfüllen. Nachrichten und Stellungnahmen in einer von einem städtischen Organ herausgegebenen „Rathauszeitung" unterscheiden sich von der Informationstätigkeit eines privaten Presseunternehmens insbesondere dadurch, daß etwa eine Tageszeitung niemals „aus der Sicht der Stadt" informieren oder „für die Stadt" sprechen kann. Denkbar wären Grenzsituationen nur insoweit, als eine „Rathauszeitung" die grundsätzlich rathausbezogene Informationstätigkeit aufgeben und Berichterstattung und Kommentierung wie eine Tageszeitung, etwa mit Veranstaltungs-, Unfall-, Sportberichten, Lokalkommentar usw., betreiben würde. Dieser Sachverhalt ist aber nirgendwo zu erkennen.

Weiter ist zu fragen, ob der amtliche (redaktionelle) Teil einer „Rathauszeitung" „zu Zwecken des Wettbewerbs" erscheint. Ein Wettbewerbsverhältnis liegt immer dann vor, wenn sich Waren oder wirtschaftliche Leistungen gegenüberstehen, die einander im Absatz behindern können. Dazu erfordert der Begriff „zu Zwecken des Wettbewerbs" in subjektiver Hinsicht eine auf Wettbewerb gerichtete Absicht.

Bezieht man die dargestellten Kriterien für das Tatbestandsmerkmal „zu Zwecken des Wettbewerbs" auf den amtlichen (redaktionellen) Teil einer „Rathauszeitung", so ist festzustellen, daß schon der objektive Tatbestand nicht erfüllt ist. Der amtliche (redaktionelle) Teil einer „Rathauszeitung" ist nämlich trotz seiner in der Regel kostenlosen Verteilung keineswegs geeignet, etwa den Absatz von Tageszeitungen am Ort zu behindern. Das Informationsspektrum einer Tageszeitung, auch wenn man ausschließlich den Lokalteil im Auge hat, ist ungleich breiter als das einer „Rathauszeitung", die eben „nur" – wenn auch im weiteren Sinne – über die Angelegenheiten der kommunalen Selbstverwaltung informiert.

Was den subjektiven Tatbestand angeht, so haben Städte, die eine „Rathauszeitung" herausgeben, in keiner Weise die Absicht, in Wettbewerb mit ihren Lokalzeitungen oder gar mit überörtlichen Medien zu treten. Sie wollen lediglich die Berichterstattung der Lokalzeitungen in gewisser Weise ergänzen, indem sie insbesondere Schwerpunktthemen so breit behandeln, wie das der Tagesaktualität verpflichteten Presse nicht ohne weiteres möglich ist. Im übrigen wird auch die „Rathauszeitung" wie andere städtische Publikationen den Medien zur „Verwertung" angeboten. Sie steht also auch insoweit mit den Organen der freien Presse nicht auf gleicher Stufe, sondern dient letzteren als Informationsquelle, gewissermaßen als „Rohmaterial".

Es ist also festzuhalten, daß der amtliche (redaktionelle) Teil einer städtischen „Rathauszeitung" nicht „im geschäftlichen Verkehr zu Zwecken des Wettbewerbs" herausgegeben wird. § 1 UWG ist deshalb auf ihn nicht anzuwenden, d. h., er ist wettbewerbsrechtlich nicht zu beanstanden.

Die Tatbestandsmerkmale „im geschäftlichen Verkehr zu Zwecken des Wettbewerbs" wären jedoch erfüllt, wenn eine Stadt ihre „Rathauszeitung" tatsächlich wie eine Tageszeitung mit umfassender örtlicher Berichterstattung und Kommentierung aufziehen würde, etwa um als Gegenpol zur örtlichen „Monopolzeitung" die Pressevielfalt am Ort wieder herzustellen. Insbesondere wäre unter diesen Umständen die Absicht, mit der einzigen noch am Ort vorhandenen Tageszeitung im Wettbewerb zu treten, offensichtlich. Ganz abgesehen von ihrer verfassungsrechtlichen Beurteilung würde die Herausgabe eines derartigen städtischen Publikationsorgans gegen die guten Sitten im Sinne von § 1 UWG verstoßen, denn die Stadt würde mit dem massiven Einsatz von Steuergeldern für diese Art von „Rathauszeitungen" Vorteile im Wettbewerbskampf ausnützen, die nicht auf ihrer Leistung beruhen. Wenn also eine Stadt dazu überging, ihren Bürgern Informationen so anzubieten, daß sie wesentliche Teile der Bevölkerung als ausreichenden Ersatz für eine Tageszeitung anerkennen würden, könnte eine derartige Publikation einer wettbewerbsrechtlichen Prüfung nicht standhalten – und auch keiner verfassungsrechtlichen. Das Bundesverfassungsgericht hat hervorgehoben, daß Art. 5 Abs. 1 Satz 2 GG insbesondere auch die institutionelle Eigenständigkeit der Presse gewährleistet.

Der Anzeigenteil
der „Rathauszeitungen"

Anzeigenverträge für eine „Rathauszeitung", die von den entsprechenden Städten selbst oder in deren Auftrag, etwa durch einen Fremdverlag, geschlossen werden, unterliegen privatrechtlichen Regeln. Deshalb können auf sie die Vorschriften des UWG ohne weiteres angewendet werden. In Frage kommt auch hier § 1 UWG.

Daß die Aufnahme von Anzeigen in eine städtische „Rathauszeitung" „im geschäftlichen Verkehr" erfolgt, ist klar; denn „geschäftlicher Verkehr" ist überall dort gegeben, wo eigene oder fremde Geschäftszwecke gefördert werden.

Dagegen bedarf die Frage, ob dieses Anzeigengeschäft „zu Zwecken des Wettbewerbs" getätigt wird, der genaueren Prüfung. Die jährlichen Werbeetats beispielsweise der Markenartikelindustrie haben ein bestimmtes Volumen. An der Ausschöpfung dieses Volumens sind städtische „Rathauszeitungen", wenn sie entsprechende Anzeigen aufnehmen, beteiligt. Sie beeinträchtigen damit – in welchem Umfang auch immer – grundsätzlich das Anzeigengeschäft von Publikationsorganen der freien Presse. Damit ist das Tatbestandsmerkmal „zu Zwecken des Wettbewerbs" objektiv erfüllt. Das hat zur Folge, daß eine tatsächliche Vermutung für die Wettbewerbsabsicht der Stadt spricht. Es fragt sich, ob diese Vermutung widerlegt werden kann.

In subjektiver Hinsicht ist erforderlich, daß die Stadt wenigstens unter anderem die Absicht hat, im Anzeigengeschäft als Wettbewerber aufzutreten. Es muß ihr also darauf ankommen, ihren Anzeigenumsatz auf Kosten insbesondere der Tageszeitungen am Ort zu steigern. Diese Absicht ist bei den Städten, die eine „Rathauszeitung" oder wie eine Zeitung aufgemachtes Amtsblatt herausgeben, nicht vorhanden. Mit der Aufnahme eines Anzeigenteils, der nur einen kleinen Ausschnitt aus der großen Anzeigenpalette umfaßt, wird nämlich aller empirischen Befunde nach ausschließlich der Zweck verfolgt, die durch die Herausgabe solcher Publikationen entstehenden Kosten, um die entsprechenden Erlöse zu mindern und damit die städtischen Haushalte zu entlasten. Der Anzeigenteil spielt im Gesamtrahmen der „Rathauszeitungen" eine untergeordnete Rolle. Ein Indiz für das Fehlen jeglicher Wettbewerbsabsicht der Städte in Richtung Anzeigenteil der gedruckten Medien ist in dem Umstand zu sehen, daß den Städten wohl bewußt ist, daß ihre Informationsarbeit von vornherein zum Scheitern verurteilt wäre, wollten sie in wirtschaftlicher Gegnerschaft zur Presse den Erfolg, nämlich stärkere Anteilnahme der Bürgerschaft, suchen.

Ein im Gesamtrahmen einer städtischen „Rathauszeitung" als untergeordnet zu qualifizierender Anzeigenteil verstößt also nicht gegen § 1 UWG, da er nicht „zu Zwecken des Wettbewerbs" zustande gekommen ist.

Diesem Anzeigengeschäft stehen auch keine verwaltungsrechtlichen Schranken entgegen, da die Städte nach den Gemeindeordnungen gehalten sind, ihr Vermögen wirtschaftlich zu verwalten und deshalb von den Möglichkeiten, die ihre bereits vorhandenen Publikationen für ein Anzeigengeschäft bieten, Gebrauch machen müssen. Ein derartiger untergeordneter Anzeigenteil stößt auch nicht auf verfassungsrechtliche Hindernisse, da nach allen empirischen Erkenntnissen die Existenzgrundlage von Tageszeitungen durch das Anzeigenaufkommen von „Rathauszeitungen" nicht wesentlich beeinträchtigt wird.

Allerdings wäre die Rechtslage anders, wenn eine Stadt, ein einträgliches Geschäft „witternd", den Anzeigenteil ihrer „Rathauszeitung" mit massivem Werbeinsatz dergestalt erweitern würde, daß der amtliche (redaktionelle) Teil in den Hintergrund treten würde, wie das etwa bei den sogenannten (privaten) Anzeigenblättern der Fall ist. Eine „Rathauszeitung", deren Anzeigenteil wie bei einer Tageszeitung vom Markenartikelinserat bis zur Gelegenheitsanzeige reichte, würde stets eine Wettbewerbsabsicht der Stadt indizieren. Auch hier wäre der Schritt, dieses Verhalten als sittenwidrig im Sinne von §1 UWG zu qualifizieren, verhältnismäßig leicht zu tun, müßte doch der Stadt vorgeworfen werden, sie habe mit öffentlichen Mitteln in erster Linie einen Anzeigenträger geschaffen und damit in den privatwirtschaftlichen Wettbewerb ein wesensfremdes Element, nämlich die besonderen Möglichkeiten eines Hoheitsträgers, hineingetragen. Das aber würde den Grundsätzen des lauteren Wettbewerbs zuwiderlaufen. In diesem Beispielsfall der kostenlosen Verteilung eines städtischen Anzeigenblatts müßte also für die Qualifizierung dieses Vorgangs als wettbewerbswidrig nicht erst hinzukommen, daß bei den übrigen Tageszeitungen am Ort ein Inseratenverlust eintritt, der deren Bestand ernsthaft zu gefährden geeignet ist.

Urheberrecht

Wie sind kommunale Äußerungen im Rahmen der Presse- und Öffentlichkeitsarbeit unter urheberrechtlichen Gesichtspunkten zu bewerten? Diese Frage ist insofern von praktischer Bedeutung, als sowohl gedruckte und veröffentlichte Informationen als auch Reden und Vorträge etwa des Ratsvorsitzenden oder von leitenden Beamten einer Kommune insbesondere von der Presse „verwertet" werden.

Urheberrechtsschutz
für kommunale Veröffentlichungen

Abgesehen von jenem Inhalt kommunaler Publikationen, der im wesentlichen Nachrichtencharakter trägt und deshalb schon vom Grundsatz her nicht zu den geschützten Werken im Sinne von § 2 Urheberrechtsgesetz (UG) gehört, gibt es in der kommunalen Praxis vielfach Beiträge, die durchaus als „Werke" im Sinne von § 2 UG zu qualifizieren sind. Zu denken ist hier etwa an Erläuterungen und Stellungnahmen der verschiedensten Art, an Aufsätze oder an individuell gestaltete Interviews und Reportagen.

Was Veröffentlichungen im Rahmen kommunaler Presse- und Öffentlichkeitsarbeit angeht, so ist allerdings § 5 Abs. 2 zu beachten. Danach genießen „amtliche Werke", die im amtlichen Interesse zur allgemeinen Kenntnisnahme veröffentlicht worden sind, keinen urheberrechtlichen Schutz, allerdings mit der Einschränkung, daß die Bestimmungen über das Änderungsverbot (§ 62 Abs. 1 bis 3 UG) und die Quellenangabe (§ 63 Abs. 1 und 2 UG) entsprechend anzuwenden sind. Für diese Regelung bestehen allerdings Ausnahmen, die in § 62 UG erschöpfend aufgezählt sind und eng ausgelegt werden müssen.

Im Zusammenhang mit der kommunalen Presse- und Öffentlichkeitsarbeit ist das Änderungsverbot insofern von praktischer Bedeutung, als Beiträge mit Werkcharakter z. B. im Pressedienst oder in einer Bürgerillustrierten – etwa die Erläuterungen des Hochbaudezernenten zu einem Sanierungsvorhaben oder ein Aufsatz des Oberbürgermeisters über Probleme ausländischer Arbeitnehmer in der eigenen Stadt – von der Presse in der Regel nur in stark gekürzter Form wiedergegeben werden können. Eine Kürzung ist eine Änderung im Sinne des Urheberrechtsgesetzes, wie aus § 63 Abs. 1 Satz 2 UG hervorgeht. Dem Zwang der Presse, „amtliche Werke" nur in Kurzfassung verwenden zu können, trägt aber die Ausnahmeregelung nach § 62 Abs. 1 Satz 2 in Verbindung mit § 39 Abs. 2 UG Rechnung. Danach muß die Stadt der Kürzung des „amtlichen Werkes" zustimmen, wenn dies nach Treu und Glauben geboten ist. Einer Lokalzeitung ist in der Tat nicht zuzumuten, „amtliche Werke" der Stadt entweder in vollem Wortlaut oder gar nicht zu bringen. Diese rechtliche Situation berücksichtigen die Kommunen in der Praxis schon von sich aus, indem sie die notwendige Zustimmung von vornherein stillschweigend erteilen, sind sie doch an einer möglichst weiten Verbreitung ihres „Materials", sei es auch in gekürzter Fassung, interessiert.

Änderungen „amtlicher Werke", die etwa den Tenor der Aussage betreffen, sind allerdings nach § 5 Abs. 2 in Verbindung mit § 62 Abs. 1 Satz 1 UG verboten.

Beiträge privater Autoren

Problematisch sind unter urheberrechtlichen Aspekten Beiträge privater Autoren in kommunalen Veröffentlichungen. Folgender Beispielsfall: Auf Betreiben des Pressereferenten erscheint ein Fachaufsatz eines freischaffenden Architekten in einer städtischen Bürgerillustrierten. Zwar ist dieser Aufsatz zum „amtlichen Gebrauch" hergestellt worden. Der Verfasser zählt jedoch nicht zum personellen Bereich der städtischen Selbstverwaltung. Allein durch die Entscheidung des Pressereferenten, den Beitrag des Architekten in einem städtischen Publikationsorgan zu veröffentlichen, wird der Aufsatz – in gewissem Gegensatz zur presserechtlichen Qualifizierung – nicht zum „amtlichen Werk" im Sinne von § 5 Abs. 2 UG. Eine solche Annahme würde zudem gegen den Grundsatz des § 29 Satz 2 UG verstoßen, wonach das Urheberrecht nicht übertragbar ist. Das Urheberrecht des Architekten bleibt also unberührt.

Allerdings ist davon auszugehen, daß in der Praxis der private Autor der Stadt, die den Aufsatz angeregt hat, in aller Regel ein ausschließliches Nutzungsrecht (§ 31 Abs. 1 Satz 2 2. Halbsatz UG) einräumen und gleichzeitig die Zustimmung dazu geben wird, daß die Stadt als Inhaber des ausschließlichen Nutzungsrechts der Presse Abdruckerlaubnis für den gesamten Beitrag oder eine gekürzte Fassung erteilt (§ 35 Abs. 1 Satz 1 UG).

Quellenangabe

Druckt die Presse ein „amtliches Werk" einer Stadt in Kurzfassung ab – z. B. die wichtigsten Überlegungen des Gesundheitsdezernenten zu einem geplanten Krankenhausneubau, die etwa in einer städtischen Informationsbroschüre erschienen sind –, so ist sie nach § 5 Abs. 2 in Verbindung mit § 63 Abs. 1 UG verpflichtet, die Quellen deutlich anzugeben. Das heißt: Die Quellenangabe muß so beschaffen sein, daß der Autor ohne besondere Mühe zu ersehen ist und die Richtigkeit der Entlehnung ohne weiteres überprüft werden kann. Weiter ist nach derselben Bestimmung kenntlich zu machen, daß es sich um eine Kurzfassung eines amtlichen Beitrags der Stadt handelt.

Urheberrechtsschutz für
kommunale Reden und Vorträge

Ähnlich wie die gedruckten „amtlichen Werke" einer Kommune genießen Reden über Tagesfragen bei Gelegenheit öffentlicher Versammlungen insoweit keinen urheberrechtlichen Schutz, als sie von Zeitungen, Zeitschriften und Informationsblättern, die im wesentlichen Tagesinteressen Rechnung tragen, abgedruckt werden (§ 48 Abs. 1 Nr. 1 UG). Weiter unterliegen auch jene Reden nicht dem Urheberrecht, die bei öffentlichen Verhandlungen u. a. vor kommunalen Organen gehalten worden sind (§ 48 Abs. 1 Nr. 2 UG). Beide Vorschriften sind für das Zusammenwirken der kommunalen Presse- und Öffentlichkeitsarbeit mit der Presse von praktischer Bedeutung.

Die Fülle kommunaler Reden über Tagesfragen bei öffentlichen Versammlungen, etwa bei Einweihungen, Eröffnungen, Bürgerversammlungen, Tagen der offenen Tür usw., ist evident. Der Verwertung dieser Reden durch die Lokalpresse stehen keine urheberrechtlichen Schranken entgegen. Aber auch Nachrichtendiensten, Korrespondenzen, Illustrierten, Wochen- und Monatsblättern, die auf Aktualität ausgerichtet sind, ist der Abdruck dieser Reden gestattet.

Zu beachten ist jedoch, daß Vorträge, die zwar anläßlich von Tagesereignissen gehalten werden, aber keine Tagesfragen zum Thema haben, urheberrechtlichen Schutz genießen. Zu denken ist hier etwa an einen kunsthistorischen Vortrag eines städtischen Kulturdezernenten zur Einweihung eines neuen Volkshochschulgebäudes. Durch § 48 Abs. 1 Nr. 1 UG soll nämlich die schnelle Unterrichtung der Öffentlichkeit über aktuelle Äußerungen zu aktuellen Themen erleichtert werden. Für nicht tagesgebundene Vorträge, auch wenn sie anläßlich eines Tagesereignisses gehalten werden, besteht dieses dringende Bedürfnis jedoch nicht.

In der kommunalen Praxis wird es aber häufig Vorträge gemischten Inhalts geben. Um den gerade genannten Beispielsfall zu ergänzen: Neben den überwiegenden kunsthistorischen Ausführungen geht der städtische Kulturdezernent etwa in der Einleitung oder am Schluß seines Vortrags auf das aktuelle Ereignis der Einweihung des neuen Volkshochschulgebäudes ein. Da hier die Trennung von aktuellem und kunsthistorischem Teil leicht zu bewerkstelligen ist, dürfen die zuerst genannten Passagen nach § 48 Abs. 1 Nr. 1 UG frei wiedergegeben werden, während letztere urheberrechtlichen Schutz genießen. Allerdings muß diese Lösung auf solche Fälle beschränkt bleiben, in denen aktuelle und wissenschaftliche Passagen ohne Schwierigkeiten auseinandergehalten werden können. Im Zweifelsfall ist dem Urheberrecht des Redners Vorrang einzuräumen, d. h. § 48 Abs. 1 Nr. 1 UG nicht anzuwenden.

§ 48 Abs. 1 Nr. 2 UG erwähnt ausdrücklich die Reden bei Gelegenheit von öffentlichen Verhandlungen vor kommunalen Organen. Verhandlungen im Sinne dieser Vorschrift sind Veranstaltungen, bei denen im Anschluß an die Rede eine Aussprache vorgesehen ist. Was die kommunale Praxis angeht, so ist hier insbesondere an Reden bei öffentlichen Ratssitzungen oder bei öffentlichen Sitzungen von Ratsausschüssen zu denken. Das Recht auf Vervielfältigung, Verbreitung und öffentliche Wiedergabe steht hier im Gegensatz zu § 48 Abs. 1 Nr. 1 UG jedermann zu.

Auch im Zusammenhang mit der urheberrechtlichen Freigabe öffentlicher Reden gilt das Änderungsverbot und besteht die Verpflichtung zur deutlichen Quellenangabe.

Verwaltungsrecht

Die kommunale Informationsarbeit, sei es in der Form unmittelbarer Bürgerunterrichtung etwa durch eigene Publikationen oder Vorträge, sei es mittelbar auf dem Wege über die Medien, ist als schlicht-hoheitliches Verwaltungshandeln zu qualifizieren.

Weiter ist festzuhalten, daß kommunale Bürgerunterrichtung einen Teil der kommunalen Daseinsvorsorge ausmacht.

Was das Recherchieren eines kommunalen Presseamtes in der eigenen Verwaltung angeht, so sind diese Aktivitäten als interne „Hilfstätigkeit" der sogenannten Bedarfsverwaltung – im Gegensatz zur Leistungsverwaltung – zuzuordnen. Für die Qualität der kommunalen Bürgerunterrichtung ist diese Bedarfsverwaltung allerdings von entscheidender Bedeutung. Es ist evident, daß jenes Presseamt, das überwiegend passiv abwartet, was die Fachämter zur Information anbieten, gewissermaßen „freiwillig" auf den Schreibtisch des Pressereferenten legen, seine Pflichtaufgabe, den Bürger objektiv und umfassend zu unterrichten, nur sehr unvollkommen erfüllen kann.

Kommunale Presse- und Öffentlichkeitsarbeit und Verwaltungsreform

Zentral oder dezentral?

Zentral sind nicht nur „grundsätzliche" und „fachübergreifende" Angelegenheiten sowie die „Wahrung des Einheitlichen Erscheinungsbilds" anzusehen, sondern die zentrale Aufgabe ist Vermittlung von Information nach außen, gegenüber dem Bürger, in direkter und indirekter Form. Hierzu gehören zwingend die gesamte Pressearbeit und wesentliche Bereiche der Öffentlichkeitsarbeit sowie die Gewichtung der Veröffentlichungen zueinander, die Entscheidung über Art und Verbreitungsweise des jeweiligen Mediums, außerdem die zentrale Koordination.

Produktdefinition

In Baden-Württemberg und in einzelnen Städten wurden bereits Produktpläne erstellt. Presse- und Öffentlichkeitsarbeit ist darin ein eigenständiger Produktbereich unter der eigenen Gruppierungsziffer „13". Es gibt die Untergruppen „Pressearbeit" und „Öffentlichkeitsarbeit" (siehe dazu „Der Bereich Presse- und Öffentlichkeitsarbeit in einem sogenannten Produktplan – Beispiel Mannheim" auf S. 264 ff.).

Budgetierung, Kosten- und Leistungsrechnung

Selbstverständlich ist die kommunale Presse- und Öffentlichkeitsarbeit geeignet, die Kosten- und Leistungsrechnung für ihren Bereich und Kennzahlen einzuführen, soweit nicht schon geschehen. Sie ist Bestandteil der Budgetierung.

Interne Verrechnungen

Leistungen der Presseämter und Pressestellen, die als Serviceleistungen erbracht werden, sind zu verrechnen. Dazu gehören außerdem die Leistungen gegenüber den wirtschaftlich ausgegliederten Eigenbetrieben. Dabei darf es jedoch kein Primat der Ökonomie über die Politik geben.

In Stuttgart wird z. B. von 1998 an eine „Steuerungsleistung" intern verrechnet. Da das städtische Presseamt auch Steuerungsleistung erbringt, muß es dafür ebenfalls Einnahmen erzielen.

Effektivierung

Wenn in den Kommunen leistungsfähige Einheiten bestehen, die sich an den Prinzipien des Marktes (in diesem Fall des Medienmarktes) orientieren, und die kommunale Presse- und Öffentlichkeitsarbeit in einer Zentralstelle konzentriert ist, lassen sich aufgrund professioneller Arbeit, effektiver Arbeitseinteilung und einheitlicher Richtlinien erhebliche Einsparungen erzielen. Es gelang beispielsweise in Stuttgart, mit immer weniger Mitteln sowohl quantitative wie qualitative Verbesserungen zu erzielen. Es wurden fast die doppelte Zahl an Veröffentlichungen mit einem in den letzten drei Jahren um nahezu ein Drittel reduzierten Etat für Öffentlichkeitsarbeit erstellt. Dies sind die realen Zahlen, die nicht nur für eine – für die ganze Stadt agierende – selbständige Einheit sprechen, sondern die auf anderem (dezentralen) Wege nicht erreichbar sind.

VIII

Anhang

Leitsätze zur städtischen Presse- und Öffentlichkeitsarbeit des Deutschen Städtetages

Der Hauptausschuß des Deutschen Städtetages hat am 4.2.1998 die „Leitsätze zur städtischen Presse- und Öffentlichkeitsarbeit des Deutschen Städtetages", die aus dem Jahr 1955 stammen und 1968 und 1988 jeweils den Entwicklungen im Medienbereich angepaßt wurden, abermals novelliert. Die Novellierung war im Zusammenhang mit den Internet-Präsentationen zahlreicher Städte notwendig geworden und basiert auf Vorberatungen im Presseausschuß des Deutschen Städtetages. Die „Leitsätze zur städtischen Presse- und Öffentlichkeitsarbeit des Deutschen Städtetages" in der Fassung vom 4.2.1998 haben folgenden Wortlaut:

Kommunale Presse- und Öffentlichkeitsarbeit ist aus dem Demokratieprinzip des Grundgesetzes verpflichtend geboten. Sie ist eine Pflichtaufgabe der Städte. Nur der informierte Bürger kann gestaltend die Entwicklung seiner Stadt mitbestimmen. Kommunale Selbstverwaltung ist ohne ihn nicht denkbar. Von daher kommt der Presse- und Öffentlichkeitsarbeit der Stadt eine besondere Bedeutung zu.

Die Entwicklung der elektronischen Medien, insbesondere im lokalen und regionalen Bereich, bedingt neue und zusätzliche Informationsangebote. Das gilt auch für das Internet und andere Online-Dienste. Zugleich sind auch die Forderungen nach einer unmittelbaren Bürgerinformation und Bürgerbeteiligung gewachsen.

Diesen neuen Aufgaben müssen die Städte gerecht werden.

1. Wichtigste Aufgabe der städtischen Presse- und Öffentlichkeitsarbeit ist eine sachliche, umfassende und ständige Information der Bürger. Sie geschieht sowohl über Presse, Nachrichtenagenturen, Funk und Fernsehen, als auch durch eine selbstgestaltete und sich unmittelbar an den Bürger richtende Informationsarbeit.

2. Im Interesse der Bürger wie auch der Städte liegt es, die Presse nicht nur auf Anfrage, sondern auch von sich aus regelmäßig zu informieren. Vermittler solcher Informationen ist das städtische Presse- und Informationsamt. Es ist dafür verantwortlich, daß alle publizistischen Organe gleich behandelt werden. Dabei ist auf besondere Bedürfnisse unterschiedlicher Medien Rücksicht zu nehmen.

3. Um diese Aufgabe erfüllen zu können, ist eine frühzeitige, umfassende und unaufgeforderte Unterrichtung des Presse- und Informationsamtes über sämtliche Vorgänge durch alle städtischen Dienststellen notwendig. Über wichtige Entwicklungen, Planungen und Entscheidungen ist das Presse- und Informationsamt wegen der notwendigen publizistischen Umsetzung und einer begleitenden Öffentlichkeitsarbeit frühzeitig zu informieren. Nur so wird es in die Lage versetzt, über Zusammenhänge und Hintergründe zu informieren.

4. Die Städte sind gesetzlich verpflichtet, den Vertretern der Medien die der Erfüllung ihrer öffentlichen Aufgaben dienenden Auskünfte zu erteilen. Die Pflicht zur Information besteht grundsätzlich für alle Bereiche und Vorgänge der Stadt. Zwingende

Gründe, wie sie insbesondere in den Landespressegesetzen aufgezählt sind (z. B. Personal- oder Grundstücksangelegenheiten), beschränken die Auskunftspflicht. Der Datenschutz ist zu beachten.

Über nichtöffentliche Sitzungen städtischer Gremien sollte die Presse in vertretbarem Umfang unterrichtet werden.

5. Eine weitere Aufgabe des Presse- und Informationsamtes ist die laufende Beobachtung von Presse, Hörfunk und Fernsehen sowie die Unterrichtung der Verwaltungsspitze und der betroffenen Dienststellen über die entsprechenden Ergebnisse.

6. Das Presse- und Informationsamt stellt Informationsmaterial in Form von Publikationen, Filmen, Videos, Ausstellungen usw. her. Soweit andere städtische Dienststellen Maßnahmen der Öffentlichkeitsarbeit durchführen, sind diese mit dem Presse- und Informationsamt abzustimmen und so in das gestalterische Gesamtkonzept der Stadt einzubeziehen.

7. Wenn Städte ihrer Informations- und Kommunikationsaufgabe gerecht werden wollen, müssen sie auch in Online-Diensten, wie dem Internet, präsent sein.

Der offizielle Charakter des städtischen Programmangebots muß deutlich werden. Deshalb müssen die Städte unter ihren eigenen Namen abrufbar sein. Allianzen mit öffentlichen und privaten Partnern sind sinnvoll.

Querverweise zu den Angeboten Dritter – zum Beispiel Städtetag, Nahverkehrsunternehmen, Unversitäten – sind wünschenswert und erhöhen den Nutzwert.

Die Inhalte der städtischen Internet-Präsentation sollen in den Presse- und Informationsämtern inhaltlich koordiniert und verantwortet werden. Damit wird Internet in die Presse- und Öffentlichkeitsarbeit eingebunden. Dies stellt auch sicher, daß die Stadt mit einem einheitlichen Erscheinungsbild auftritt.

Das Internet ist ein schnelles, aktuelles und interaktives Medium. Deshalb ist für die Akzeptanz Aktualität oberstes Gebot. Dies erfordert eine ständige, professionelle Programmpflege.

Internet-Angebote dürfen nicht zu Lasten bewährter Instrumente der städtischen Presse- und Öffentlichkeitsarbeit eingerichtet werden.

Bei allen städtischen Aktivitäten in Online-Diensten ist das Urheberrecht zu beachten und zu schützen.

8. Das Presse- und Informationsamt ist eine selbständige Organisationseinheit, die unmittelbar dem Verwaltungschef (Hauptgemeindebeamten) unterstellt ist. Dies umfaßt den Zugang zu allen Vorgängen in der Verwaltung und das Recht, an allen Sitzungen, auch vertraulichen, teilzunehmen, insbesondere an Sitzungen des Magistrats, der Beigeordneten/Dezernenten, Ausschüsse, Kommissionen usw.

Das Presse- und Informationsamt, dessen Leiter über journalistische und/oder administrative Erfahrungen verfügen sollte, hat eine Mittlerfunktion zwischen Verwaltung und Öffentlichkeit. Der Erfolg seiner Arbeit hängt daher wesentlich vom ständigen, vertrauensvollen Gespräch mit der Presse und von den engen Kontakten in alle Bereiche der Verwaltung hinein ab.

9. Die zentrale Zuständigkeit des Presse- und Informationsamtes für die Presse- und Öffentlichkeitsarbeit sollte durch eine Dienstanweisung geregelt werden.

Dienstanweisungen
für die kommunale
Presse- und Öffentlichkeitsarbeit –
Drei Beispiele

Dienstanweisung für die Presse- und Öffentlichkeitsarbeit der Stadt Aalen

1. Informationspflicht

1.1 Kommunale Presse- und Öffentlichkeitsarbeit ist aus dem Demokratieprinzip des Grundgesetzes verpflichtend geboten. Sie ist eine Pflichtaufgabe der Städte. Nur informierte Bürger/innen können gestaltend die Entwicklung ihrer Stadt mitbestimmen. Kommunale Selbstverwaltung ist ohne sie nicht denkbar. Die Gemeindeordnung (§ 20) verpflichtet die Gemeinden zu einer umfassenden Information der Bevölkerung.

1.2 Die Städte sind gesetzlich verpflichtet, den Medien die der Erfüllung ihrer öffentlichen Aufgaben dienenden Auskünfte zu erteilen. Die Pflicht zur Information besteht grundsätzlich für alle Bereiche und Vorgänge der Stadt.

2. Zuständigkeit, Geltungsbereich der Dienstanweisung

2.1 Die Dienstanweisung für die Presse- und Öffentlichkeitsarbeit der Stadt Aalen regelt den Kontakt mit Presse, Rundfunk und Fernsehen. Dafür zuständig ist das Presse- und Informationsamt, zugleich Pressestelle der Stadt. Es ist für alle publizistischen Aufgaben der Stadtverwaltung Aalen zuständig. Es erfüllt zentral die Aufgaben der Öffentlichkeitsarbeit der Stadt.

2.2 Die Dienstanweisung gilt für die gesamte Stadtverwaltung, incl. der Verwaltungen der Stadtbezirke sowie alle städtischen Einrichtungen.

2.3 Das Presse- und Informationsamt ist dem Oberbürgermeister direkt unterstellt.

3. Mittel der Presse- und Öffentlichkeitsarbeit, Zusammenarbeit

3.1 Besondere Mittel der Presse- und Öffentlichkeitsarbeit sind:

- Informationen an Presse, Rundfunk und Fernsehen
- Text-, Bild und Tonveröffentlichungen jeder Art
- Veranstaltungen
- Werbemaßnahmen und Werbemittel

3.2 Um die Presse- und Öffentlichkeitsarbeit erfüllen zu können, sind alle Ämter und Dienststellen verpflichtet, das Presse- und Informationsamt frühzeitig, umfassend und unaufgefordert über alle für die Öffentlichkeitsarbeit bedeutsamen Vorgänge zu unterrichten. Das gilt insbesondere für

– Vorgänge, Ereignisse, Besuche, Veranstaltungen und Termine, die für die Öffentlichkeit von Interesse sind oder werden könnten.

– Einladungen, Sitzungsunterlagen und Niederschriften zu Rats- und Ausschußsitzungen sowie Besprechungen von öffentlichem Interesse.

– Schriftstücke, die publizistisch verwertbar sind.

– Berichte und Ergebnisse von Erhebungen und Zählungen.

– innerdienstliche Anordnungen, die für die Bevölkerung von Bedeutung sind.

– Entwicklungen, Planungen und Entscheidungen wegen der notwendigen publizistischen Umsetzung und einer begleitenden Öffentlichkeitsarbeit.

4. Regeln der Presse- und Öffentlichkeitsarbeit, Aufgaben und Befugnisse

4.1 Pressearbeit im Sinne dieser Dienstanweisung ist die Auskunfterteilung an Presse, Funk und Fernsehen sowie die Übermittlung von Nachrichten an diese Medien. Dazu gehört auch die Pflege von Kontakten mit den Redaktionen sowie die Betreuung von Journalisten. Das Presse- und Informationsamt ist zuständig für die Steuerung und Koordinierung der Pressearbeit. Offizielle Verlautbarungen und schriftliche oder telefonische Einladungen zu städtischen Veranstaltungen jeder Art an Presse, Funk und Fernsehen sowie zu Pressekonferenzen erfolgen durch das Presse- und Informationsamt. Das Presse- und Informationsamt vermittelt grundsätzlich alle Gespräche, die publizistischen Zwecken dienen. Schriftliche Pressemitteilungen werden ausschließlich von bzw. über das Presse- und Informationsamt herausgegeben. Das Presse- und Informationsamt stimmt sich dabei mit dem betroffenen Dezernenten, Ämtern und Einrichtungen ab. Pressemitteilungen der Ämter und Dienststellen sind über das jeweilige Dezernat an das Presse- und Informationsamt und von dort der Presse zuzuleiten.

4.2 Für die Veranstaltung von Pressekonferenzen und Pressebesprechungen ist das Presse- und Informationsamt zuständig. Städtische Pressekonferenzen werden im allgemeinen vom Oberbürgermeister geleitet. Die Pressegespräche, die zu publizistischen Zwecken von Mitgliedern der Verwaltung mit Journalisten geführt werden, sind rechtzeitig mit dem Informations- und Verkehrsamt abzustimmen. Es lädt im Einvernehmen mit dem beteiligten Amt oder Dezernenten die Presse ein und leitet die Gespräche, soweit sie nicht vom Oberbürgermeister oder dem zuständigen Dezernenten geleitet werden.

4.3 Weitere Aufgaben des Informations- und Verkehrsamtes sind:

– Zusammenarbeit mit anderen Pressestellen und Informationsdiensten.

– Vertretung und Förderung kommunaler Interessen in Literatur, Publizistik, Film, Bild und anderen Medien.

– Planung und Koordinierung der Kommunalen Öffentlichkeitsarbeit einschließlich der Imagepflege und des visuellen Erscheinungsbilds.

- Um die Einhaltung eines einheitlichen Erscheinungsbildes aller städtischen Publikationen und Medien zu gewährleisten, ist vor Drucklegung oder Herstellung die Freigabe des Presse- und Informationsamtes einzuholen.
- Bürgerinformation durch Publikationen, audiovisuelle Mittel, Ausstellungen, Veranstaltungen oder besondere Einrichtungen.
- Herausgabe, Redaktion und Gestaltung aller kommunaler Publikationen und audiovisueller Mittel. Erfolgt eine Publikation durch ein Amt oder eine Dienststelle, hat das in Abstimmung mit dem Presse- und Informationsamt zu geschehen. Die Abstimmung muß so rechtzeitig erfolgen, daß textliche und graphische Gestaltung besprochen werden können.
- Präsentation der Stadt im Internet.
- Durchführung der Stadtwerbung.
- Mitherausgabe des Personalreports sowie anderer verwaltungsinterner Mitteilungen.
- Herausgabe des Amtsblattes der Stadt Aalen (Stadtinfo). Der Leiter des Presse- und Informationsamtes ist verantwortlicher Redakteur für das Amtsblatt (Stadtinfo) der Stadt Aalen.

4.4 Das Presse- und Informationsamt ist in die vorbereitende Organisation für die Durchführung einer Bürgerversammlung einzubeziehen. Gleiches gilt für die Bürgerbeteiligung im Sinne von § 20 Abs. 2 GO und die Bürgerbeteiligung im Sinne von § 3 Baugesetzbuch.

4.5 Das Presse- und Informationsamt kann mit Zustimmung des Oberbürgermeisters die Presse über nichtöffentliche Sitzungen des Gemeinderats und seiner beschließenden Ausschüsse unterrichten, sofern und soweit die Gesichtspunkte, die eine Sachbehandlung in nichtöffentlicher Sitzung erforderten, dies zulassen.

4.6 Das Presse- und Informationsamt ist berechtigt, bei Ämtern und Dienststellen schriftliche und mündliche – auch vertrauliche – Auskünfte unmittelbar einzuholen. Ein/e Vertreter/in des Presse- und Informationsamtes kann an Sitzungen des Gemeinderates oder seiner Ausschüsse sowie in Absprache mit dem Oberbürgermeister oder den Beigeordneten an Konferenzen und Besprechungen teilnehmen, die von öffentlichem Interesse sind bzw. sein könnten. Das Informations- und Verkehrsamt ist über alle städtische Veranstaltungen zu informieren.

4.7 Für die Beantwortung von Leserbriefen und für presserechtliche Gegendarstellungen ist das Presse- und Informationsamt zuständig. Die Stellungnahme der betroffenen Dezernate, Ämter und Dienststellen sind dem Presse- und Informationsamt unverzüglich zuzuleiten.

5. Auskunftsersuchen der Presse

5.1 Die von der Presse erbetenen Auskünfte werden grundsätzlich vom Presse- und Informationsamt erteilt. Neben dem Presse- und Informationsamt sind die Dezernenten in ihr Dezernat betreffenden laufenden Angelegenheiten zu Auskünften berechtigt. Amtsleiter sind in Routineangelegenheiten ihres Amtes zu Direktauskünften berechtigt.

5.2 Grundsätzliche Erklärungen und grundsätzliche Stellungnahmen werden vom Oberbürgermeister oder einem von ihm besonders Beauftragten abgegeben.

6. Anzeigen

6.1 Für Werbeanzeigen ist ausschließlich das Presse- und Informationsamt zuständig.

6.2 Andere Anzeigenaufträge (z. B. Veranstaltungen, Ausschreibungen usw.) erteilt das Presse- und Informationsamt auf Vorschlag und im Einvernehmen mit dem zuständigen Fachamt. Bei der graphischen Gestaltung ist das einheitliche visuelle Erscheinungsbild zu beachten.

7. Inkrafttreten

Diese Dienstanweisung tritt am 1. Oktober 1997 in Kraft. Sie kann grundsätzlich nur durch den Oberbürgermeister geändert oder ergänzt werden. Die Dienstanweisung vom 20. Oktober 1992 tritt zum gleichen Zeitpunkt außer Kraft.

Aalen, 16. September 1997

Ulrich Pfeifle

Oberbürgermeister

Dienstanweisung über den Verkehr der Stadt Ingolstadt mit den Medien

1. Verkehr mit der Presse

Der gesamte Verkehr der Stadtverwaltung mit Presse, Rundfunk, Fernsehen, Nachrichtenagenturen und anderen behördlichen und nichtbehördlichen Pressestellen wird, abgesehen von den unten in Ziffer 3.8 genannten Ausnahmen, vom Presse- und Informationsamt wahrgenommen.
Dies gilt auch für sogenannte „Neue Medien".

2. Organisation der Pressestelle

2.1 Das Presse- und Informationsamt ist dem Referat OB zugeordnet. Es untersteht ausschließlich dem Oberbürgermeister.

2.2 Sein Leiter/Seine Leiterin ist der Pressesprecher/die Pressesprecherin. Er/Sie ist der Sprecher/die Sprecherin der Stadt in dem in der Publizistik üblichen Sinn.

2.3 Das Presse- und Informationsamt berichtet aus der Verwaltung sowie aus dem Stadtrat.

2.4 Angelegenheiten von außerordentlicher und grundlegender Bedeutung legt der Pressesprecher dem Oberbürgermeister zur Entscheidung über die Veröffentlichung vor.

3. Aufgaben

3.1 Das Presse- und Informationsamt hat die Aufgabe, für eine möglichst umfassende Unterrichtung der Öffentlichkeit zu sorgen.

3.1.1 Es tritt zu diesem Zwecke von sich aus an die Medien heran. Für offizielle Verlautbarungen ist ausschließlich das Presse- und Informationsamt zuständig.

3.1.2 Das Presse- und Informationsamt unterrichtet ferner in den Fällen, in denen Redakteure von sich aus an die Stadt herantreten.

3.2 Das Presse- und Informationsamt verfolgt die örtliche und überregionale Berichterstattung über kommunale Angelegenheiten und leitet sie informationshalber den Referenten zu.

3.3 Das Presse- und Informationsamt archiviert die in 3.2 genannten Berichte. Sie stehen der Verwaltung und den Mitgliedern des Stadtrats zur Verfügung.

3.4 Die Veranstaltung von Pressekonferenzen, Presseführungen u. ä. sind ausschließlich Aufgabe des Presse- und Informationsamtes.

3.5 Das Presse- und Informationsamt entscheidet über Einladung von Pressevertretern zu städtischen Veranstaltungen aller Art im Benehmen mit dem Hauptamt. An allen städtischen Veranstaltungen, bei denen die Presse vertreten ist, muß dem Presse- und Informationsamt die Teilnahme ermöglicht werden.

3.6 Das Presse- und Informationsamt hat den Verkehr mit der Presse zu pflegen und alle Maßnahmen zu ergreifen, die geeignet sind, ein vertrauensvolles Verhältnis zu schaffen.

3.7 Pressegespräche sind Gespräche von Verwaltungsmitgliedern mit Journalisten, die in ihrer Wirkung unmittelbar auf eine Presseveröffentlichung zielen.

3.7.1 Auskünfte an die Presse dürfen ausschließlich die Referenten (Kreis der Referentenbesprechung) und der Pressesprecher/die Pressesprecherin erteilen.

3.7.2 Geht eine Anfrage von einem Journalisten bei einem Sachbearbeiter, Dienststellen- oder Amtsleiter ein, so notiert dieser die Fragen und stellt dem Journalisten eine umgehende Beantwortung durch den Pressesprecher/die Pressesprecherin in Aussicht. Diese Fragen und die für die Beantwortung notwendigen Fachauskünfte werden sofort schriftlich niedergelegt und gleichzeitig dem Referenten sowie dem Pressesprecher/der Pressesprecherin vorgelegt.

3.7.3 Abweichend von Ziffer 3.7.2 ist der Einsatzleiter der Feuerwehr berechtigt, im Einsatzfall auf Anfrage allgemeine Auskünfte über das Einsatzgeschehen an Pressevertreter zu erteilen.

3.7.4 Pressegespräche mit Referenten werden durch das Presse- und Informationsamt in vorheriger Absprache mit dem Referenten vermittelt.

3.7.5 Im Fall der Ziffern 3.7.4 klären Pressesprecher/Pressesprecherin und Referenten einvernehmlich, ob das Presse- und Informationsamt an dem Gespräch teilnimmt, was grundsätzlich der Fall sein sollte.

3.8 Auf Anfragen von Journalisten (mit Ausnahme solcher, die ein Pressegespräch im Sinne der Ziffer 3.7 nötig machen) können die Referenten persönlich Auskunft geben, sofern es sich um persönlich bekannte Journalisten handelt. Das Presse- und Informationsamt ist davon zu informieren. Bei auswärtigen oder persönlich nicht bekannten Journalisten ist das Presse- und Informationsamt vorzuschalten.

4. Grundsätze

4.1 Das Presse- und Informationsamt tritt an die Presse heran. Es enthält sich aber jeden Versuchs einer mit den Grundsätzen des freien Journalismus unvereinbaren Einflußnahme.

4.2 Das Presse- und Informationsamt ist verpflichtet, die Nachrichtenempfänger gleichmäßig und unparteiisch zu behandeln (Parität).

4.3 Das Presse- und Informationsamt erteilt Antworten auf Anfragen nur dem Urheber der Anfrage (Priorität).

4.4 Das Presse- und Informationsamt stellt Berichtmaterial zur freien journalistisch-publizistischen Arbeit zur Verfügung.

4.5 Grundsatz der Arbeit des Presse- und Informationsamtes ist Schnelligkeit und Genauigkeit.

5. Mitteilungspflicht

Das Presse- und Informationsamt kann seine Aufgaben nur erfüllen, wenn es von allen wichtigen Angelegenheiten der Stadtverwaltung Kenntnis erhält. Es ist auf die aktive Mitarbeit aller in Frage kommenden Ämter angewiesen.

5.1 Das Presse- und Informationsamt ist deshalb so rechtzeitig zum frühest möglichen Zeitpunkt zu informieren, um eine optimale Aufbereitung der Nachrichten zu gewährleisten.

5.2 Es ist von allen Dienststellen umfassend zu unterrichten, insbesonders zu technischen, wirtschaftlichen, finanziellen, verkehrspolitischen, statistischen, sozialen, kulturellen und rechtlichen Fragen.

5.3 Die Amtsleiter haben daher das Presse- und Informationsamt laufend und unaufgefordert über alle Ereignisse und Vorgänge, Veranstaltungen und Besuche zu unterrichten und vorliegendes Material – Berichte, Anträge, Photographien – zur Verfügung zu stellen.

5.3.1 Der Abschluß jeder kommunalen Baumaßnahme (Hochbau, Tiefbau, Kanal) ist dem Presse- und Informationsamt unter Angabe von Art, Bauzeit und Bauort sowie weiteren Besonderheiten unverzüglich mitzuteilen.

5.3.2 Veranstaltungen wie Empfänge, Besuche auswärtiger Gruppen und Gäste sind dem Presse- und Informationsamt vorab rechtzeitig anzuzeigen.

5.3.3 Kulturveranstaltungen wie Ausstellungseröffnungen, kulturelle Eigenveranstaltungen der Stadt sind dem Presse- und Informationsamt rechtzeitig vorher mitzuteilen.

5.4 Insbesondere sind dem Presse- und Informationsamt zuzuleiten: Zusammenstellungen und Leistungsbilanzen (Monats-, Vierteljahres-, Jahresberichte, Ergebnisse von Zählungen, statistische Erhebungen), Hinweise auf neue Einrichtungen etc.

5.5 Über die Veröffentlichung entscheidet das Presse- und Informationsamt, in Zweifelsfällen nach den Weisungen des Oberbürgermeisters.

5.6 Die Mitteilungspflicht erstreckt sich auch auf vertrauliche Angelegenheiten, über die die Öffentlichkeit nicht oder noch nicht unterrichtet werden soll, sofern zu erwarten ist, daß bei ihrem Bekanntwerden öffentliches Aufsehen erregt wird. Die Erfahrung zeigt, daß es oft zweckmäßig ist, der Presse davon unter Umständen vertrauliche Kenntnis zu geben.

6. Nicht-Öffentliches

Über Nicht-Öffentliches kann der Presse im Rahmen der Gesetze Kenntnis gegeben werden. Die Entscheidung trifft das Presse- und Informationsamt nach den Weisungen des Oberbürgermeisters.

7. Berichtigungsdienst

Das Presse- und Informationsamt verfolgt in der Presse die Mitteilungen über städtische Angelegenheiten und sorgt gegebenenfalls für Richtigstellungen.

7.1 Die Referate haben die vom Presse- und Informationsamt zur Äußerung oder Aufklärung vorgelegten Presseäußerungen sofort mit den notwendigen Ausführungen zurückzureichen. Ist das nicht innerhalb 24 Stunden möglich, ist das Presse- und Informationsamt sofort fernmündlich zu benachrichtigen.

7.2 Das Presse- und Informationsamt entscheidet über die Form der Richtigstellung.

8. Leserbriefe

8.1 Das Presse- und Informationsamt beantwortet grundsätzlich alle Leserbriefe, die die Stadt betreffen, mit Ausnahme politischer Äußerungen seitens der Mitglieder des Stadtrats oder vergleichbarer Fälle.

8.2 Das Presse- und Informationsamt entscheidet, ob das in einem persönlichen Schreiben oder in öffentlicher Form erfolgt.

9. Publikationen der Stadt

9.1 Publikationen der Stadt sind Veröffentlichungen stadtbezogener Themen in Gestalt von Aufsätzen in Zeitungen und Zeitschriften und sonstiger literarischer Werke, einschließlich Faltblätter und Broschüren. Sie sind Aufgabe des Presse- und Informationsamtes, einschließlich verlegerischer Entscheidungen.

9.2 Erfolgt eine Publikation durch ein Referat, so hat das in Abstimmung mit dem Presse- und Informationsamt zu geschehen. Jedes Druckwerk, das im Namen der Stadt erscheint, ist dem Presse- und Informationsamt vor Drucklegung zuzuleiten. Die Abstimmung muß so rechtzeitig erfolgen, daß textliche und graphische Gestaltung besprochen werden können.

10. Medien

10.1 Ziffer 9 gilt auch für photographische und filmische Publikationen.

10.2 Aufgabe des Presse- und Informationsamtes ist auch die Verfolgung von technischen Entwicklungen im journalistischen und im Medienbereich.
Die Regelungen dieser Dienstanweisung gelten analog für den Umgang mit den sog. „Neuen Medien".

10.2.1 Das Presse- und Informationsamt ist federführende Dienststelle im Bereich von Bildschirmtext.

10.2.2 Das Presse- und Informationsamt ist auch federführende Dienststelle für den Bereich der drahtgebundenen Medien, soweit es sich dabei um journalistische Fragen handelt.

11. Anzeigen

11.1 Werbeanzeigen werden nur vom Presse- und Informationsamt behandelt.

11.2 Grundsätzlich sollen sie nur im Zusammenhang mit redaktionellen Texten vergeben werden. Für aktuelle Informationen ist die Form der kostenlosen Pressemeldung zu verwenden.

11.3 Amtliche Anzeigen (z. B. Ausschreibungen) werden von den Referaten behandelt.

11.4 Die Amtlichen Mitteilungen werden von dem Presse- und Informationsamt herausgegeben. Sie setzt dafür den Referaten und Ämtern die nötigen Termine zur Abgabe ihrer Beiträge.

12. Überlassung von Informationsmaterial an Privatfirmen

12.1 Zur Erstellung von Stadtplänen.

12.1.1 Anfragen von Verlagen, die Stadtpläne erstellen wollen und dazu Informationen von der Stadtverwaltung anfordern, sind zentral vom Presse- und Informationsamt zu bearbeiten. Soweit Anfragen an andere Ämter oder Dienststellen gerichtet werden, ist an das Presse- und Informationsamt zu verweisen.

12.1.2 Das Presse- und Informationsamt stellt im Benehmen mit den beteiligten Ämtern die Weitergabe der Informationen an die Verlage nach folgender Maßgabe sicher:

– Es vereinbart mit einem Verlag (soweit zweckdienlich mit mehreren Verlagen) die kostenfreie Überlassung des Datenmaterials durch Vertrag, der die Überlassung von reprofähigen Unterlagen zum eigenen, städtischen Gebrauch in copyright-freier Form vorsieht oder

– vereinbart die Überlassung der Informationen gegen Entgelt.

12.1.3 Das Presse- und Informationsamt legt für die Übermittlung der Informationen im Einzelfall ein Entgelt von mindestens 1.000,– DM fest, sofern es sich um jährliche „Aktualisierungsdaten" handelt. Wird ein darüber hinausgehender Verwaltungsaufwand erforderlich, erfolgt die Festsetzung des Entgelts nach dem tatsächlichen Aufwand.

12.2. Für sonstige Zwecke

12.2.1 Jede Anfrage nach Überlassung städtischen Datenmaterials an Verlage (Adreß-buch-Verlage, Verkehrszeitschriften etc.), grundsätzlich alle Anfragen von Verlagen, Institutionen, Organisationen, die Druckschriften, Video-, Film-, Daten-, Medienträger erstellen wollen, ist analog an das Presse- und Informationsamt weiterzuleiten. Der Leiter/die Leiterin des Presse- und Informationsamtes setzt im Benehmen mit den jeweiligen Referenten ein entsprechendes Entgelt fest, das den Verwaltungsaufwand und die Darstellungsinteressen der Stadt berücksichtigt.

12.2.2 Die Überlassung von nicht reprofähigen Stadtplänen an andere Behörden, Rechtsanwälte und Architekten gegen Entgelt obliegt dem Stadtvermessungsamt.

12.2.3 Werden wesentliche Darstellungsinteressen der Stadt berührt, so erfolgt die Festsetzung des Entgelts erst nach Vortrag des Leiters/der Leiterin des Presse- und Informationsamtes beim Oberbürgermeister.

13. Öffentlichkeitsarbeit

Zu den Aufgaben des Presse- und Informationsamtes gehört auch die Öffentlichkeitsarbeit im weiteren Sinn, zu der die Referate im gleichen Sinn zur Mitarbeit verpflichtet sind, die aber weiter nicht Gegenstand dieser Richtlinien ist.

14. Ausnahmen

Diese Dienstanweisung umfaßt nicht die Presse- und Werbearbeit der Stadtwerke, des Theaters und der Zweckverbände, an denen die Stadt beteiligt ist. Sie haben aber das Presse- und Informationsamt über ihre Maßnahmen zu unterrichten.

15. Arbeitsrichtlinien

Zur Durchführung der Dienstanweisung gegebenenfalls notwendiger Arbeitsrichtlinien erläßt der Oberbürgermeister nach Bedarf durch Einzelverfügungen.

16. Inkrafttreten

Die Neufassung dieser Dienstanweisung tritt am 1.4.1996 in Kraft.

Ingolstadt, 18.3.1996

Peter Schnell

Oberbürgermeister

Dienstanweisung
für das Presse- und Informationsamt
der Stadt Bochum

Diese Dienstanweisung regelt für die Stadt Bochum die Zusammenarbeit mit den Medien (Presse, Hörfunk, Fernsehen, Nachrichten-Agenturen) und die Gestaltung und Herausgabe aller Druckwerke im Sinne des Presserechts.

1. Grundsatz

Die Presse- und Öffentlichkeitsarbeit der Stadt Bochum ist Aufgabe des Presse- und Informationsamtes.

2. Zusammenarbeit mit den Medien

2.1 Grundsätze

Nach dem Pressegesetz für das Land Nordrhein-Westfalen (LPG NW) ist die Stadt Bochum verpflichtet, den Medien die zur Erfüllung ihrer öffentlichen Aufgaben dienenden Auskünfte zu geben.

Über alle kommunalen Entwicklungen, Planungen und Entscheidungen von öffentlichem Interesse und öffentlicher Bedeutung, die nicht gesetzlichen Geheimhaltungspflichten unterliegen, hat das Presse- und Informationsamt die dafür in Frage kommenden Medien frühzeitig, zeitgleich und gleichberechtigt zu informieren.

Anfragen der Medien werden umgehend, in der Regel am selben Tage, beantwortet. Informationen dürfen nur an den Urheber der Anfrage weitergegeben werden.

Gegenüber Medienvertretern und in der Öffentlichkeit ist die abgestimmte Verwaltungsmeinung zu vertreten und Loyalität gegenüber dem Dienstherren/Arbeitgeber zu wahren.

2.2   Zusammenarbeit innerhalb der Verwaltung

Die Dezernenten und alle Fachbereiche informieren das Presse- und Informationsamt rechtzeitig und umfassend über alle Ereignisse, Veranstaltungen, Konferenzen und Besprechungen, die von öffentlichem Interesse sein können oder werden.

Die Dezernenten, Leitungen und Mitarbeiter(innen) der Fachbereiche erteilen dem Presse- und Informationsamt alle Auskünfte, die für die Öffentlichkeitsarbeit wichtig sind oder zum Verständnis eines Sachverhaltes beitragen.

2.3   Zusammenarbeit des Presse- und Informationsamtes mit den Medien

Mündliche und schriftliche Auskünfte an die Medien, Gespräche mit Medienvertretern und Einsprüche gegen Presseveröffentlichungen erteilt oder vermittelt ausschließlich das Presse- und Informationsamt.

Zu Pressekonferenzen, Pressegesprächen lädt nur das Presse- und Informationsamt ein; es legt nach Absprache mit dem Fachbereich fest, wer seitens der Verwaltung an der Veranstaltung teilnimmt.

Einladungen zu Veranstaltungen der Stadt gehen an die Medien über das Presse- und Informationsamt.

Anfragen von Journalisten an die Fachbereiche sind an das Presse- und Informationsamt weiterzuleiten. Dieses entscheidet im Einzelfall, ob eine Beantwortung durch den Fachbereich erfolgt.

2.4   Zusammenarbeit des Oberbürgermeisters und der Beigeordneten mit den Medien

Der Oberbürgermeister und die Beigeordneten sind für Presseanfragen in ihrem Geschäftsbereich selbst zuständig. Sie informieren – nach Möglichkeit vorher – über ihre Medienkontakte das Presse- und Informationsamt.

3.   Gestaltung, Redaktion und Herausgabe von Mitteln der Öffentlichkeitsarbeit

Öffentlichkeitsarbeit für Bochum ist eine Aufgabe, an der alle Fachbereiche beteiligt sind und für deren Erfolg sie einander zuarbeiten.

Dem Presse- und Informationsamt obliegt die Verantwortung für das visuelle Erscheinungsbild und ein in sich schlüssiges Konzept städtischer Öffentlichkeitsarbeit.

Alle Darstellungen in elektronischen Medien und Druckwerken sind mit dem Presse- und Informationsamt abzustimmen. Ohne Abstimmung dürfen keine Maßnahmen verwirklicht werden. Dies gilt auch für Maßnahmen und Mittel, die mit Dritten durchgeführt werden sollen.

Die Fachbereiche definieren die Zielgruppen ihrer Öffentlichkeitsarbeit und entwerfen den sachlichen Inhalt ihrer Mittel. Das Presse- und Informationsamt überarbeitet gegebenenfalls den Inhalt redaktionell und paßt die Gestaltung dem festgelegten Erscheinungsbild an. Dazu ist eine rechtzeitige Beteiligung des Presse- und Informationsamtes unabdingbar, bevor Sach- und Personalaufwand oder Fremdkosten anfallen.

Mittel der Öffentlichkeitsarbeit sind Text-, Bild- und Tonveröffentlichungen (Informationsschriften, Falt- und Merkblätter, Ratgeber, Broschüren, Plakate, Kataloge, Zeitungsbeilagen, Programme, Anzeigen, Videos etc.), Darstellungen in elektronischen Medien, PR-Aktionen, Materialien für Ausstellungen und Messen, die Beschriftung von Fahrzeugen, die Gestaltung von Hinweistafeln sowie sämtliche Werbemittel.

4. Bekanntmachungen, Ausschreibungen, Anzeigen

Öffentliche Bekanntmachungen, Ausschreibungen, Anzeigen und andere gegen Entgelt erscheinende Veröffentlichungen leitet das Presse- und Informationsamt an die Medien weiter (soweit es kein städtisches Bekanntmachungsorgan herausgibt). Das Presse- und Informationsamt ist befugt, die Veröffentlichungen – mit Ausnahme der Bekanntmachungen im Sinne der Hauptsatzung – redaktionell zu bearbeiten und die Anzeigengröße unter Beachtung des angestrebten Zweckes und der Haushaltslage festzulegen.

5. Inkrafttreten

Diese Dienstanweisung tritt am 1. Januar 1997 in Kraft. Die Dienstanweisung für die Presse- und Öffentlichkeitsarbeit vom 4. März 1971 und alle entgegenstehenden Verfügungen treten zum selben Zeitpunkt außer Kraft.

Bochum, 16. 12. 1996

Ernst-Otto Stüber

Oberbürgermeister

Kommunale Öffentlichkeitsarbeit und Wahlkampf

**Urteil des
Oberverwaltungsgerichts Münster
vom 19. 8. 1988 (Auszug)**

Zur möglichen Verletzung der Chancengleichheit im Wahlkampf durch Öffentlichkeitsarbeit der Stadtverwaltung (nichtamtl. Leitsatz)

OVG Münster, Urt. v. 19. 8. 1988 – 15 A 924/86.

Aus dem Tatbestand:

Die Kläger zu 1. bis 6. beteiligten sich als von der Klägerin zu 7. aufgestellte Direktkandidaten an der Kommunalwahl vom 30. September 1984 im Gebiet der Beklagten. Sie waren zugleich für die von der Klägerin zu 7. eingereichte Reserveliste benannt. Der Kläger zu 1., der bis dahin zweiter stellvertretender Bürgermeister der Beklagten war, nahm den Spitzenplatz der Reserveliste ein.

Die Kläger wenden sich gegen eine Reihe von Maßnahmen der Beklagten, in denen sie eine Verletzung ihres Rechtes auf Chancengleichheit bei der Wahlteilnahme sehen. Neben den im Antrag zu 3. bezeichneten Presseerklärungen und Pressegesprächen der Beklagten in den Monaten August und September 1984 greifen sie insbesondere die Herausgabe einer mit 1000 Exemplaren aufgelegten Broschüre an, die Mitte August 1984 vom Oberstadtdirektor der Beklagten als „Umweltbericht 1984" der Öffentlichkeit vorgestellt, u. a. den Mitgliedern des Rates und der Bezirksvertretungen sowie den Ratsfraktionen überlassen und der Bürgerberatungsstelle zur Verteilung an interessierte Bürger zur Verfügung gestellt wurde. Sie beanstanden außerdem die Durchführung eines „Informationstages 1984" am 25. August 1984 mit den Themen „Schutz der Umwelt", „Stadtplanung", „Freizeit im Grünen" und „Verkehrssicherheit", für den die Beklagte durch Inserate in der Lokalpresse und durch Verteilung von Handzetteln geworben hatte. Eine weitere Verletzung der Chancengleichheit sehen sie darin, daß die von der Beklagten im Stadtmuseum veranstaltete Ausstellung „Münster 800 bis 1800 – 1000 Jahre Geschichte der Stadt" am 20. September 1984 statt durch den Oberbürgermeister oder dessen Stellvertreter vom Spitzenkandidaten der CDU in dessen damaliger Eigenschaft als Vorsitzender des Kulturausschusses eröffnet wurde...

Aus den Entscheidungsgründen:

1. Die mit den Anträgen zu 1. bis 3. angegriffenen Maßnahmen der gemeindlichen Öffentlichkeitsarbeit sind an den Kriterien zu messen, die das Bundesverfassungsgericht in seinem Urteil vom 2. März 1977, BVerfGE 44, 125, 147ff. entwickelt hat. In dieser Entscheidung ist bezogen auf die Bundesregierung dargelegt, daß deren Öffentlichkeitsarbeit nicht nur zulässig, sondern notwendig ist, jedoch auch ihre Grenzen hat:

Öffentlichkeitsarbeit müsse sich im Rahmen des Aufgaben- und Zuständigkeitsbereiches der Regierung bewegen und – angesichts deren Sachverantwortung gegenüber dem *ganzen* Volk – jeder offenen oder versteckten Werbung für die eine oder andere Seite der miteinander konkurrierenden politischen Kräfte enthalten.

Eine weitere Grenze liege dort, wo die Öffentlichkeitsarbeit der Regierung zur *Wahl*werbung werde. Anhaltspunkte für eine Grenzüberschreitung seien etwa der Inhalt und die äußere Form amtlicher Anzeigen oder Druckschriften. Inhaltlicher Beleg für den parteiergreifenden Charakter einer Veröffentlichung könne sein, daß die Regierung sich als von bestimmten Parteien getragen darstelle, für diese oder für ihr Verbleiben im Amt Werbung treibe oder sich über oppositionelle Bewerber mit negativem Akzent äußere. Der Form nach könne unzulässige Wahlwerbung deutlich werden durch die reklamehafte Aufmachung von Druckschriften mit spärlichem Informationsgehalt oder durch eine Häufung amtlicher Veröffentlichungen, die mehr der Sympathiewerbung für die Regierungsmitglieder als der Befriedigung eines sachorientierten Informationsbedürfnisses dienlich seien.

Über diese stets zu beachtenden Grenzen hinaus könnten in der unmittelbaren Vorwahlzeit auch nach Inhalt und Form neutral gehaltene Veröffentlichungen zur unzulässigen Wahlwerbung werden. Denn auch solche Veröffentlichungen stünden nicht frei im politischen Raum, sondern entfalteten regelmäßig Wirkungen zugunsten der regierungstragenden Parteien. Wann insoweit die Grenze zur unzulässigen Wahlwerbung überschritten werde, sei nicht allgemeingültig festzulegen, sondern hänge von Zahl und Umfang solcher Maßnahmen, der Nähe des Wahlzeitpunktes und der Intensität des Wahlkampfes ab. Je näher der Wahlzeitpunkt heranrücke, desto mehr trete die Aufgabe einer durch Öffentlichkeitsarbeit bewirkten Sachinformation des Bürgers hinter das Gebot zurück, die Willensbildung des Volkes vor einer Wahl von staatlicher Einflußnahme freizuhalten. Das daraus herzuleitende Gebot äußerster Zurückhaltung in der „heißen Phase des Wahlkampfes", das in zeitlicher Hinsicht in etwa dann einsetze, wenn der Wahltag bestimmt werde, erfordere den Verzicht auf jegliche Öffentlichkeitsarbeit in der Form sogenannter Arbeits-, Leistungs- und Erfolgsberichte. Unzulässig sei auch eine mittelbare Beeinflussung des Wahlkampfes von amtlicher Seite, etwa indem den Wahlbewerbern amtliche Druckwerke zur Verwendung im Wahlkampf überlassen würden. Da die amtlichen Äußerungen der Regierung in der politischen Wirklichkeit nicht selten übereinstimmten mit Wahlkampfaussagen der sie tragenden Parteien, sei die Regierung verpflichtet, Vorkehrungen zu treffen, daß für Zwecke der Öffentlichkeitsarbeit hergestellte Druckwerke nicht von den Parteien oder den sie unterstützenden Gruppen zur Wahlwerbung eingesetzt werden.

Ausgenommen von diesen Beschränkungen der Öffentlichkeitsarbeit seien – auch in unmittelbarer Vorwahlzeit – amtliche Veröffentlichungen, die aus akutem Anlaß geboten seien. Den Regierungsmitgliedern sei es im übrigen nicht versagt, sich in amtlicher Funktion über Rundfunk, Fernsehen oder die Presse an die Öffentlichkeit zu wenden. Auch ihre Teilnahme am Wahlkampf außerhalb dieser Funktion sei unbedenklich.

Diese Maßstäbe zur Abgrenzung zulässiger Öffentlichkeitsarbeit von verbotener Wahlbeeinflussung sind in der späteren Rechtsprechung des Bundesverfassungsgerichts

(– vgl. den Beschluß vom 23. Februar 1983, a. a. O., 242 ff. –) bekräftigt, von der verfassungsgerichtlichen Rechtsprechung der Länder (– vgl. VerfGH Saarland, Urteil vom 26. März 1980 – Lv 1/80 –, NJW 1980, 2181 [2182 f.]; StGH Baden-Württemberg, Urteil vom 27. Februar 1981 – GR 1/80 –, ESVGH 31, 81 [85 ff.]; StGH Bremen, Entscheidung vom 30. November 1983 – St 1/83 –, DVBl 1984, 221 [222 f.]; VerfGH NW, Urteil vom 15. Februar 1985 – VerfGH 8/84 –, DVBl 1985, 691 –) übernommen, im Schrifttum zustimmend aufgegriffen (– vgl. z. B. Zuck, ZRP 1977, 144 ff.; Häberle, JZ 1977, 361 ff.; Seifert, DÖV 1977, 288 ff.; Berkemann, JR 1977, 445 [454], und EuGRZ 1977, 189 [191 f.]; Kempen, Der Staat 1979, 81 ff. –) und in der Praxis – soweit ersichtlich – weitgehend befolgt worden. Vgl. z. B. die auch die kommunale Praxis betreffenden Berichte von Zurnieden, Städtetag 1980, 721 ff. und Bengel, BWVPr 1981, 281 ff.; ferner Kommunalpolitische Blätter 1981, 225 u. 347 f.

Sie haben Geltung auch für die Gestaltung der Öffentlichkeitsarbeit einer Gemeinde.

Ebenso wie Bund und Länder sind auch die Gemeinden berechtigt und verpflichtet, zum Zwecke sachbezogener Information ihren Einwohnern gegenüber Öffentlichkeitsarbeit zu betreiben. Dahingehende ausdrückliche Bestimmungen enthält die Gemeindeordnung insbesondere in § 6b Abs. 1 und Abs. 2, aber z. B. auch in § 13b Abs. 1 Satz 1 f. und in § 37 Abs. 2. Als Mittel der Bürgerinformation nennt die Verwaltungsvorschrift zu § 6b GO (Runderlaß des Innenministers vom 4. September 1984, MBl NW 1984, 1156) neben der Einwohnerversammlung öffentliche Anhörungen, Flugblattaktionen und Bürgerbriefe. Dem entspricht § 5 Abs. 1 der Hauptsatzung der Beklagten vom 2. Juli 1975 i. d. F. der Änderungssatzung vom 30. September 1981, die zusätzlich die schriftliche Unterrichtung der Haushalte, Presseveröffentlichungen, Bekanntmachungen und Informationsschriften erwähnt. Der Sinn all dessen besteht darin, den Bürger nicht auf die Rolle des bloßen Zuschauers zu beschränken, sondern ihn an den von der Gemeinde zu treffenden Entscheidungen im Rahmen des Möglichen zu beteiligen. Grundvoraussetzung dieses Anliegens ist eine sachgerechte Unterrichtung des Bürgers über die kommunalen Angelegenheiten. Wird diese Pflicht von der Gemeinde erfüllt, so ist damit zugleich die Möglichkeit gegeben, einer anderenfalls zu befürchtenden Entfremdung zwischen der Verwaltung der Gemeinde und deren Einwohnern entgegenzuwirken (vgl. zum ganzen den der Einfügung des § 6b GO in die Gemeindeordnung vorausgegangenen Gesetzentwurf der Landesregierung vom 6. April 1978, Landtagsdrucksache 8/3152, S. 2, 55 u. 58; ferner die vom Hauptausschuß des Deutschen Städtetages am 8. März 1988 neugefaßten „Leitsätze zur städtischen Presse- und Öffentlichkeitsarbeit 1988", Städtetag 1988, 239).

Ebenso wie die Öffentlichkeitsarbeit von Bund und Ländern ist auch die gemeindliche Öffentlichkeitsarbeit geeignet, zugunsten der einen oder anderen Seite der in der Gemeinde miteinander konkurrierenden politischen Kräfte in die Wahlwerbung einzugreifen. Denn die Grundbedingungen politischen Handelns sind in einer demokratisch verfaßten, nach den Grundsätzen parlamentarischer Repräsentation organisierten Gemeinde prinzipiell keine anderen als in Bund und Ländern (vgl. dazu auch Meyer, Kommunalwahlrecht, in Handbuch der kommunalen Wissenschaft und Praxis, 2. Aufl. 1982, Band 2, S. 37 [51 ff.]).

Die von der Beklagten hervorgehobenen Besonderheiten in der organschaftlichen Stellung der an der Spitze der Gemeindeverwaltung stehenden Beamten rechtfertigen keine andere Beurteilung. Daß der Gemeindedirektor und die Beigeordneten vom Rat auf die Dauer von acht Jahren gewählt sind (§ 49 Abs. 2 Satz 1 GO), während die Ratsmitglieder nur für fünf Jahre gewählt werden (§ 29 Abs. 1 Satz 1 GO), hat zur Folge, daß Gemeindedirektor und Beigeordnete von einer Wahl zu der Vertretungskörperschaft nicht unmittelbar betroffen werden. Das Erfordernis einer qualifizierten Mehrheit von zwei Dritteln erschwert dem neu gewählten Rat trotz einer eventuell eingetretenen Änderung der Mehrheitsverhältnisse darüber hinaus die vorzeitige Abberufung der leitenden Beamten der Gemeinde (§ 49 Abs. 4 GO). Hinzu tritt die Befugnis des Gemeindedirektors, rechtswidrige Ratsbeschlüsse zu beanstanden (§ 39 Abs. 2 GO). All das zeigt, daß die Verwaltungsspitze der Gemeinde von der jeweiligen Ratsmehrheit in geringerem Maße abhängig ist, als dies bei einer Bundes- und Landesregierung in bezug auf die jeweilige Parlamentsmehrheit der Fall ist. Gleichwohl sind diese Unterschiede angesichts der politischen Wirklichkeit und wegen der grundsätzlichen Allzuständigkeit des Rates (§ 28 Abs. 1 Satz 1, Abs. 2 Satz 1 und Abs. 3 GO), dessen Kontrollbefugnissen gegenüber der Verwaltung (§ 40 Abs. 1 Sätze 1 und 2, Abs. 2 und Abs. 3 Satz 1), der darüber hinaus bestehenden Auskunfts- und Unterrichtungsrechte (vgl. z. B. § 46, § 47 Abs. 2 GO) und der Zitierbefugnis in § 48 Abs. 1 Satz 2 GO nicht überzubewerten. Auch ungeachtet dessen haben die aufgezeigten Unterschiede Auswirkungen nur insoweit, als die Motivation der an der Spitze der Gemeinde stehenden Beamten, in den einer Kommunalwahl vorausgehenden Wahlkampf zugunsten der bisherigen Ratsmehrheit einzugreifen, geringer ausgeprägt sein kann als das entsprechende Interesse einer Bundes- oder Landesregierung. Das mag in tatsächlicher Hinsicht die Erwartung rechtfertigen, daß solche Eingriffe bei einer Kommunalwahl seltener sind als bei Wahlen im Bund und in den Ländern (vgl. hierzu auch Zurnieden, a. a. O., 721) ändert an der chancenmindernden Wirkung solcher Eingriffe indes nichts, wenn sie gleichwohl vorkommen. Im Gegenteil kann eine Grenzüberschreitung der für die Gemeinde handelnden Verwaltung für die in der bisherigen Opposition stehenden Wahlbewerber sogar nachteiligere Auswirkungen haben, als dies bei entsprechenden Vorgängen auf Bundes- oder Landesebene zu befürchten ist. Denn die oben aufgezeigten Besonderheiten in der kommunalverfassungsrechtlichen Stellung der leitenden Verwaltungsbeamten mag gerade bei einem diese Stellung bedenkenden Wahlbürger den Eindruck erwecken, daß die amtlichen Verlautbarungen der Gemeinde den Vorzug neutraler Information haben, und den Blick auf eine darin im Einzelfall möglicherweise enthaltene versteckte Wahlwerbung verstellen können.

Die vom Bundesverfassungsgericht entwickelten Maßstäbe zur Begrenzung amtlicher Öffentlichkeitsarbeit sind auf diejenige der Kommunen deshalb uneingeschränkt übertragbar (ebenso im Ergebnis: BayVGH, Urteil vom 22. Juni 1983 – Nr. 4 B 80 A 1769 –, VGHE 36, 67; BGH Baden-Württemberg, Urteil vom 7. November 1983, a. a. O., 170; Seifert, DÖV 1977, 288 [290]).

a) Mit den in den Anträgen zu 1. und 2. bezeichneten Maßnahmen hat die Beklagte die Grenzen zulässiger Öffentlichkeitsarbeit danach teilweise überschritten.

Der mit dem Antrag zu 1. angegriffene Umweltbericht durfte weder in der unmittelbaren Vorwahlzeit herausgegeben noch – wie hier geschehen – den Wahlbewerbern zur ungehinderten Verwendung auch zu Wahlkampfzwecken überlassen werden.

Allerdings kann dieser Bericht nicht als eine Publikation eingeordnet werden, die schon nach ihrem Inhalt oder nach ihrer äußeren Aufmachung den Charakter eines parteiergreifenden Werbemittels besaß.

Inhaltlich handelt es sich, wie die Beklagte zu Recht hervorhebt, um einen zwar umfangreichen, der komplexen Materie angepaßten, gleichwohl aber nicht aus dem Rahmen des Üblichen fallenden Verwaltungsbericht, wie er auch in anderen Gemeinden als Bestandsaufnahme, Arbeitsgrundlage und zum Zwecke der Bürgerinformation erstellt zu werden pflegt. Er enthält an keiner Stelle direkte oder indirekte Aussagen zugunsten oder zu Lasten der einen oder anderen Partei oder bestimmter Wahlbewerber. Die Kläger selbst stellen diese Einschätzung nicht substantiiert in Frage. Soweit sie die Auffassung vertreten, der Bericht sei eine „gezielt lancierte Wahlkampfhilfe" für die Mehrheitspartei gewesen, geht dies schon deshalb fehl, weil die als Beleg angeführten Textpassagen nur die Behauptung stützen sollen, daß der Bericht an vielen Stellen zu allgemein gehalten oder auf die Wiedergabe positiver Befunde beschränkt worden sei. Die Richtigkeit dessen unterstellt, würde weder das eine noch das andere den Vorwurf der Kläger rechtfertigen. Dies versteht sich für die angeblich zu allgemein gehaltenen Teile des Berichtes von selbst und folgt im übrigen daraus, daß etwaige Unvollständigkeiten des Berichtes zwar dessen Tauglichkeit als Arbeitsgrundlage für Rat und Verwaltung beeinträchtigen könnten, in bezug auf seine hier in erster Linie interessierende Verwendung als Bürgerinformation aber im Interesse der Lesbarkeit ohnehin nicht in jeder Hinsicht vermeidbar waren (vgl. hierzu den zutreffenden Hinweis von Bengel, a. a. O., 283, daß auch amtliche Publikationen notwendigerweise selektiv sein müssen; in ähnliche Richtung zielend die Bemerkung von Zuck, a. a. O., 147, daß Öffentlichkeitsarbeit auf den Empfängerhorizont *aller* Bürger abgestellt sein dürfe).

Die inhaltliche Grenze zur Wahlwerbung könnte im letztgenannten Zusammenhang allenfalls dann überschritten sein, wenn in dem Bericht eine einseitige Auswahl positiver Feststellungen enthalten oder problematische Gesichtspunkte gänzlich oder im wesentlichen unterdrückt wären. Daß davon keine Rede sein kann, wird hinlänglich belegt u. a. durch die von der Beklagten angeführten Textteile, die – etwa mit den Problemen der Schadstoffanreicherungen im Boden, der partiellen Verschlechterung der Gewässergüte und der Luftbelastung – negative Befunde und entsprechenden Handlungsbedarf herausstellen.

Auch die äußere Aufmachung des Berichtes enthält keine Anzeichen einer parteiergreifenden Werbeschrift. Reklamehafte Bebilderung und schlagzeilenartige Aussagen sind ebenso vermieden wie auf Sympathiewerbung oder Popularitätssteigerung zugunsten bestimmter Gruppen oder Personen angelegte Textpassagen. Statt dessen entspricht das äußere Erscheinungsbild dem eine Vielzahl von tatsächlichen Informationen vermittelnden Inhalt, der beim Leser ein nicht unerhebliches Maß an sachbezogenem Interesse und Aufmerksamkeit voraussetzt und im Verhältnis zur Aufmachung eindeutig im Vordergrund steht.

Hieraus folgt, daß eine Veröffentlichung des Berichtes außerhalb der unmittelbaren Vorwahlzeit unbedenklich gewesen wäre.

Seine Herausgabe am 15./16. August 1984, also etwa 6 Wochen vor dem Wahltag am 30. September 1984, überschritt jedoch die der Beklagten gezogenen Grenzen.

Unerheblich für diese Feststellung ist, wann bei der hier streitigen Kommunalwahl die „heiße Phase" des Wahlkampfes begonnen hatte, in der die Träger öffentlicher Gewalt zu äußerster Zurückhaltung verpflichtet sind. Denn etwa 6 Wochen vor der Wahl war dieser Zeitpunkt jedenfalls erreicht. Der Senat kann deshalb offenlassen, ob die Annahme des Verwaltungsgerichts zutrifft, der Runderlaß des Innenministers vom 4. Juni 1984 über die „Vorbereitung und Durchführung" der Wahl (MBl NW 1984, 688) sei der hier maßgebliche Orientierungspunkt gewesen, obgleich die Bestimmung des Wahltages schon mit der Bekanntmachung des Innenministers vom 26. August 1983 (veröffentlicht am 20. September 1983, MBl NW 1983, 1906) erfolgt war.

Nicht entscheidungserheblich ist ferner, ob der Umweltbericht als „Arbeits-, Leistungs- und Erfolgsbericht" im Sinne des Urteils des Bundesverfassungsgerichtes vom 2. März 1977, a. a. O., 152 angesehen werden kann. Denn solche Berichte stellen nur Beispiele für unzulässige Publikationen in der unmittelbaren Vorwahlzeit dar. Entscheidend ist demgegenüber, ob die Herausgabe des Berichtes das Gebot äußerster Zurückhaltung im nahen Vorfeld der Wahl verletzt hat oder durch einen akuten Anlaß geboten erschien.

Diese Frage ist zu Lasten der Beklagten zu beantworten. Wird mit dieser davon ausgegangen, daß der Bericht auf der Grundlage eines ordnungsgemäß zustande gekommenen Beschlusses der Vertretungskörperschaft erstellt worden ist, lag gleichwohl kein hinreichender Grund dafür vor, ihn wenige Wochen vor dem Wahltag der Öffentlichkeit zu präsentieren. Die von der Beklagten hierzu gemachten Angaben betreffen allein die Fragen, aus welchen Gründen überhaupt ein Umweltbericht erstellt worden ist und in welcher zeitlichen Abfolge die dazu notwendigen Arbeitsgänge stattgefunden haben. Nicht dargelegt ist, daß für die Fertigstellung und Publikation des Berichtes eine zeitliche Zielvorgabe etwa in Gestalt eines entsprechenden Ratsbeschlusses bestand. Noch weniger ersichtlich sind die sachlichen Gründe, die eine Herausgabe des Berichtes gerade im nahen Vorfeld der Wahl und einen Ratsbeschluß mit einer dahingehenden Anordnung hätten rechtfertigen können. Angesichts dessen hätte es der Beklagten freigestanden, auf eine Herausgabe des Berichtes im August (oder September) 1984 zu verzichten und seine Veröffentlichung auf die Zeit nach der Wahl zu verschieben.

Hierzu war die Beklagte aufgrund des Gebotes äußerster Zurückhaltung in der unmittelbaren Vorwahlzeit auch verpflichtet. Wie oben dargelegt, sind auch inhaltlich und in der Form neutral gehaltene amtliche Publikationen kurze Zeit vor einer Wahl geeignet, die Wettbewerbsverhältnisse im Wahlkampf zugunsten der in der bisherigen Mehrheit stehenden Bewerber zu verbessern. Solche Auswirkungen konnten auch von der Herausgabe des Umweltberichtes ausgehen. Nach den unwidersprochenen und in mehrfacher Hinsicht belegten Angaben der Kläger waren die Fragen des Umweltschutzes und der Umweltpolitik vor der Wahl vom 30. September 1984 ein zentrales Wahlkampfthema, dem sich auch die Mehrheitspartei der CDU und deren Spitzenkandidat in verstärktem Maße zugewandt hatten. Eine der wesentlichen Wahlkampfaussagen der CDU bestand ausweislich ihres Kommunalwahlprogramms und der Äußerungen ihres Spitzenkandidaten darin, daß die Stadt Münster „seit Jahrzehnten eine konsequente Grünpolitik betrieben" habe, „heute ... ohne größere Umweltprobleme" dastehe, „als Stadt im Grünen auch in Zukunft zu bewahren und zu erhalten" sei und bei einem Fortbestand der langjährigen CDU-Mehrheit „die kommenden Probleme ... mit neuen und qualifizierten Antworten besser lösen könne als die SPD und die GAL mit ihren Rezepten zu mehr Verwaltung, mehr Bürokratie und mehr Gängelung des Bürgers". Der Umweltbericht war geeignet, die erstgenannten Aussagen zu bestätigen und seine Leser von der Richtigkeit der von der CDU vertretenen Politik zu überzeugen. Denn er kam nach seinem Vorwort des Oberstadtdirektors und nach seinen einleitenden Feststellungen zu dem zusammenfassenden Ergebnis, „daß das jahrelange Bemühen von Rat und Verwaltung, bei ihren Entscheidungen und Maßnahmen den Belangen des Umweltschutzes Rechnung zu tragen, in Münster zu einer positiven Umweltbilanz geführt hat". Mit dieser Aussage in einem besonders sensiblen Bereich der kommunalpolitischen Auseinandersetzungen konnte der Umweltbericht – ungeachtet der Neutralität seines Inhaltes und seiner Aufmachung – die Bedeutung einer Wahlkampfhilfe zugunsten der Mehrheitspartei erlangen. Das hätte der Beklagten Anlaß sein müssen zu der Prüfung, ob seine Herausgabe wenige Wochen vor der Wahl wirklich unerläßlich war (vgl. in diesem Zusammenhang und zu diesem Maßstab auch VGH Baden-Württemberg, Urteil vom 2. Dezember 1985, a. a. O., 111).

Da dies, wie oben dargelegt, nicht der Fall war, hätte die Beklagte eine Herausgabe bis zur Beendigung der Wahl zurückstellen müssen (vgl. auch das von Zurnieden, a. a. O., 723, erwähnte Beispiel der Stadt Bonn, die in einem ähnlichen Fall dementsprechend verfahren ist).

Mit dem Zurückhaltungsgebot war außerdem nicht vereinbar, daß die Beklagte den Umweltbericht den Mitgliedern des Rates und der Bezirksvertretungen sowie den Ratsfraktionen überlassen hat, ohne Vorkehrungen gegen eine Verwendung des Berichtes zu Wahlkampfzwecken zu treffen. Wie oben näher dargelegt, war die Beklagte verpflichtet, sich jeder vermeidbaren wie auch indirekten Einflußnahme auf den Wahlkampf zu enthalten. Die Überlassung des Berichtes an den genannten Personenkreis konnte solche mittelbaren Auswirkungen haben, weil davon ausgegangen werden kann, daß dieser Personenkreis überwiegend oder doch zu einem nicht unerheblichen Teil aktiv am Wahlkampf beteiligt war, der Bericht ein zentrales Thema des Wahlkampfes betraf und – wie bereits ausgeführt – mit seinen Aussagen die Position der Mehrheitspartei unterstützen konnte. Diese Einschätzung wird bestätigt z. B. durch die Zitierung des Berichtes in Wahlkampfveranstaltungen der Mehrheitspartei und durch die wörtliche Wiedergabe der einleitenden Feststellungen des Berichtes in einem Wahlkampfpapier des Kreisverbandes der Jungen Union. Daß der Bericht nach den Angaben der Beklagten in erster Linie zu dienstlichen Zwecken bestimmt war, konnte ihre Handlungsweise nicht rechtfertigen. Denn ihr wäre es möglich gewesen, für einen auf den dienstlichen Bereich beschränkten Gebrauch des Berichtes Vorsorge zu treffen. Eine insoweit z. B. denkbare Verpflichtung des Empfängerkreises, eine außerdienstliche Verwendung des Berichtes bis zur Wahl zu unterlassen, wäre zugleich ein geeignetes Mittel gewesen, die in dem Bericht enthaltenen aktuellen Informationen den damit dienstlich befaßten Personen sogleich nach Fertigstellung zur Verfügung zu stellen.

252

Auch die Veranstaltung des im Antrag zu 2. bezeichneten „Informationstages 1984" hätte unterbleiben müssen. Zwar liegen insoweit ebenfalls keine Anhaltspunkte dafür vor, daß die Veranstaltung nach Inhalt oder Form der Wahlwerbung für bestimmte Wahlbewerber dienen sollte: gleichwohl war sie geeignet, solche Auswirkungen nach sich zu ziehen. Ihre die Grenzen zulässiger Öffentlichkeitsarbeit überschreitende Bedeutung erlangte sie dadurch, daß ein akuter Anlaß für die Veranstaltung etwa 5 Wochen vor der Wahl nicht gegeben war.

Die Beklagte und ihr folgend das Verwaltungsgericht haben für ihre gegenteilige Betrachtung hauptsächlich angeführt, der „Informationstag 1984" habe die Tradition früherer Veranstaltungen fortgesetzt, die als „Tag der offenen Tür" in den Vorjahren stattgefunden hätten, und sei zudem veranlaßt gewesen, durch die Einbindung in die vom Minister für Wirtschaft und Verkehr mitveranstalteten Verkehrssicherheitstage in der Zeit vom 23. bis 25. August 1984. Weder das eine noch das andere läßt einen – gemessen am Gebot äußerster Zurückhaltung – hinreichenden sachlichen Anlaß für die Veranstaltung gerade in der unmittelbaren Vorwahlzeit erkennen. Nach den unwidersprochenen Angaben der Kläger haben „Tage der offenen Tür" in den Vorjahren jeweils schon vor den Sommerferien stattgefunden; die von der Beklagten hierzu vorgelegte Liste weist aus, daß daneben weitere Veranstaltungen mit ähnlicher Zielsetzung durchgeführt worden sind. Bestimmte zeitliche Vorgaben, etwa in Gestalt eines traditionell feststehenden Zeitpunktes für einen „Tag der offenen Tor", gab es für den „Informationstag 1984" daher nicht. Der Hinweis der Beklagten auf den Termin der Sommerferien 1984 besagt nichts Gegenteiliges, weil nicht ernstlich angenommen werden kann, daß eine Durchführung vor den Ferien (oder nach der Wahl) aus tatsächlichen Gründen ausgeschlossen oder wegen zu geringen Zuspruches der Bevölkerung keinen Sinn gehabt hätte. Die Veranstaltung der Verkehrssicherheitstage mag einen äußeren Anlaß für eine organisatorische Verbindung mit dem Informationstag abgegeben haben. Sachlich geboten oder gar zwingend war eine solche Verbindung aber schon deshalb nicht, weil die Gegenstände der Veranstaltungen wenig oder nichts gemeinsam hatten und eine Verbindung etwaiger Interessenten für beide Themenbereiche sogar hinderlich sein konnte. Zum Fehlen hinreichender zeitlicher Vorgaben für eine Terminisierung gerade in der unmittelbaren Vorwahlzeit tritt hinzu, daß der Informationstag von einer durch frühere Veranstaltungen etwa begründeten Tradition auch der Art nach abwich. Nach der eigenen Einschätzung der Beklagten wurden insbesondere mit den kostenlosen Besichtigungsfahrten zu verschiedenen Mülldeponien und den begleitenden fachkundigen Führungen „neue Wege" der Bürgerinformation beschritten, die nach der Eröffnungsansprache des Bürgermeisters die Bedeutung eines „Experimentes" besäßen und ein Programm bieten sollten, „das beim Bürger in der Form des Informationstages noch nicht eingeführt" war.

Die Eignung des Informationstages, die Wettbewerbschancen bei der Wahl zugunsten der Mehrheitspartei zu beeinflussen, folgt aus dessen Thematik. Ein wesentlicher Schwerpunkt der Bürgerinformation, der aus den von der Beklagten verteilten Einladungsschreiben hervorgeht und sich in der Presseberichterstattung widerspiegelte, war der „Schutz der Umwelt"; die weiteren Themen „Freizeit im Grünen" und „Stadtplanung" wiesen Überschneidungen mit diesem Themenbereich auf oder standen ihm zumindest nahe. Im Blick darauf, daß die damit angesprochenen Fragen auch einen wichtigen Bereich der im Wahlkampf geführten Auseinandersetzungen berührten, war der Informationstag geeignet, die von der Mehrheitspartei vertretene Position zu stützen und deren Aussage zu verifizieren, daß der Schutz der Umwelt schon seit langem ein Anliegen ihrer Politik gewesen sei und deshalb in diesem Bereich eine positive Bilanz ihrer bisherigen Arbeit gezogen werden könne.

Die danach vorliegenden Grenzüberschreitungen haben indes zu keiner Rechtsverletzung zu Lasten der Kläger geführt. Das Bundesverfassungsgericht hat in seinem Urteil vom 2. März 1977, a. a. O., 156, in der Gestaltung der Öffentlichkeitsarbeit eines Hoheitsträgers eine Rechtsverletzung dann gesehen, wenn „eine ins Gewicht fallende Häufung und Massivität offenkundiger Grenzüberschreitungen" festzustellen ist (ebenso VerfGH Saarland, Urteil vom 26. März 1980, a. a. O., 2182 f.; StGH Baden-Württemberg, Urteil vom 27. Februar 1981, a. a. O., 86; StGH Bremen, Entscheidung vom 30. November 1983, a. a. O., 224).

Mit diesen Einschränkungen, die sich aus dem dort zu beurteilenden, mit dem hier vorliegenden Tatbestand nicht vergleichbaren Fall einer Flut regierungsamtlicher Anzeigenserien und sonstiger Publikationen erklären, ist zwar kein allgemein feststehender, für jede Fallgestaltung gültiger Maßstab beschrieben. Nicht ausgeschlossen wird dadurch z. B., daß auch einmalige Grenzüberschreitungen von besonderem Gewicht das Recht auf Chancengleichheit bei der Wahlteilnahme verletzen können (vgl. StGH Bremen, Entscheidung vom 30. November 1983, a. a. O., 224; vgl. ferner VGH Baden-Württemberg, Urteile vom 7. November 1983, a. a. O., 172, und vom 2. Dezember 1985, a. a. O., 111).

Die grundsätzliche Berechtigung einer einschränkenden Betrachtung bei der Frage der Rechtsverletzung wird dadurch aber nicht berührt. Sie ist veranlaßt durch die Notwendigkeit einer Grenzziehung, die Abgrenzungsschwierigkeiten im Einzelfall nach Möglichkeit vermeidet (– vgl. BVerfG, Urteil vom 2. März 1977, a. a. O., 155/156 –) und Rücksicht nimmt auf die Sachbedingungen praktischen Verwaltungshandelns.

Eine Anerkennung weiterreichender Ansprüche hätte zur Folge, daß nahezu jede Maßnahme amtlicher Öffentlichkeitsarbeit in der Vorwahlzeit, sei sie auch noch so unbedeutend, zur gerichtlichen Kontrolle gestellt werden könnte. Dies würde die Versuchung nahelegen, den Wahlkampf in den Gerichtssaal zu tragen und vorläufige Rechtsschutzverfahren allein mit dem Ziel einzuleiten, einen günstigen gerichtlichen Ausspruch als Werbemittel im Wahlkampf auszunutzen. Dies wiederum könnte zur Folge haben, daß die gemeindliche Öffentlichkeitsarbeit in der Vorwahlzeit wegen der damit verbundenen Risiken praktisch erliegen würde. Weder das eine noch das andere wäre zu rechtfertigen.

Die danach gebotenen Einschränkungen bei der Frage der Rechtsverletzung sind um so mehr gerechtfertigt, als ein hoheitliches Einwirken auf die Wahlwerbung, dessen Intensität den vom Bundesverfassungsgericht bezeichneten Grad nicht erreicht, in der Regel allenfalls unwesentlichen Einfluß auf das Wahlergebnis haben kann. Auch solche Grenzüberschreitungen sind zwar wegen der darin liegenden Verletzung objektiven Rechtes rechtswidrig. Sie begründen aber keine subjektiven Abwehrrechte der Wahlbewerber, die aus dem Gebot der Chancengleichheit im Wahlwettbewerb herzuleiten wären.

Die Feststellung einer Rechtsverletzung zum Nachteil eines Wahlbewerbers und die Zuerkennung eines subjektiven Abwehrrechtes müssen deshalb davon abhängig gemacht werden, daß amtliche Öffentlichkeitsarbeit die Grenzen zur unzulässigen Wahlwerbung in einem ins Gewicht fallenden, spürbare Auswirkungen auf das Wahlergebnis nahelegenden Umfang überschritten hat bzw. zu überschreiten droht.

Gemessen daran haben die hier aufgezeigten Grenzüberschreitungen weder für sich betrachtet noch in ihrer Zusammenschau die Rechte der Kläger verletzt... (wird ausgeführt).

Hörfunk- und Fernsehaufnahmen in Ratssitzungen

Stellungnahme
des Presseausschusses
des Deutschen Städtetages
vom 25. 4. 1986

Öffentliche Ratssitzungen spielen bei der Information der Bürgerschaft über kommunalpolitisch bedeutsame Themen eine wichtige Rolle. Sie verdeutlichen Weg und Inhalt der kommunalpolitischen Entscheidungsfindung und die unterschiedlichen Standpunkte der gewählten Bürgervertreter.

Printmedien sowie Hörfunk und Fernsehen sind durch ihre Berichterstattung hierbei wichtige Mittler und Interpreten.

Die Arbeit der Presse in Rats- und Ausschußsitzungen sollte mit Rücksicht darauf in jeder Hinsicht erleichtert und gefördert werden, so etwa auch durch die Möglichkeit von Foto-, Video-, Film- und Tonbandaufnahmen durch einzelne Journalisten und durch Teams. Für Fernsehen und Hörfunk sind derartige Aufzeichnungen, sollen sie medienspezifisch berichten können, unerläßlich. Für Journalisten aus dem Bereich der Printmedien ist ein Tonbandmitschnitt oft hilfreich und ein Pressebild aussagekräftige Illustration der kommunalpolitischen Debatte.

Tonbandmitschnitte können zudem auch zu einer informierten Berichterstattung beitragen. Mißverständnisse wie bei aus dem Zusammenhang gerissenen einzelnen schriftlichen Notizen sind schwer möglich. Der Journalist kann vor einer Veröffentlichung anhand des Mitschnitts noch einmal sorgsam Entwicklung und Dynamik einer Diskussion im Rat überprüfen.

Der Presseausschuß des Deutschen Städtetages empfiehlt daher den Mitschnitt von Ausführungen in öffentlichen Ratssitzungen durch Pressevertreter grundsätzlich positiv zu bewerten. Der Presseausschuß ist der Überzeugung, daß die Presse sich ihrer besonderen Verpflichtung für den Schutz der Individualrechte hierbei bewußt ist und die Aufzeichnungen weder mißbraucht noch verfälscht.

Pressevertreter sollen die Absicht, Mitschnitte auf Ratssitzungen anzufertigen, rechtzeitig, spätestens jedoch vor Beginn der Sitzung, dem Vorsitzenden des Rates mitteilen.

**Urteil des
Bundesverwaltungsgerichts
vom 3. 8. 1990 (Auszug)**

Das Grundrecht der Pressefreiheit eines Journalisten wird nicht dadurch verletzt, daß ihm der Ratsvorsitzende in Ausführung eines entsprechenden Ratsbeschlusses untersagt, die öffentliche Sitzung des Rates auf Tonband aufzuzeichnen.

(BVerwG, Urteil vom 3. 8. 1990 – 7 C 14.90)

Aus den Gründen:

„I. Der Kläger, der für ein lokales Wochenblatt Presseberichte schreibt, nahm mit weiteren Journalisten an einer Sitzung des Rates der Stadt teil, um deren Ablauf auf Tonband aufzuzeichnen. Nach Eröffnung der Sitzung unterrichtete der beklagte Ratsvorsitzende den Rat über die – inzwischen angelaufene – Aufzeichnung. Daraufhin beschloß der Rat mit 34 zu 4 Stimmen, die Tonbandaufzeichnung nicht zuzulassen. Da der Beklagte vergeblich bat, das Tonbandgerät abzustellen, wurde die Sitzung unterbrochen und sodann vertagt.

In einem von dem (damaligen) Ratsvorsitzenden und weiteren Ratsmitgliedern geführten Zivilrechtsstreit gegen den Kläger und seine Kollegen entschied das Oberlandesgericht Celle (NVwZ 1985, 861), daß es diesen nicht untersagt werden könne, von dem Tonbandmitschnitt der Ratssitzung Gebrauch zu machen. Wie die Abwägung der beiderseitigen Rechtsgüter und Interessen ergebe, seien – so das Oberlandesgericht – die Tonbandaufzeichnungen rechtmäßig zustande gekommen, so daß es an einem Abwehranspruch wegen Beeinträchtigung des Persönlichkeitsrechts der Ratsmitglieder fehle.

Im vorliegenden Verfahren erstrebt der Kläger die Verpflichtung des beklagten Ratsvorsitzenden, ihm künftig die Aufzeichnung von Wortbeiträgen aus Anlaß öffentlicher Sitzungen des Rats der Stadt Garbsen zu gestatten. Das Verwaltungsgericht wies die Klage ab und führte zur Begründung aus: Der Urheberrechtsschutz der in öffentlicher Ratssitzung gehaltenen Reden sei zwar durch § 48 Abs. 1 Nr. 2 des Urheberrechtsgesetzes eingeschränkt. Die Vorschrift vermittele jedoch keinen öffentlich-rechtlichen Anspruch darauf, daß die Aufzeichnung der anläßlich von Ratssitzungen gehaltenen Reden auf Tonträgern zu gestatten sei. Die Gewährleistung der Pressefreiheit durch Art. 5 Abs. 1 Satz 2 GG biete ebenfalls keine Rechtsgrundlage. Dieses Grundrecht umfasse zwar auch eine Institutsgarantie, die jedoch für den Einzelfall keinen verfassungsunmittelbaren Anspruch auf eine bestimmte technische Form der Informationsaufnahme vermittele. Daß es an einem Anspruch auf Gestattung der Tonbandaufzeichnung fehle, mache diese allerdings nicht unzulässig. Der Beklagte sei aber in Ausübung seines Hausrechts gehalten, die von den Ratsmitgliedern mehrheitlich abgelehnte Aufzeichnung zu untersagen; die Aufzeichnung verletze die Ratsmitglieder in ihrem Persönlichkeitsrecht. Bei der hier vorzunehmenden Abwägung dieses Rechts mit der Pressefreiheit wirke sich entscheidend aus, daß der Gemeinderat kein parlamentarisches Gremium, sondern Organ der Gemeindeverwaltung sei. Dem ehrenamtlich tätigen und in seinem Wirkungskreis auf den örtlichen Bereich beschränkten Ratsmitglied fehle der Status einer Person der Zeitgeschichte, der es erlaube, öffentliche Äußerungen zur umfassenden Befriedigung des Informationsinteresses aufzuzeichnen. Außerdem sei dem Ratsmitglied gegenüber Tonaufzeichnungen ein höheres Maß an Befangenheit zuzubilligen als einem Landtags- oder Bundestagsabgeordneten, der professionellen Umgang mit der Presse habe. Das einschlägige Gemeinderecht schreibe keine Wortprotokolle vor; darauf seien die Ratsmitglieder eingestellt. Nach Einschätzung des Beklagten sei nicht auszuschließen, daß sich ein Teil des Rates vor laufendem Tonbandgerät nicht äußern oder die Sitzung verlassen werde, so daß die Ordnung in der Sitzung nicht mehr gewährleistet sei. An dieser Einschätzung sei nicht zu zweifeln; insbesondere die politisch und rhetorisch ungeschulten Ratsmitglieder in kleineren Gemeinden könnten, möge das auch rational nicht begründbar erscheinen, ihre Unbefangenheit verlieren.

Die Berufung des Klägers wies das Oberverwaltungsgericht unter Bezugnahme auf das erstinstanzliche Urteil nach dem Gesetz zur Entlastung der Gerichte in der Verwaltungs- und Finanzgerichtsbarkeit durch Beschluß zurück. Zum Berufungsvorbringen führte es ergänzend aus, daß die im Zivilrechtsstreit ergangenen Entscheidungen keine andere Beurteilung rechtfertigten. Das Oberlandesgericht berücksichtige nicht genügend die Unterschiede zwischen der Mitgliedschaft in einem Parlament und der in einem Gemeinderat, die weder Immunität noch Idemnität vermittle. Da es im Gemeinderat in der Regel kein Wortprotokoll gebe, bestehe anders als im Parlament auch nicht die Möglichkeit, Niederschriften über Redebeiträge zu kontrollieren und zu berichtigen. Es bleibe dem Kläger unbenommen, die Sitzung stenografisch festzuhalten.

Die vom Senat zugelassene Revision des Klägers rügt die Verletzung des Art. 5 Abs. 1 Satz 2 GG. Das Informationsbedürfnis des Bürgers und Wählers habe Vorrang vor einem etwaigen Persönlichkeitsrecht des einzelnen Mandatsträgers. Der Wahlbürger müsse sich auf der Grundlage der Redebeiträge ein umfassendes Bild von seinen Abgeordneten machen können. Wörtliche Aufzeichnung und Vermittlung der wörtlichen Aufzeichnung in der Presse seien Voraussetzungen freier politischer Willensbildung. Wer sich in die Politik begebe, lasse sich in unserer politischen Kultur auf Kritik an seiner Verhaltensweise in der publizistischen Öffentlichkeit ein.

Der Beklagte tritt der Revision entgegen.

II. Die Revision hat keinen Erfolg. Das die Klageabweisung bestätigende Berufungsurteil verletzt nicht Bundesrecht. Der Beklagte, der nach der Gemeindeordnung als Vorsitzender des Rates der Stadt für die Ordnung der Sitzungen verantwortlich ist, ist bundesrechtlich nicht verpflichtet, die Aufzeichnung von Wortbeiträgen anläßlich öffentlicher Sitzungen des Rates auf Tonband zuzulassen. Das Grundrecht der Pressefreiheit aus Art. 5 Abs. 1 Satz 2 GG (1.) sowie die Vorschrift des § 48 Abs. 1 Nr. 2 UrhG (2.) geben für das Begehren des Klägers, die Aufzeichnung künftiger Sitzungen auf Tonband zu dulden, keine Rechtsgrundlage her.

1. Der Kläger kann sich für die Berichterstattung als Pressemitarbeiter eines Wochenblatts auf das verfassungsrechtlich verbürgte Recht auf Pressefreiheit berufen. Die Pressefreiheit erstreckt sich auf den Bereich der Informationsbeschaffung (BVerfGE 50, 234 [240]); sie umgreift damit die Tätigkeiten, die der Pressemitarbeiter entfaltet, um sich über den Verlauf öffentlicher Sitzungen eines Gemeinderats zu informieren. Ein aus dem Grundrecht der Pressefreiheit herzuleitender Anspruch auf Informationsbeschaffung in

der von dem Kläger geforderten Art und Weise, nämlich darauf, die Redebeiträge von Ratsmitgliedern oder Äußerungen Dritter, die im Rat zu Worte kommen, ohne die Zustimmung des Beklagten auf Tonband aufzuzeichnen, steht dem Kläger indessen nicht zu.

a) Was die Rechtsgrundlage der Informationsbeschaffung im Pressewesen angeht, so hat der erkennende Senat entschieden, daß ein Anspruch der Presse auf Information in seiner Ausprägung als Auskunftsanspruch gegen Behörden unmittelbar aus dem Grundgesetz nicht herzuleiten ist (BVerwGE 70, 310 [311 ff.]). Die Frage, wann und wo es zur Verwirklichung der Pressefreiheit im Bereich der Beschaffung publizistischer Informationen einer rechtlichen Verpflichtung öffentlicher Stellen zur Auskunft bedarf, kann weder mit einem – von der Verfassung vermeintlich vorgegebenen – einfachen Ja noch aufgrund einer allein am Einzelfall orientierten Betrachtung beantwortet werden. Das Grundgesetz hat es vielmehr den Gesetzgebern von Bund und Ländern überlassen, in Abwägung der betroffenen privaten und öffentlichen Interessen mit dem publizistischen Informationsinteresse zu regeln, ob und unter welchen – generell und abstrakt zu umschreibenden – Voraussetzungen ein Informationsrecht der Presse in der Form des Anspruchs auf Auskunft behördlicher Stellen besteht. Diese Erwägung trifft in gleicher Weise auf den hier in Rede stehenden verfassungsrechtlichen Schutz der Informationsbeschaffung gegenüber der öffentlichen Verwaltung in der speziellen Form der Tonaufzeichnung von öffentlichen Sitzungen einer Gemeindevertretung zu. Auch die Zulässigkeit dieser Modalität der Beschaffung pressebedeutsamer Informationen ist nicht abschließend in der Verfassung vorentschieden; auch insoweit behält das Grundgesetz dem Gesetzgeber, hier dem für die Regelung des Kommunalrechts berufenen Landesgesetzgeber, die Entscheidung darüber vor, ob und wie er normiert.

Weder Bestimmungen des Niedersächsischen Pressegesetzes noch solche der Niedersächsischen Gemeindeordnung begründen indes aus der für ihre Anwendung und Auslegung maßgeblichen rechtlichen Sicht des Oberverwaltungsgerichts (§ 137 Abs. 1 VwGO) den geltend gemachten Anspruch auf Tonaufzeichnung der anläßlich öffentlicher Ratssitzungen geleisteten Wortbeiträge. Auf Grund des in der Niedersächsischen Gemeindeordnung wurzelnden Hausrechts des Ratsvorsitzenden ist es landesrechtlich vielmehr in dessen Sitzungsgewalt gestellt, ob den an den Sitzungen teilnehmenden Journalisten die Verwendung von Tonbandgeräten gestattet oder untersagt werden soll. Eine weitergehende Regelung im Sinne eines strikten Rechtsanspruchs auf Verwendung von Tonbandgeräten fordert das Grundrecht der Pressefreiheit – hier in seiner objektiv-rechtlichen Ausformung als verfassungsrechtliche Wertentscheidung – nicht.

b) Die vom Oberverwaltungsgericht festgestellte landesrechtliche Befugnis des Ratsvorsitzenden zur Untersagung von Tonaufzeichnungen in öffentlicher Sitzung erweist sich als eine zulässige, in den allgemeinen Gesetzen begründete Schranke der Pressefreiheit im Sinne des Art. 5 Abs. 1 Satz 2 GG. Das die Sitzungsgewalt umschließende Hausrecht des Ratsvorsitzenden beruht auf einem allgemeinen Gesetz: die Niedersächsische Gemeindeordnung richtet sich, was keiner Begründung bedarf, mit der Regelung der Ordnungsbefugnisse des Ratsvorsitzenden nicht spezifisch gegen die Presse; sie dient vielmehr, wie es das Bundesverfassungsgericht zur Bestimmung der Schranken der Pressefreiheit formuliert, ,dem Schutz eines schlechthin, ohne Rücksicht auf eine bestimmte Information oder Meinung, zu schützenden Rechtsguts..., eines Gemeinschaftswerts, der gegenüber der Betätigung der Pressefreiheit den Vorrang genießt' (BVerfGE 50, 234 [241]).

Zutreffend haben die Vorinstanzen, der Rechtsprechung des Bundesverfassungsgerichts zur Rechtsgüter- und Verfassungswerteabwägung im Rahmen des Art. 5 Abs. 1 Satz 2 GG folgend (vgl. BVerfGE 35, 202 [223ff.], ,Lebach'), beachtet, daß Pressefreiheit und das der Pressefreiheit Schranken ziehende allgemeine Gesetz in einem Verhältnis der Wechselwirkung gesehen werden müssen; dies deshalb, weil das allgemeine Gesetz seinerseits im Lichte der besonderen Bedeutung des Grundrechts der Pressefreiheit auszulegen und unter Wahrung des besonderen Wertgehalts der Pressefreiheit zu interpretieren ist.

Nicht uneingeschränkt kann den Vorinstanzen hingegen in ihrer Sicht der Rechtsgüterabwägung beigepflichtet werden, die sich aus der Wechselbezüglichkeit von Grundrecht und allgemeinem Gesetz ergibt. Entgegen ihrer Auffassung geht nämlich nicht das Persönlichkeitsrecht der Ratsmitglieder als das mit der Pressefreiheit konkurrierende Rechtsgut in die gebotene Abwägung ein. Es ist vielmehr das öffentliche Interesse daran, daß die Gemeindeverwaltung ihre Aufgaben sachgerecht erfüllen kann, das als rechtlich geschütztes Gut hinter der in der Gemeindeordnung begründeten Sitzungs- und Hausordnungsbefugnis des Ratsvorsitzenden steht. Auch die Äußerungen eines Ratsmitglieds im Rahmen öffentlicher Sitzungen unterfallen diesem funktionellen Aspekt. Dementsprechend ist das Rederecht des Ratsmitglieds als ein aus seiner mitgliedschaftlichen Stellung in der Gemeindevertretung fließendes Organrecht anzusehen (Senatsbeschluß vom 12. Februar 1988 – BVerwG 7 B 123.87 – [DVBl. 1988, 792 = Buchholz 415.1 AllgKommR Nr. 72]).

Das allgemeine Persönlichkeitsrecht der Ratsmitglieder, auf das die Vorinstanzen im Rahmen der Rechtsgüterabwägung maßgeblich abgestellt haben, ist demgegenüber für das Abwägungsergebnis von keiner tragenden Bedeutung. Das Interesse an der Wahrung des Persönlichkeitsrechts der Ratsmitglieder vermag zwar die Amtsführung des Ratsvorsitzenden mitzubestimmen. Denn der Ratsvorsitzende hat seine Ordnungsbefugnisse auch darauf zu richten, daß Angriffen auf Persönlichkeitsrechte der Ratsmitglieder, etwa in Form beleidigender Zwischenrufe, entgegengetreten wird. Das ändert aber nichts daran, daß die dem Ratsvorsitzenden eingeräumten Befugnisse nicht den Schutz der Persönlichkeitsrechte der Ratsmitglieder als solchen bezwecken, sondern dazu dienen, die äußeren Bedingungen sicherzustellen, die für einen ordnungsgemäßen Sitzungsbetrieb erforderlich sind. Aus dieser rechtlichen Zielsetzung heraus hat der Ratsvorsitzende Störungen der Verwaltungstätigkeit zu vermeiden und zu beheben, wie sie sich auch im Zusammenhang mit einer Persönlichkeitsrechtsverletzung ergeben können (dazu zutreffend Ehlers in NWVBl. 1988, 122 [125]).

Das durch die Sitzungsgewalt des Ratsvorsitzenden repräsentierte Funktionsinteresse verleiht dessen Befugnis zur Entscheidung über die Zulassung von Tonaufzeichnungen auch ein solches Gewicht, daß es zu keiner unverhältnismäßigen Beschränkung der Presse führt, wenn ein Journalist aufgrund eines entsprechenden Ratsbeschlusses im Einzelfall durch den Ratsvorsitzenden gehindert wird, sich seine Informationen über öffentliche Sitzungen im Wege der Tonaufzeichnung zu verschaffen. Was die Vorinstanzen hierzu, freilich zu Unrecht bezogen auf das allgemeine Persönlichkeitsrecht der Ratsmitglieder als abzuwägendes Rechtsgut, ausgeführt haben, gilt weitgehend auch, wenn man statt dessen das in der mitgliedschaftlichen Wahrnehmungszuständigkeit liegende Rederecht des Ratsmitglieds auf die Waagschale legt.

Auch das Recht des Ratsmitglieds auf freie Rede, das nicht in der höchstpersönlichen Rechtssphäre gründet, kann durch die Aufzeichnung auf Tonband faktisch empfindlich tangiert werden. Ein gleichartiger psychologischer Befund hat den Gesetzgeber sogar veranlaßt, die Verhandlung im Gerichtsverfahren, dort allerdings zum Schutz anderer Rechtsgüter als hier, von Ton- und Fernseh-Rundfunkaufnahmen sowie von Ton- und Filmaufnahmen mit dem Ziel ihrer Veröffentlichung ganz freizuhalten (§ 169 GVG). Eine von psychologischen Hemmnissen möglichst unbeeinträchtigte Atmosphäre gehört zu den notwendigen Voraussetzungen eines geordneten Sitzungsbetriebs, den der Ratsvorsitzende zu gewährleisten hat. Das beruht auf dem legitimen, letztlich in der Gewährleistung der Selbstverwaltung durch Art. 28 Abs. 2 Satz 1 GG verankerten öffentlichen Interesse daran, daß die Willensbildung des Rates als demokratisch legitimierter Gemeindevertretung ungezwungen, freimütig und in aller Offenheit verläuft. Von daher kann die von den Vorinstanzen anerkannte Besorgnis nicht vernachlässigt werden, daß insbesondere in kleineren und ländlichen Gemeinden weniger redegewandte Ratsmitglieder durch das Bewußtsein des Tonmitschnitts ihre Spontanität verlieren, ihre Meinung nicht mehr ‚geradeheraus‘ vertreten oder schweigen, wo sie sonst gesprochen hätten. Denn Tonbandaufzeichnungen zeitigen nun einmal für das Verhalten der Betroffenen erhebliche Wirkung, weil sie jede Nuance der Rede, einschließlich der rhetorischen Fehlleistungen, der sprachlichen Unzulänglichkeiten und der Gemütsbewegungen des Redners, dauerhaft und ständig reproduzierbar konservieren. Andererseits kann die Qualität einer Berichterstattung über die Diskussion und Lösung kommunalpolitischer Probleme schwerlich davon abhängig sein, daß jede in der Sitzung gefallene Äußerung nach genauem Wortlaut, Tonfall und emotionaler Färbung auf Dauer technisch festgehalten wird. Soweit im Einzelfall ein Interesse an der wortgetreuen Wiedergabe von Redepassagen besteht, eröffnen die Mittel der Schrift genügend Möglichkeiten, exakt zu berichten. Auch insoweit stellt die Tonbandaufzeichnung weder ein wesentliches noch gar ein unersetzliches Mittel zur Beschaffung von Informationen über den Ablauf öffentlicher Sitzungen von Gemeindevertretungen dar. Aus alledem folgt, daß der vom Kläger geltend gemachte Anspruch auf allgemeine Zulassung der Aufzeichnung von Ratssitzungen auf Tonband aus der grundrechtlich verbürgten Pressefreiheit nicht abzuleiten ist.

2. Die Vorinstanzen sind schließlich mit Recht davon ausgegangen, daß das Klagebegehren auch nicht aus der Regelung des § 48 Abs. 1 Nr. 2 UrhG zu rechtfertigen ist. Zweck dieser Vorschrift, die die Vervielfältigung, Verbreitung und öffentliche Wiedergabe von Reden gestattet, welche bei öffentlichen Verhandlungen staatlicher, kommunaler und kirchlicher Organe gehalten worden sind, ist es (nur), urheberrechtliche Verwertungsbefugnisse, also private Rechte einzuschränken; einen öffentlich-rechtlichen Anspruch auf Gestattung von Tonaufzeichnungen der Sitzungen solcher Organe vermittelt sie nicht. Außerdem sind nur die Ratsmitglieder selbst als Urheber verpflichtet, die

Verwertung ihrer Reden durch Dritte zu dulden. Den Beklagten, der als Glied der Verwaltung außerhalb der urheberrechtlichen Beziehungen der Ratsmitglieder zu Dritten steht, trifft eine solche Verpflichtung nicht..."

Kommunale Öffentlichkeitsarbeit im Umweltschutz

**Entschließung
des Präsidiums
des Deutschen Städtetages
vom 29. 10. 1986**

Umweltschutz ist zu einem wichtigen Gegenstand der öffentlichen Diskussion geworden, und die Gemeinden sind, sozusagen direkt vor Ort, damit in besonderer Weise konfrontiert.

Umweltschutz ist somit auch zu einem vorrangigen Thema städtischer Öffentlichkeitsarbeit geworden.

Kommunale Öffentlichkeitsarbeit im Umweltschutz steht vor großen Schwierigkeiten. Sie muß Umweltfehler aus der Vergangenheit aufarbeiten. Sie muß um Verständnis dafür werben, daß für den Bürger durch neuen Umweltschutz auch spürbare Einschränkungen und finanzielle Belastungen entstehen. Sie muß um Verständnis für womöglich notwendige Kompromisse zwischen den unterschiedlichen Anforderungen werben. Sie muß bei einer Vielzahl beteiligter Institutionen schwierige Koordinationsleistungen erbringen. Sie muß Vertrauen anstreben, obwohl die Gemeinden auch in ihrem direkten Verantwortungsbereich die Umweltbelastung nicht kurzfristig eliminieren können.

Kommunale Öffentlichkeitsarbeit im Umweltschutz basiert auf einer ehrlichen und offenen Information über noch vorhandene Schwachstellen unter gleichzeitiger Offenlegung und Erläuterung der Ursachen. Sie stellt positive Ansätze und wirksame Veränderungen in der Umweltpolitik an den sichtbaren und einsichtigen Beispielen heraus. Sie ist langfristig angelegt und orientiert sich am Ziel der Bewahrung und Wiederherstellung einer sauberen Umwelt in den Städten.

Kommunale Öffentlichkeitsarbeit im Umweltschutz sucht dazu den Kontakt und die Zusammenarbeit mit dem Bürger. Sie vermittelt ihm konkrete Angebote, bei einer besseren Umweltpolitik mitzumachen. Sie bietet individuelle Beratung über besondere Telefondienste, Informationsstellen, Publikationen an. Sie bezieht die Bürger in die Diskussion ein. Sie unterstützt Fremdinitiativen, die einer Verbesserung der Umwelt dienen.

Kommunale Öffentlichkeitsarbeit im Umweltschutz informiert die Presse verstärkt in diesem Bereich. Sie ist nicht nur notwendige Reaktion, sondern gezielte Aktion. Sie setzt werbend vorbildhafte kommunale Modelle für Umweltschutzaktionen in die Öffentlichkeit um. Sie stellt die erheblichen Umweltschutzleistungen der Kommunen insgesamt, besonders aber an geeigneten Einzelbeispielen heraus.

Kommunale Öffentlichkeitsarbeit im Umweltschutz ist eine in diesem Umfang neue übergreifende Aufgabe in diesen Städten. Sie wird nur bei Schaffung entsprechender personeller und organisatorischer Voraussetzungen auf Dauer erfolgreich sein.

Städte – Ranking

**Beschluß des
Hauptausschusses des
Deutschen Städtetages
vom 14. 2. 1996**

Städtevergleiche, bei denen anhand schwammiger Kriterien die öffentlichkeitswirksame Darstellung und Klassifizierung von Gewinnern und Verlierern im Vordergrund stehen, werden abgelehnt.

**Stellungnahme des
Presseausschusses des
Deutschen Städtetages
vom 17. 11. 1995**

Der Presseausschuß des Deutschen Städtetages hat am 17. 11. 1995 in Leipzig u. a. hinsichtlich Umfragen von Zeitungen, Zeitschriften usw. folgendes festgestellt:

Die Beantwortung von umfangreichen Fragebögen mit erkennbarer Ranking-Absicht soll von den Mitgliedstädten mit dem Hinweis auf den Grundsatz der Wirtschaftlichkeit des Verwaltungshandelns abgelehnt werden, vor allem wenn die zu erwartenden Ergebnisse kein öffentliches Interesse, sondern vielmehr ein wirtschaftliches Eigeninteresse der entsprechenden Verlage vermuten lassen.

Verwaltungsreform

**Der Bereich Presse- und Öffentlichkeitsarbeit
in einem sogenannten Produktplan –
Beispiel Mannheim**

Grundidee: Dienstleistungsbetrieb Kommunalverwaltung

Hauptziel:
    Steigerung der Effektivität der Verwaltung
Maßnahmen:
    Betriebswirtschaftliche Prinzipien und Methoden
    Kosten- und Leistungsrechnung
Dadurch:
    Effiziente Steuerung der Budgets
    Vergleichbarkeit der Verwaltungsprodukte
Fazit: Produkte sind somit die entscheidende Informationsbasis für die Steuerung

Produktbereich 13.1
Presse- und Öffentlichkeitsarbeit

Produktgruppe 13.1.1 Öffentlichkeitsarbeit

Produkt 13.1.1.01 Redaktion u. Vertrieb des Amtsblattes

Kurzbeschreibung:
Satz, Layout, Druck, Versand und Abrechnung des Amtsblatts. Recherche, Erarbeitung
und Verfassen oder Redigieren der Berichte. Koordination der Beiträge mit Fachämtern,
Eigenbetrieben und kommunalen Beteiligungsgesellschaften. Vergabe von Aufträgen an
Photographen. Zusammenstellung der amtl. Bekanntmachungen, Akquisition von An-
zeigen

Produktbereich 13.1
Presse- und Öffentlichkeitsarbeit

Produktgruppe 13.1.1 Öffentlichkeitsarbeit

Produkt 13.1.1.02 Herausgabe von Print-/Nonprint-Medien

Kurzbeschreibung:
Beratung, Erarbeitung, Konzeption, Entwurf u. Reinzeichnung, Redaktion, Ausschreibung, Druckvergabe, Veröffentlichung und Ausgabe, einschl. Akquisition von Anzeigen,
Überwachung des Corporate Design, Darstellung der Belange der Kommunalverwaltung z. B. im Internet und anderen elektronischen Medien.

Produktbereich 13.1
Presse- und Öffentlichkeitsarbeit

Produktgruppe 13.1.1 Öffentlichkeitsarbeit

Produkt 13.1.1.03 Schaltung von Anzeigen und Rundfunk- und Fernsehspots

Kurzbeschreibung:
Vermittlung von Anzeigen der Ämter für Presseorgane. Beratung, Konzept, Formulierung, Gestaltung der Anzeige, Erstellung eines Mediaplans, Preisverhandlungen über Rabattstaffeln, Preiskontrolle.

Produktbereich 13.1
Presse- und Öffentlichkeitsarbeit

Produktgruppe 13.1.1 Öffentlichkeitsarbeit

Produkt 13.1.1.04 Werbung und Vermarktung für Veranstaltungen und Einrichtungen

Kurzbeschreibung:
Entwicklung der Werbungskonzeption, Inhalte, Slogans, Bildauswahl, graphische Konzeption, Layout und Reinzeichnung, Ausschreibung, Kampagnen, Erstellung der Mediadaten, Reservierung von Flächen bzw. Sendezeiten, Terminüberwachung, Abrechnung.

Produktbereich 13.1
Presse- und Öffentlichkeitsarbeit

Produktgruppe 13.1.1 Öffentlichkeitsarbeit

Produkt 13.1.1.05 Aktionen/Veranstaltungen

Kurzbeschreibung:
Terminplanung, Konzeption, Vorbereitung, Durchführung, Berichterstattung: z. B. Ausstellungen, thematische Aktionen, Tag der offenen Tür, Amtsblatt-Stammtisch, Podiumsdiskussionen.

Produktbereich 13.1
Presse- und Öffentlichkeitsarbeit

Produktgruppe 13.1.2 Pressearbeit

Produkt 13.1.2.01 Medienbeobachtung und -auswertung

Kurzbeschreibung:
Zeitungsausschnittdienst, Mitschnitte von Rundfunk- und Fernsehsendungen, Reaktion auf unrichtige bzw. unvollständige Berichterstattung.

Produktbereich 13.1
Presse- und Öffentlichkeitsarbeit

Produktgruppe 13.1.2 Pressearbeit

Produkt 13.1.2.02 Pressebetreuung

Kurzbeschreibung:
Information der Medien über kommunale Anliegen, Einladung zu offiziellen, presserelevanten Terminen, Vorbereitung der Pressekonferenz, Pressetext (Waschzettel), Formulierung, Presseunterlagen zusammenstellen (Pressemappe), Moderation und Nachbereitung der Pressekonferenz, Darstellung kommunalpolitischer Vorgänge, Verfassen von Grußworten.

Wie verbindlich ist der Produktplan?

Dieser Produktplan, der auf dem Produktplan Baden-Württemberg basiert, geht nicht von einer bestimmten kommunalen Organisation aus. Er will auf diese Organisation auch keinen Einfluß nehmen. Es ist Aufgabe der jeweiligen Kommune, im Rahmen ihrer kommunalen Selbstverwaltung zu bestimmen, welche örtlichen Organisationseinheiten die jeweils erforderlichen Produkte zu erstellen haben.

Konzept, Gestaltung und Realisation: Amt für Rats- und Öffentlichkeitsarbeit der Stadt Mannheim.

Verwaltungsleitbild
der Stadt Friedrichshafen

Vorwort

Die Kommunen in Deutschland befinden sich zur Zeit in einem großen Reformprozeß. Wie andere Städte auch, sieht die Stadtverwaltung Friedrichshafen in gezielten Ansätzen zur Verwaltungsmodernisierung die beste Möglichkeit, den Aufgaben der Zukunft gerecht zu werden. Das vorliegende, in mehreren Schritten erarbeitete Verwaltungsleitbild soll uns dabei begleiten.

So wenig es für die Verwaltungsmodernisierung insgesamt fertige und unmittelbar anwendbare Rezepte gibt, so wenig kann das Leitbild detailgenaue Handlungsanweisungen für Einzelfälle bieten. Seine wichtige Funktion besteht vielmehr vor allem darin, uns eine Basis für das gemeinsame Handeln in der Verwaltung zu geben. Gemeindeordnung, Hauptsatzung und Zuständigkeitsordnung regeln zwar wichtige Grundlagen, können jedoch kaum Leitlinien für das Handeln im Arbeitsalltag aufzeigen. Genau dies ist aber die Erwartung an ein Leitbild.

Diesen Erwartungen entsprechend, enthält das Leitbild Aussagen zu den Grundsätzen zeitgemäßen Verwaltungshandelns, zu einem konstruktiven Miteinander, zur Qualität der Außenkontakte und zum Grundverständnis von Führung und Mitarbeiterorientierung. Vorangestellt sind Grundsätze, die für eine Verwaltung im Wandel zu gelten haben.

Es versteht sich von selbst, daß ein solches Grundsatzpapier offene und interpretationsbedürftige Aussagen enthält. Diese auszufüllen, und damit die Leitgedanken in den Arbeitsalltag einzubringen, ist Aufgabe jeder Mitarbeiterin, jedes Mitarbeiters unserer Verwaltung; es ist ebenso die Aufgabe der Führungskräfte und ihres Teams.

„Wir" – das können dementsprechend zwei Kollegen am gemeinsamen Arbeitsplatz sein, das können die Mitarbeiter einer kompletten Abteilung oder Dienststelle sein, oder eben wir alle als gesamtes Team der Stadtverwaltung.

Dementsprechend ging es bei der Erstellung des Leitbildes weniger darum, die ganz optimale Formulierung zu finden, sondern möglichst alle Mitarbeiter an der Entstehung zu beteiligen und die Anliegen und Aussagen des Leitbildes bereits während der Entstehungsphase auf breiter Ebene zu diskutieren. Begleitende Impulse sollen dazu beitragen, daß das Verwaltungsleitbild in der täglichen Praxis auch tatsächlich gelebt wird.

Im Verbund mit weiteren Ansätzen zur Verwaltungsmodernisierung, und gestützt auf das Engagement und die Kompetenz jedes einzelnen, schaffen wir es, aus unserer Kommunalverwaltung eine Einrichtung zu machen, für die qualitätsvolles Arbeiten zum Wohle von Bürger und Stadt eine immer größere Selbstverständlichkeit wird.

Dr. Bernd Wiedmann

Oberbürgermeister

Grundeinstellung

Wir verstehen uns als ein dem Gemeinwohl verpflichtetes Dienstleistungszentrum und wollen für alle Personen und Institutionen, die mit der Stadt Friedrichshafen in Verbindung stehen, insbesondere aber für die Bürgerinnen und Bürger, ein kompetenter und zuverlässiger Partner sein.

Mitgestalten an einer lebenswerten menschlichen Stadt lautet unsere gemeinsame zentrale Aufgabe.

Bei der Erfüllung unserer Aufgaben – auch der hoheitlichen – orientieren wir uns an den Bedürfnissen unserer Partner und arbeiten zum Wohle einer lebendigen Bürgergemeinschaft.

Moderne Stadtverwaltung im Dialog

Durchschaubares Verwaltungshandeln und Angebote, sich in Sachthemen kundig zu machen, verstehen wir als Voraussetzung für den Dialog mit den Bürgern, die sich mit Friedrichshafen als ihrem Gemeinwesen identifizieren sollen. Dabei muß sich die Verwaltung einer vorausschauenden Öffentlichkeitsarbeit bedienen.

Für die Zusammenarbeit von Politik und Verwaltung wünschen wir uns einen umfassenden, transparenten und fairen Dialog. Dazu wollen wir durch aussagekräftige Entscheidungsvorbereitung, Offenheit und qualitätsbewußte Umsetzung beitragen.

Verwaltungshandeln zwischen Bürgernähe, Rechtmäßigkeit und Wirtschaftlichkeit

Wir erledigen unsere Aufgaben bürgernah und wirtschaftlich im Rahmen der geltenden Gesetze. Dazu handeln wir verantwortungsbewußt, entscheidungsfreudig, ideenreich und kooperativ. Ein umfassendes Qualitätsbewußtsein und ein am Gesamtwohl der Stadt orientiertes Denken prägen unsere Arbeit.

Erfolgreiches Verwaltungshandeln erfordert von uns klare Zielvorgaben sowie permanente Wirkungskontrolle und Aufgabenkritik.

Aufgeschlossene Mitarbeiterinnen und Mitarbeiter für eine zukunftsorientierte Stadtverwaltung

Als Mitarbeiterinnen und Mitarbeiter sehen wir unsere Arbeit als einen wesentlichen Aspekt unserer Selbstverwirklichung.

Die rechtzeitige Weitergabe der erforderlichen Informationen an alle an der Erledigung einer Aufgabe Beteiligten verstehen wir als Voraussetzung für qualitätsvolle Ergebnisse. Mit unseren Kollegen und Vorgesetzten vereinbaren wir verbindliche Ziele für unsere Arbeit.

Offentheit für den anderen und vertrauensvolle Zusammenarbeit sollen unser gemeinsames Handeln kennzeichnen. Kommunikation darf durch Hierarchie nicht behindert werden. Bereichsübergreifendes Denken soll eine Selbstverständlichkeit sein.

Unser Miteinander ist durch einen freundlichen, partnerschaftlichen Umgang geprägt. Meinungsverschiedenheiten und Konflikte begreifen wir als Chance bei der gemeinsamen Suche nach der besten Lösung.

Die Zusammenarbeit mit der Personalvertretung ist partnerschaftlich und vertrauensvoll.

Durch zeitgemäße
Führung und Förderung
zu motivierten
Mitarbeiterinnen und Mitarbeitern

Wenn wir Führungsverantwortung haben, arbeiten wir vertrauensvoll mit den Mitarbeiterinnen und Mitarbeitern zusammen und geben ihnen die Möglichkeit, sich selbst zu motivieren und zu entwickeln. Wir führen durch Zielvereinbarungen und Delegation und müssen als Vorbild wirken.

Als Arbeitgeberin sorgt die Stadtverwaltung für geeignete Rahmenbedingungen: Die Gleichstellung von Frau und Mann, ansprechende und zweckmäßige Arbeitsplätze, gerechte Behandlung, persönliche Förderung und zeitgemäße Arbeitsmittel sind hier ebenso das Ziel wie die Umsetzung des Leitsatzes, daß Leistung sich lohnen muß.

Förderung besteht nicht nur aus materiellen Anreizen, sondern beispielsweise auch aus einem qualifizierten Weiterbildungsangebot.

(Aus: Ursula Funke, Vom Stadtmarketing zur Stadtkonzeption, 2. Auflage, 1997, Neue Schriften des Deutschen Städtetages, Kohlhammer Verlag.)

IX

Literaturhinweise für die tägliche Arbeit

Literaturhinweise für die tägliche Arbeit

Bürgerbegehren und Bürgerentscheid. In vielen Fällen können Sie jetzt selbst entscheiden! Wuppertal: Stadt Wuppertal – Ressort Allgemeine Dienste / Presse und Stadtwerbung 1997. (Faltblatt).

Endres, Alfred: Strategien kommunaler Öffentlichkeitsarbeit. Mit Bürger und Presse im Gespräch. 2., unveränderte Aufl. Stuttgart: Boorberg 1990. ISBN 3-415-01554-8.

Franke, Arnim: Kommunale Pressestellen: Informationsgeber in einer Informationsgesellschaft. In: Der Landkreis 67 (1997), S. 500–504.

Fuhrmann, Ursus: Das städtische Amtsblatt – Rechtliche Fragen. In: der städtetag N. F. 48 (1995), S. 623–631.

Funke, Ursula: Vom Stadtmarketing zur Stadtkonzeption. 2., vollständig überarbeitete und fortgeschriebene Aufl. Köln: Kohlhammer 1997. (Neue Schriften des Deutschen Städtetages. 68) ISBN 3-17-015182-7.

Furchert, Dirk: Konfliktmanagement in der kommunalen Presse- und Öffentlichkeitsarbeit. Köln: Kohlhammer 1996. (Neue Schriften des Deutschen Städtetages. 70) ISBN 3-17-014924-5.

Gerling, Rainer W.: Internet: juristische Probleme und kein Ende? In: Datenschutz und Datensicherheit 1996, S. 218–223.

Klein, Martin / Ute Stolz: Rechtsfragen zum Internet für die Städte. In: der städtetag N. F. 50 (1997), S. 390–396.

Konken, Michael: Pressearbeit: Mit den Medien in die Öffentlichkeit. Limburgerhof: FBV Medien-Verlag 1998.

Lokaler Hörfunk und städtische Öffentlichkeitsarbeit. Hinweise für die Praxis. Bearbeitet von einer Arbeitsgruppe des Presseausschusses des Deutschen Städtetages. Köln: Deutscher Städtetag 1992. (Deutscher Städtetag. Reihe A, DST-Beiträge zur Kommunalpolitik. 16) ISBN 3-88082-150-X.

Müller, Ewald: Bürgerinformation. Kommunalverwaltung und Öffentlichkeit. 2. ergänzte Aufl. Köln: Kohlhammer 1977. (Neue Schriften des Deutschen Städtetages. 33) ISBN 3-17-004506-7.

Pfeifle, Ulrich: Städtische Presse- und Öffentlichkeitsarbeit wichtiger denn je. In: der städtetag N. F. 46 (1993), S. 762–764.

Pokorny, Reiner: Presse- und Öffentlichkeitsarbeit 1994. In: Statistisches Jahrbuch Deutscher Gemeinden 82 (1995), S. 341–357.

Rommel, Manfred: Kommunalpolitik und Presse. In: der städtetag N. F. 45 (1992), S. 11–15.

Schaper, Heinrich: Das Rathaus im Dialog mit Bürger und Presse. Ein Handbuch für die kommunale Praxis. Hannover: Druckhaus Bernatzky 1996.

Stadtmarketing. Herausforderung und Chance für Kommunen. Armin Töpfer (Hrsg.). Baden-Baden: FBO-Verl. 1993. ISBN 3-922213-20-0.

Städtische Presse- und Öffentlichkeitsarbeit heute. Eine Arbeitshilfe. Bearb. von Ewald Müller u. a. Köln: Deutscher Städtetag 1991. (Deutscher Städtetag. Reihe A, DST-Beiträge zur Kommunalpolitik. 14) ISBN 3-88082-144-5.

Töpfer, Armin/Andreas Mann: Kommunale Kommunikationspolitik. Befunde einer empirischen Analyse. In: der städtetag 49 (1996), S. 9–16.

Wetterich, Susanne: Einer fragt – alle antworten. Gerät die städtische Presseinformation auf den Holzweg? In: der städtetag N. F. 51 (1998), S. 19–22.

www.stadtinfo.de. Ein Leitfaden für die Entwicklung von Stadtinformationen im Internet. Herbert Kubicek u. a. Heidelberg: Hüthig 1997. ISBN 3-7785-2544-1.

Zimpel, Dieter:

Zimpel. München: Verl. Dieter Zimpel. Losebl.-Ausg.

Teil 1. Zeitungen. 1970 ff.

Teil 2. Publikumszeitschriften. 1976 ff.

Teil 3. Funk und Fernsehen. 1990 ff.

Teil 4. Fachzeitschriften. 1994 ff.

Teil 5. Die freien Journalisten. 1996 ff.

Teil 6. Anzeigenblätter. 1996 ff.